青年学者丛书

THE SPILLOVER EFFECTS OF THE US MONETARY POLICY:

A Perspective Based on China

美联储货币政策的溢出效应

——基于中国的视角

孙欣欣　著

上海社会科学院　院庆六〇周年

上海社会科学院出版社
SHANGHAI ACADEMY OF SOCIAL SCIENCES PRESS

总　序

当代世界是飞速发展和变化的世界，全球性的新技术革命迅速而深刻地改变着人类的观念形态、行为模式和社会生活，同时推动着人类知识系统的高度互渗，新领域、新学科不断被开拓。面对新时代新情况，年轻人更具有特殊的优越性，他们的思想可能更解放、更勇于探索，他们的研究可能更具生命力、更富创造性。美国人类学家玛格丽特·米德在《文化与承诺——一项有关代沟问题的研究》一书中提出，向年轻人学习，将成为当代世界独特的文化传递方式。我们应当为年轻人建构更大的平台，倾听和学习他们的研究成果。

2018 年，适逢上海社会科学院建院 60 周年，上海社会科学院向全院 40 岁以下青年科研人员征集高质量书稿，组织资助出版"上海社会科学院院庆 60 周年·青年学者丛书"，把他们有价值的研究成果推向社会，希冀对我国学术的发展和青年学者的成长有所助益。本套丛书精选本院青年科研人员最新代表作，内容涵盖经济、社会、宗教、历史、法学、国际金融、城市治理等方面，反映了上海社会科学院新一代学人创新的能力和不俗的见地。年轻人是上海社会科学院最宝贵的财富之一，是上海社会科学院面向未来的根基。

上海社会科学院科研处

2018 年 7 月

前　言

随着经济全球化进程的逐步推进和国际金融市场间的日益融合，中国金融市场相较于以往更易受到世界经济局势变动和他国金融冲击的影响。作为世界第一大经济体和全球货币发行国的中央银行，美联储货币政策的调整对全球市场都有着不可忽视的影响。2008年金融危机爆发期间，美联储的非常规性量化宽松货币政策在给全球市场注入大量流动性的同时，也对他国经济发展和金融市场稳定带来了风险和不确定因素。2015年12月16日美联储再次进入加息通道，同样使全球市场经历了剧烈的波动和调整，但美联储货币政策调整对中国金融市场的影响相对较为有限。但不可否认的是，在中国资本市场日益开放，利率市场化、人民币兑美元中间价报价机制（“新汇改”）等各项金融体制改革稳步推进的背景下，面对国内经济发展减速，“新汇改”后人民币贬值和波幅加大以及资本市场的不确定因素增多，国际政治和经济局势的多变性和复杂性对中国维持金融市场的稳定带来了不小的风险和挑战。在美联储进入新一轮加息周期的大背景下，中国金融市场该如何应对此轮加息周期所带来的冲击？由此可见，在资本市场日益开放，利率市场化、汇率形成机制改革稳步推进的背景下分析美联储货币政策变动对中国金融市场的溢出效应具有重要的理论和现实意义。

在对既有文献进行梳理的基础上，本研究沿着以下逻辑展开：美联储货币政策调整对人民币外汇市场间均衡汇率水平调整的影响、对中美股市间动态相关关系的影响、与中国金融期货间交叉相关关系以及美联储政策沟通对中国汇率市场的溢出效应。本书将研究重心放在分析美联储货币政策的量化以及其对中国各金融子市场影响的实证分析上。具体而言，本书的研究内容和结论如下：

第一，运用 VECM－GJR－MVGARCH(1，1)－BEKK 扩展模型，本书分析了在美联储货币政策冲击下人民币在岸即期和远期汇率，在岸远期和离岸远期汇率间长期均衡汇率水平调整、均值溢出、波动溢出以及非对称效应。实证结果表明：意料之外的美联储加息会导致人民币即期汇率贬值、远期汇率贴水，并减少即期汇率的波动；意料之外的美联储加息会导致在岸、离岸远期汇率贴水；美国货币政策冲击对在岸、离岸远期外汇市场的波动率和波动溢出效应有一定程度的影响。因此，投资者和政策制定者在决策时不仅要考虑不同人民币外汇市场间的长期均衡汇率水平调整、均值溢出、波动溢出以及非对称效应，也应重点关注美国货币政策调整对人民币汇率水平和波动可能带来的影响。

第二，通过构造预期交易量以及交易量冲击等变量，本书使用永久—短暂分解法，信息份额分析法以及外加预期交易量，交易量冲击，美联储政策周期虚拟变量的拓展 EGARCH，TGARCH 模型，考察美联储不同政策周期对我国债券市场的影响。研究结果表明，美联储不同政策周期下，我国国债市场收益率的影响因素会发生变化，且国债、企业债、公司债的市场深度、流动性和波动率均会发生变化。这样的影响主要通过市场间的联动关系以及投资者预期和市场情绪的转换实现的。

第三，通过综合运用 DCC－GARCH 族模型以及 GO－GARCH 族模型，本书考察了中国上证综指，恒生指数以及美国标普 500 指数间的动态相关关系。研究发现，不同的模型架构得出的结论存在一定的差异性，且各股市因所处市场环境，运作机制等的不同，对外来冲击的反应各有差别。总体而言，1998 年亚洲金融危机，2008 年金融危机以及 2010 年欧债危机期间，各市场间的联动性有所上升。美联储退出量化宽松货币政策以及每次进入加息通道，中美股市间的相关系数下降。来自两市场方向相同的冲击会增强中美股市的联动性。以上结果表明，金融危机的爆发使得市场间风险传递和传染大为增强，而美联储紧缩性货币政策使资本大幅流回美国，中国金融市场流动性则大幅下降，从而导致中美股市和中美资产价格走势的背离。从市场投资者的角度而言，美联储加息，中美股市相关性转负，亦即中美资产价格走势背离时期，是取得最优套期保值比率和收益的良机。

第四，运用前沿的金融物理学方法多重分型去趋势交叉相关分析法（MF-DCCA），本书研究了与美国货币政策息息相关的中美利差、美国长短期国债利差和中国股指期货、国债期货日收益率间的交叉相关关系。实证结果表明：美国货币政策相关利差与中国股指期货、国债期货日收益率间均存在交叉相关关系，且该交叉相关关系具有持续性；当市场波动较小时，期货市场的波动主要由自身引起，当市场波动较大时，期货市场的波动则主要由两大利差引致；各对时间序列间交叉相关的多重分型程度主要由序列的长程相依性引致；运用滑动窗口分析法可以发现，美联储货币政策变动对各序列间的交叉相关关系有重要影响。

第五，运用新发展的GARCH-MIDAS模型，本书考察了美国货币政策和经济变量对中国股指期货和国债期货市场长期波动的影响和预测效果。通过将多个具有代表性的美国政策、经济指标作为外生变量加入模型的长期波动方程中，本书得到以下结论：中美利差、美国长短期国债利差以及美国经济先行指数"LI"会加大中国股指期货市场的长期波动，美国联邦基金期货隐含利率变动率和波动率指数变动率会降低中国股指期货的长期波动。美国长短期国债利差对中国股指期货和国债期货市场的长期波动具有较好的预测效果。

第六，本书首先从时变参数VAR（TVP-VAR）模型入手，考察了美国联邦基金利率变动对中国股债汇市场的动态溢出效应。随后，参考Diebold and Yilmaz（2009，2012），本书运用总外溢指数和定向外溢指数测度了在美联储货币政策深度调整的背景下，中国股债汇市场间的联动性。实证结果表明，中国各金融子市场间收益率和波动溢出效应显著，溢出效应随时间动态变化且对美联储货币政策调整、2008 年金融危机爆发以及 2010 年欧债危机爆发等重大金融事件均作出了快速反应。美联储货币政策的调整对中国金融市场的影响受中国制度变迁、对外开放度、经济景气度等多因素影响，并因时而异。美联储货币政策的每次重大调整均对中国金融市场有溢出效应，但该溢出效应持续时间较短，长期内可忽略不计。最后，为进一步确认不同机制下美联储货币政策对中国金融市场溢出效应的传导渠道，本书运用马尔科夫转换 VAR 模型考察了在不同区制下美联储货币政策调整对中国金融市场的影响。研究发现，在不同的政策周期和经济周期下，美联储货币政策对中国金融市场有着差别较大的溢出效应。金融危机爆发前，美联储货币政策调整对中国金融市场有正向的溢出效应，金融危机期间，该溢出效应转负；量化宽松货币政策时期以及中国经济下行时期，美联储货币政策调整对中国金融市场的溢出效应不再显著。中国经济平稳发展时期，联邦基金利率与中国货币供应量间存在正向关联，而在中国经济加速发展时期，联邦基金利率与中国货币供应量间存在负向关联。美联储对中国经济金融体系的溢出效应主要通过资产价格和货币供应量的变动得以实现。

第七，通过构造美联储政策沟通冲击，常规货币政策操作冲击，宏观经济信息冲击以及中美利差等 4 个控制变量，本书着重考察了美联储政策沟通冲击对境内外人民币即期和远期汇率的影响。实证结果表明，相较于未预期到的美国联邦基金目标利率的调整，美联储政策沟通冲击对人民币汇率的影响相对较小，但两者均降低了人民币即期汇率的波动。“新汇改”后美联储政策沟通冲击对人民币汇率水平和波动的影响大大增强。

通过上述实证分析，本书从不同角度研究了美国货币政策对中国金融市场的溢出效应。本书的创新点和研究价值在于既从宏观金融市场指标的角度分析了美联储货币政策调整对中国金融市场的溢出效应，同时也从信号传递的角度考察了美联储政策沟通对中国汇率水平和波动的影响，并恰当地使用了多重分型交叉相关关系分析和混频数据抽样模型，为研究美联储货币政策对中国金融市场的影响提供了新的分析工具和研究视角。本书结合当前国内外经济金融发展局势给出了相应的政策建议，以期提前化解美联储本轮加息周期及其政策的不确定性对中国金融市场可能带来的冲击和风险。

目　录

第一章
导　论

第一节　研究背景及意义

一、研究背景

对于成熟经济体而言，其货币政策的关键指标通常是中央银行定期和不定期向市场宣布的该国银行系统间彼此拆借资金和结算的短期结算资金利率，亦即货币政策目标利率。货币政策目标利率在美国是指联邦基金利率（federal funds rate），在英国、大洋洲等则是指银行间结算资金利率（exchange settlement fund rate）或现金利率（cash rate）。由于货币政策在调节经济运作、市场流动性及资产价格方面的极端重要性，货币政策的制定和操作或者说货币政策目标利率的变动一直以来都吸引着来自政府、学界和金融界的广泛关注，是研究的热点和关键点。在经济全球化、金融市场加速融合的大背景下，国与国之间的经济依存度、货币经济的相互制约和影响日渐加深。货币政策溢出效应就是在这样的背景下产生的，即一国制定的货币政策不仅会调节本国的经济变量，对他国的经济变量也会产生一定的影响。货币政策溢出效应包括正效应和负效应。当该国货币政策对他国的经济运行带来正向作用，即为正效应，否则即为负效应。货币政策中性化则是指一国基准利率抑或目标利率由原先偏离中性利率向中性利率靠拢的过程。

在现行的国际经济秩序以及货币体系下，美联储货币政策的变动对全世界经济，尤其是新兴市场的经济有着“牵一发而动全身”的影响。随着2008年金融危机影响的逐渐消散以及美国国内经济的好转，美联储的货币政策也逐步趋向于中性化——联邦基金目标利率由此前的零利率下限(zero lower bound, ZLB)区间(0—0.25%)逐步提高，发达经济体颇为一致的货币政策步调也出现了分化。金融危机期间，以美联储为首的多国央行通过数种常规(降低目标利率或基准利率)或者非常规(量化宽松)货币政策及工具向市场注入了大量流动性，以刺激疲弱经济，控制金融动荡，扭转就业数据。随着四轮量化宽松货币政策的结束以及美国经济的复苏，美联储退出了量化宽松这一独特的货币政策操作。与此同时，无论是美联储内部还是外界对美联储加息的呼声日益高涨。仅仅是美联储加息这一预期就已经给世界经济和全球金融市场带来了翻天覆地的影响：2015年年末美联储加息前夕，美元指数持续走强，新兴经济体货币兑美元皆出现了不同程度的贬值，上百亿美元资金从新兴市场撤离，以原油为首的大宗商品(期货)价格一路暴跌。可以说全球股票市场、债券市场、外汇市场以及大宗商品市场均经历了剧烈波动，而美联储时隔7年后的加息也在2015年12月16日下午变为现实。美联储首次加息后的一个月内，中国、俄罗斯、阿根廷、巴西等新兴经济体股市均大跌超过10%，欧美及亚太股市跌幅均在5%以上。资本陆续回流美国，美元继续走强，新兴市场货币贬值压力持续加大——就在美联储宣布加息后的数天内，阿根廷、阿塞拜疆宣布放弃盯住美元的汇率机制，实行浮动汇率制，一度将本国货币推至贬值崩溃的边缘。而人民币兑美元的汇率从2016年一开年就经历了罕见的剧烈波动，人民币连续8天相对于美元贬值，在岸和离岸人民币汇差一度拉大至1 429点的历史高位。为维持外汇市场稳定，中国人民银行在外汇市场强力干预，外汇储备也因此锐减。与此同时，A股市场也在动荡中一路下挫，引发学术界和实务界对于以中国为首的新兴市场外汇和股票市场关系的探讨。此外，美联储加息所引发的以黄金石油为代表的大宗商品暴跌使得俄罗斯、澳大利亚、沙特等大宗商品出口国出口收入锐减,国际收支恶化。2016 年 1 月美联储决定将加息延后,黄金石油大涨,股市整体又出现了反弹。

由此可见,美联储步入加息通道让全球金融市场经历了一场从预期到现实的大震荡。可以说货币政策是驱动近几年金融市场波动的主要因素,而美国货币政策又牵动着全球,尤其是发展中国家的金融市场运行以及各国央行货币政策运作。中国作为全球最大的新兴市场,正逐步摆脱“二元”性货币政策操作体制,利率市场化,汇率体制改革(2005 年 7 月 21 日的汇率体制改革和 2015 年 8 月 11 日的“新汇改”)正按照既定路线稳步推进,股票市场也日益开放(“沪港通”“深港通”的开通)。与此同时,作为第一贸易大国和重要的大宗商品进口国及消费国,中国的经济发展和经济状况对世界产生着不可忽视的影响。因此,研究全球最有影响力的央行之一美联储的货币政策对中国金融市场的溢出效应具有极高的理论价值和实际意义。

回顾历史,20 世纪 80 年代的拉美债务危机(联储加息,资金流出;短期债务比例上升,偿债压力加大;美元走强,大宗商品下挫,拉美国家出口收入减少,国际收支的恶化),1994 年的墨西哥金融危机,1998 年东南亚金融危机,1999 年的巴西货币危机和 2001 年的阿根廷债务危机的爆发都与美联储货币政策调整(加息)有着密切的联系。此次美联储步入加息通道,是否会对中国金融市场带来巨大冲击?美联储政策转向如何影响中国股票市场、债券市场和外汇市场的波动,收益以及市场间的交互影响?美联储货币政策的国际传导和溢出效应自然而然成为当下具有较高学术和应用价值的研究课题,且具有极强的实践意义。

二、研究意义

(一) 理论意义

本书的理论意义主要体现为以下四个方面:

第一，中国作为发展中国家的代表，经济金融体制仍存在不健全之处。本书研究美联储货币政策调整对中国金融市场的溢出效应，开辟了探讨货币政策由一个成熟经济体向新兴经济体传导的新思路，同时对研究美联储货币政策对他国金融市场的溢出效应具有明显的代表性意义。

第二，以往文献主要探讨一个成熟经济体的货币政策对其他成熟经济体的溢出效应，多集中于对单维市场影响的研究，鲜有涉足成熟经济体货币政策对新兴经济体的溢出效应以及对多元市场交互作用的影响。本书试图探寻最大发达国家（美国）的货币政策对最大新兴经济体（中国）的金融市场的影响，为货币政策溢出效应的研究提供了新的视角和框架。

第三，将时变多重交叉相关，混频数据抽样预测以及波动状态转换纳入美联储货币政策溢出效应及传导机制分析的框架内，使实证更加贴近现实，为创新性研究美联储货币政策调整的市场效果提供更为系统和科学的研究方法。

第四，本书将美国货币政策对中国金融市场溢出效应的研究置入不同的政策周期和经济周期内考量，为探讨不同政策周期和经济周期下美联储货币政策对新兴市场的动态溢出效应研究奠定了一定的理论基础。

（二）实际价值

本书的实际应用价值主要表现在以下三个方面：

第一，本书有助于金融市场中各利益主体确定美联储政策转向可能引致的跨国、跨市场风险传递，起到风险预警的作用。对金融市场监管者与投资者而言，及时了解和掌握美联储政策转向所产生的资金跨境流动、市场波动及市场间交互影响至关重要。有效识别美联储货币政策中性化溢出效应所引发的市场波动与风险对于投资者、货币当局以及其他市场参与者都具有重要的现实意义。

第二，通过对美联储货币政策调整对中国金融市场波动、市场间交互影响作用机制的分析，为政策制定者提供思路和参考，以实现货币政策操作与金融市场发展的良性互动，提高货币政策执行效力，实现经济金融平稳性发展。

第三，通过研究美联储货币政策操作和执行效果，为中国中央银行在转型期货币政策操作路径、模式以及政策工具的转变提供有效范本。

第二节　主要研究思路及方法

一、主要研究思路

第一章首先阐明了本书的选题背景与研究意义，继而论述了本书的主要研究思路，研究方法以及文章框架和结构安排。最后对本书的创新之处和存在的不足进行了阐述。

第二章对中央银行货币政策相关文献进行了梳理。

第一部分从概念上明确货币政策中性化的定义与内涵。第二部分则对中性货币政策产生的理论基础和操作依据做了进一步的论述。第三部分从美联储货币政策溢出效应出发，分别阐述了过往文献有关美联储货币政策溢出效应的理论模型和实证研究。第四部分从美联储货币政策传导机制出发，梳理了过往文献有关美联储货币政策传导机制的理论模型和实证研究。

第三章从人民币外汇市场间均衡汇率水平调整和溢出效应的角度，考察了美联储货币政策变动对人民币外汇市场运作的影响，通过将美联储货币政策划分为已预期到的和未预期到的两部分，并控制中美利差和在岸人民币汇率买卖差价变量，考量美联储货币政策对在岸即期和远期，在岸远期和离岸远期人民币外汇市场间均衡汇率水平调整，均值溢出、波动溢出以及非对称效应的影响。

第四章首先使用 DCC－GARCH 族模型和 GO－GARCH 族模型考察中国上证综指、恒生指数以及美国标普 500 指数日收益率间的动态相关关系；随后，通过在单元 GARCH 模型均值方程和波动方程以及相关系数模型中加入美国货币政策和经济变量，分析美联储货币政策调整对中美股市动态相关关系的影响；最后，运用滑动窗口分析法，观测美联储货币政策调整对三大股市最优套期保值比率的影响。

第五章采用最新物理金融领域的市场分形理论和方法解析中美利差、美国长短期国债利差与中国金融期货市场间多重交叉相关特征的时变性，试图从新的角度刻画和分析美联储货币政策调整和美国宏观经济走势对中国金融期货市场所产生的溢出效应。此外，该章通过选取多个美国政策和经济变量，运用新发展的 GARCH - MIDAS 模型，从美联储货币政策变动，美国国内经济运行的层面对美联储货币政策调整以及美国国内经济转向对中国金融期货市场的影响进行分析，探索美国政策和经济变量对中国金融期货日收益率的溢出效应和预测能力。

第六章分别运用时变 VAR 模型，外溢指数（Diebold and Yilmaz，2009，2012）以及 MSVAR 模型、脉冲响应函数等方法对美联储货币政策溢出效应的时变性和差异性进行对比分析，以期进一步探索美联储货币政策在中美不同的政策周期和经济周期下对中国金融市场的差异化溢出效应和传导渠道。

第七章运用单元及多元 GARCH 拓展模型实证检验美联储政策沟通及常规货币政策操作对人民币汇率市场的影响。本章试图解决以下三个问题：(1) 美联储政策沟通、常规货币政策操作和宏观经济信息冲击对人民币汇率市场是否有影响；(2) "新汇改"前后美联储政策沟通对人民币汇率市场的影响是否有不同；(3) 美联储政策沟通对人民币在岸和离岸远期差价以及人民币即期与远期汇差有何差异化影响。

第八章是总结章。在对全书主要结论进行总结的基础上提出相应的政策操作及应对策略的具体建议，并对未来的研究方向提出一些思路并进行展望。

二、研究方法

本书研究过程中综合运用了多种计量经济学方法，包括单元和多元 GARCH 族模型，MF - DCCA 算法，VAR 族模型，MCMC，协整理论，误差修正模型，脉冲响应函数等，以全面考察美联储货币政策变动对中国金融资产价格和波动率的影响，期望从多角度得出较为可信的准确的结论。具体如下：

（1）第三章选取人民币不同外汇市场的交易数据，采用二变量 VECM－GJR－MVGARCH(1，1)－BEKK 扩展模型，通过均值方程探究未预期到的美联储货币政策变动对人民币不同汇率市场间的长期均衡汇率水平调整和均值溢出的影响，根据多元波动方程参数考察美联储货币政策调整对波动溢出以及非对称效应的影响，以期探索人民币汇率市场运行的特征和规律，并全面考量美联储货币政策对人民币不同汇率市场的影响。

（2）第四章综合运用 DCC－GARCH 族模型和 GO－GARCH 族模型，通过选取上证综指、恒生指数以及标普 500 指数，计算各市场间条件相关系数，并运用滑动窗口分析法，计算并绘制三市场时变最优套期保值比率，以分析美联储货币政策变动对中美股市联动性和投资者投资策略的影响。

（3）第五章首先使用金融物理学的分形理论和 MF－DCCA 算法考察与美联储货币政策息息相关的中美利差、美国国债长短期利差与中国股指期货和国债期货间的交叉相关关系；随后，运用新发展的 GARCH－MIDAS 模型，通过将金融期货收益率条件波动分解为长期成分和短期成分，并将混频数据抽样模型纳入长期波动方程中，在不改变数据频率的情况下考察美国货币政策和宏观经济走势对中国股指期货和国债期货收益率长期波动的影响和预测效果。通过对比未加入外生变量的 GARCH－MIDAS 模型和加入美国货币政策和宏观经济变量的 GARCH－MIDAS－X 模型的拟合效果，本书得出 GARCH－MIDAS－X 模型更适合探讨美国货币政策和经济变量对中国金融市场的影响和预测效果。

（4）第六章首先运用时变 VAR 模型，设定时变参数服从一阶随机游走过程，运用马尔科夫链蒙特卡罗(MCMC)法，考察不同时间点美联储货币政策变动对中国金融市场的差异化溢出效应；其次，参考 Diebold and Yilmaz (2009，2012)，运用对变量排序无限制的广义 VAR 模型，对广义 VAR 模型预测误差进行方差分解，计算美联储货币政策以及中国股债汇市场间的均值外溢指数、波动外溢指数以及定向外溢指数，以全方位考量美联储货币政策对中国不同金融资产变量的影响；最后，通过选择最适模型设定，本书基于 Markov 状态转换的 VAR 模型对美联储货币政策的溢出效应进行机制(regime)划分，通过尝试运用多个国内经济和政策变量，绘制不同机制间转移概率图，探讨在不同状态(state)下美联储货币调整对中国金融市场的影响和传导渠道。

(5) 第七章运用 VAR－MVGARCH(1, 1)－BEKK 扩展模型，选取人民币不同外汇市场收盘价数据，通过在均值方程和方差方程中加入美联储政策沟通冲击、美国联邦基金利率变动冲击，中国宏观经济信息冲击以及中美利差变量，考量美联储政策沟通对中国人民币汇率水平和波动的溢出效应。

总之，本书运用比较研究的分析方法，通过对多种模型拟合结果的对比分析，以发现拟合美联储货币政策变动对中国金融市场溢出效应的最适模型。对不同类别模型的估计结果进行对比分析具有很强的参考价值和现实意义。

三、本书框架及结构安排

本书从研究背景、研究意义入手，第一，梳理已有文献，阐述美联储货币政策调整对我国金融市场溢出效应的理论基础和内在机理。第二，开始考察美联储货币政策调整对我国各金融子市场的溢出效应，例如对我国汇率市场，债券市场，股票市场，金融期货市场等各市场的影响。第三，研究美联储货币政策调整对我国各金融子市场间交互作用的影响，即美联储货币政策调整对我国汇率、债券、股票市场间联动关系的溢出效应。第四，研究美联储货币政策沟通对我国金融市场的溢出效应。全书脉络清晰，逻辑清楚，思路明确，从子市场到金融市场整体，从实际联邦基金目标利率的调整到美联储货币政策沟通，从多角度和多维度考察美联储货币政策调整对我国金融市场的溢出效应，视角独特且全面。本研究的架构见图 1－1。

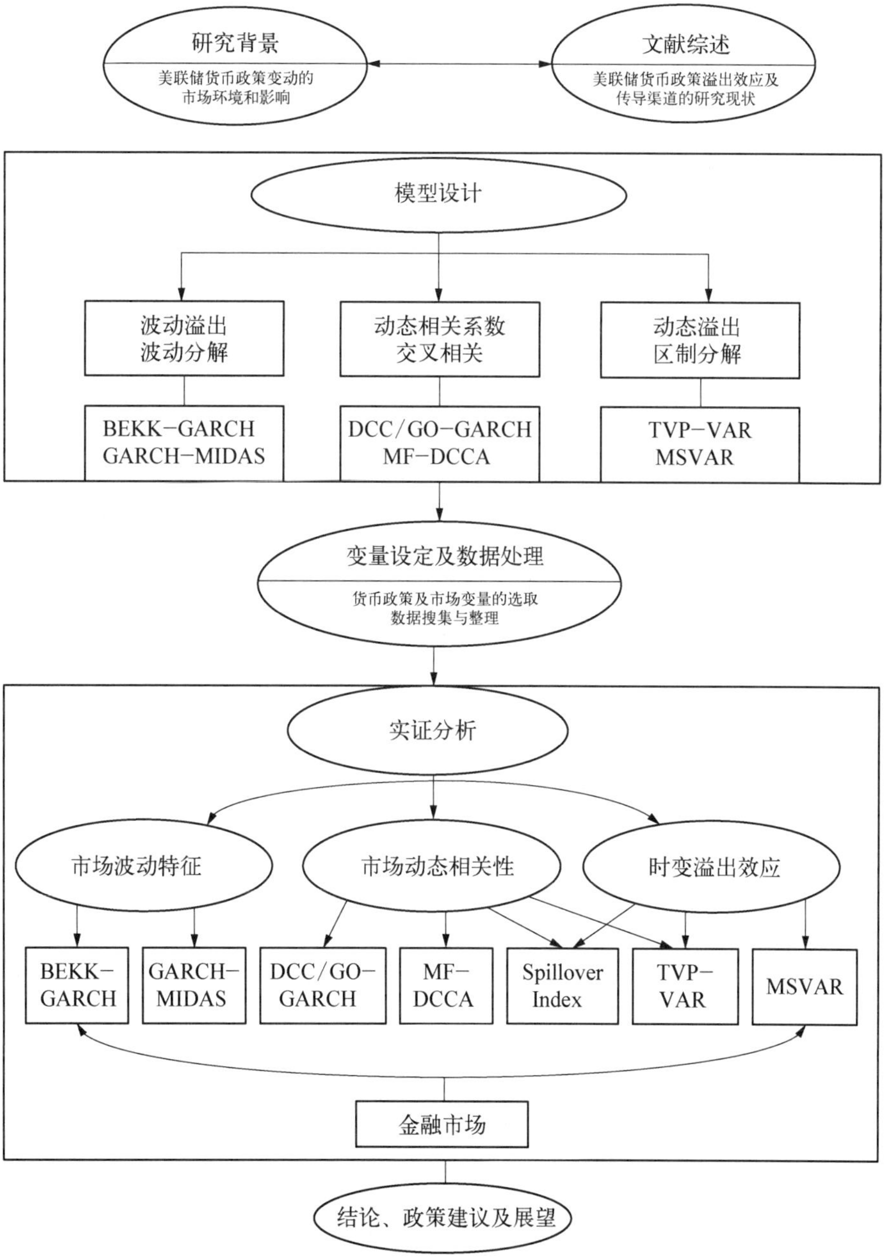

图 1-1 本研究的框架及结构安排

第三节　创新点及不足

一、本书创新点

本书运用多种研究方法，选取中美不同频率的经济、金融、政策数据分析美联储货币政策调整对中国金融市场的溢出效应、传导渠道以及对金融市场间联动性和交互作用的影响。与以前的研究相比，本书可能的创新之处可归纳如下：

第一，将美联储货币政策调整划分为加息周期和降息周期。通过对马尔科夫转换模型、虚拟变量法以及滑动窗口分析法的综合运用，研究在美联储不同政策周期和中国不同经济周期下中国金融市场对于美联储货币政策宣布及调整的反应差异，这在相关研究中是一种新的尝试。

第二，将美联储货币政策划分为预期到的以及未预期到的货币政策调整，研究资产价格对不同类别政策调整的差异化反应，研究思路具有一定的独特性。

第三，本书同时采用单元以及多元 GARCH 模型研究资产价格和风险波动的跨市场交互作用，既考虑了美联储货币政策调整对单一市场的效果，也特别检验了金融市场间的交互作用和波动性传递。从这个意义上说，本书考察了市场交互作用下美联储货币政策对中国金融市场的溢出效应，研究具有理论和方法上的创新性。

第四，本书采用最新物理金融领域的市场分形理论和方法解析中国金融期货市场对美联储货币政策调整的反应以及市场间多重交叉相关特征的时变性，使用 GARCH－MIDAS 模型分析美联储货币政策对国内金融市场的影响及中美利差等变量对中国金融市场长期波动的预测能力，考察美联储政策沟通对中国金融市场的溢出效应，研究视角和研究路径具有一定的创新性。

二、本书不足之处

第一，在本书写作时，美联储从之前的零利率下限仅升息了一次，因此本文未能对美联储货币政策中性化的影响进行全面评估。

第二，鉴于国际游资的具体数目难以测度，本书未能对美联储货币政策调整期间国际“热钱”出入中国的数量进行具体计算，而热钱从一定程度上是导致中国金融市场动荡以及影响中国中央银行货币政策操作（货币供应量）的重要因素。

第二章 相关文献回顾和理论基础

第一节 货币政策中性化的内涵

随着美联储加息靴子落地，美联储货币政策中性化这一称谓逐渐进入投资者的视野。但是对于“货币政策中性化”一直未能有明确清晰的定义。“货币中性”(monetary neutrality)，“中性利率”(neutral rate)，“中性货币政策”(neutral monetary policy)等名词与“货币政策中性化”相关但又有所区别。为正确理解货币政策中性化的内涵，有必要理清这些相似但又有区别的概念。

瑞典经济学家克努特·维克塞尔(Knut Wicksell, 1898)提出了“中性货币”的概念，认为在真实和静态分析中，货币只是作为表现价值的计量单位，应当消除其干扰作用。维克塞尔同时认为，如果市场利率与自然利率(投资利润率，亦即“中性利率”)相等，则投资者不会借贷，社会真实资本不会变动，社会货币供给量与价格水平也不变，经济处于均衡状态。这时各种产品的相对价格与产量，完全由非货币的即实物领域的因素所决定，因而货币对经济过程是中性的。奥地利经济学家弗里德里希·奥古斯特·哈耶克(Friedrich August Hayek, 1932)认为，在生产要素已经充分利用的条件下，货币供应量已定，投资与消费保持一定的比例，经济处于均衡状态。由于人们自愿缩减消费，增加投资，而使生产结构发生的变化不会破坏经济体系的均衡，但人为地扩大货币供应，膨胀信用，则会诱发危机。哈耶克同时强调应将货币中立作为货币政策目标，因为货币供应量变动破坏了总供给与总需求间的均衡，引发通货膨胀或通货紧缩。如果货币数量保持不变，商品相对价格就会维持稳定，货币扰乱消失，起严格中立作用。

“中性利率”常被描述为充分就业，平稳增长以及物价稳定时的利率或者利率区间，处于这种状态下的经济往往不需要货币政策的刺激或者调节。联储旧金山分行首席经济学家约翰·威廉姆斯(John Williams, 2003)曾指出，定义“中性利率”容易，但是计算“中性利率”困难。“中性利率”并没有确切值，绝大多数情况下只是一个估计值。就像经济学家对于许多议题都存在争议一样，对于中性利率的区间以及中性利率如何随时间变化，经济学家们也是各执一词。研究显示，实际中性利率大约在 1.5%—3%，而名义中性利率(实际中性利率加通胀预期)大约在 3.5%—5%。美联储前主席艾伦·格林斯潘(Alan Greenspan, 2005)曾指出得到中性利率的精确值的困难性，只有当经济真正到达那个均衡状态时才可得知中性利率的取值。[①]

中性货币政策理论由维克塞尔创立，哈耶克发展。该理论认为货币只会起到扰乱经济的作用，货币当局不应调整货币的数量。该理论只看到了货币对经济的负作用，忽视了其积极作用。其理论框架只适合于静态经济社会，而不适用于当代动态经济社会。中性货币政策建立在货币供给可直接或部分地引起价格水平变化的传统货币数量论的基础上，且以完全竞争的自由经济为框架。但现实情况是即使在货币中立的情况下价格水平也会因各种因素而发生变化，且经济的现实变化又要求中央银行见机调整货币供给，以实现货币中立目标。但中央银行管制与自由经济又存在着相互矛盾。现任美联储主席珍妮·耶伦(Janet Yellen, 2005)在接受国际经济杂志

---

① 详见 Greenspan: Rates Will Rise at “Measured Pace”, *Financial Advisor News*, June 9, 2005 以及 “Yuan revaluation won't aid U.S. as thought, ”MSNBC.com, May 20, 2005.

采访时表示只有当经济状况处于一个“恰好”的状态时，货币政策才会是中性的。[①]

第二节 中性货币政策的理论依据和操作依据

一、理论基础：“理性预期”

纵观美国历史，每一次大规模的货币政策调整都与经济理论的变革有着密不可分的联系。理性预期学派就是在这样的大背景下产生的。20 世纪 70 年代的金融创新使得货币主义举步维艰，以卢卡斯为代表的理性预期学派认为货币供应中的可预期部分对就业、产量及其他经济变量没有显著影响，未被预期到的部分对经济变量则只会产生加剧波动的影响。因而货币政策无论从长期还是短期来看都只会引起通货膨胀而没有实际效果。

巴罗的货币非中性假说则认为鉴于信息不对称和对通胀的不准确预判，相关货币与财政政策并不能被市场所完全预期。货币政策因此而显现出非中性。理性预期学派认为两者观点并不矛盾。前者建立在信息完全的基础上，研究可预期的货币政策对经济的名义影响。后者建立在信息不完全的基础上，研究不可预期的货币政策对经济的实际影响。

二、操作依据：“泰勒规则”

除了理性预期学派，泰勒规则也起到了助推 20 世纪 90 年代的美国货币政策调整的作用。经济理论表明，当总供给大于总需求时，因产能过剩而出现正的产出缺口，价格下跌。当总供给小于总需求时，因产能不足而出现

① 详见 The Yellen View, *The International Economy Magazine*, Spring 2005.

负的产出缺口，通货膨胀因此产生。由此可见，经济增长与物价水平息息相关。而货币政策存在的意义就是在保持经济增长的同时维持物价过快上涨。非中性货币政策是聚焦于经济增长而放弃控制物价水平，而中性货币政策则在经济增长和物价水平之间找到均衡点。泰勒规则就是实现这种均衡的指导依据：真实利率是和经济增长以及物价之间保持长期稳定关系的唯一因子。泰勒规则认为联邦基金利率应主要盯住经济增长与通货膨胀两个目标。当经济增长超过潜在水平抑或通货膨胀超出一定水平时，联邦基金利率就应当上调。其数学表达式如下：

$$r = z + gy + h(\pi - \pi') + r_f \tag{2.1}$$

其中 r 为短期利率（泰勒规则中为联邦基金利率），π 为通货膨胀率，y 为真实 GDP 对潜在 GDP 的偏移比率，从某种意义上可看作是产出缺口。参数 g，h，π' 以及 r_f 均为常数。值得注意的是，经济学家认同上述数学形式，但是对于系数的取值则存在不同意见。总之，泰勒规则使得中性货币政策具备了可操作性（Taylor，1998）。如果将产出缺口看作是未来通货膨胀压力的代理变量，那么中央银行的货币政策可看作是对当前和未来物价趋势的一种反应。泰勒规则也因此可看作是基于通货膨胀的规则。

第三节　美联储货币政策溢出效应的相关研究

作为国际货币体系中支配型储备货币，美元被绝大多数国家和经济体作为彼此间商品和资产的交易货币。因此，从理论上讲，美国政府及企业可通过美联储的主权信贷在全世界进行资产配置，并向全球转嫁风险。传统货币政策传导理论认为，在世界各国经济开放和合作加深的背景下，拥有世界货币地位大国的货币政策不仅对本国金融和经济变量产生影响，还对他国的实体经济和金融市场产生溢出效应。因此，美联储货币政策变动的影响是世界性和全球性的。

对于货币政策溢出效应的研究，最早起源于经济学者对国际经济相互依存问题的探讨。Cooper(1969)是最早提出溢出效应的人，其给出了溢出效应的明确定义：溢出效应(Spillover Effect)是指一国货币政策不仅会影响到本国经济的运行，还会通过各种途径影响其他国家。开放宏观经济学有两大类理论框架阐述了货币政策溢出效应问题，其一是以 Mundell-Fleming-Dornbusch 模型(简称为 MFD 模型)为代表的凯恩斯分析框架；其二为由 Obstfeld and Rogoff(1995)开创的新开放经济宏观经济学(简称为 NOEM)。

一、美联储货币政策溢出效应的理论模型

(一) Mundell-Fleming-Dornbusch 模型分析框架

Mundell(1960)和 Fleming(1962)提出了凯恩斯框架的开放宏观经济学分析模型，对货币政策国际传导机制进行了系统的分析。MF 模型考察了货币市场、商品市场以及汇率市场，以货币政策传导渠道中的汇率渠道作为分析重点。Dornbusch(1976)在该模型的基础上引入了理性预期、价格粘性以及利率汇率自由浮动的假定，提出了汇率超调模型。至此，MFD 模型成为开放宏观经济学凯恩斯分析的主要框架。

假设有外国利率 r^* 和完全预期的开放资本市场，则：

$$r_{t+1}=r^*+x \tag{2.2}$$

其中 x 为汇率的预期变化或者称本币预期贬值幅度。因此式(2.2)表明了在完全有效的市场中利差与汇率之间的关系。假设本币即期汇率的贬值幅度与长期均衡汇率和即期汇率之差成比例关系。则有下式成立：

$$x = \theta(\bar{e} - e) \tag{2.3}$$

其中 $\bar{e}$ 为长期均衡汇率的对数形式，e 为直接标价法下即期汇率的对数形式。θ 可被认为是预期系数。国内居民的本币需求函数为：

$$m - p = -\bar{w}r + \sigma y \tag{2.4}$$

其中 m，p，y 为国内名义货币供给，国内价格水平以及收入的对数。综合方程(2.2)，(2.3)，(2.4)，则有：

$$p - m = -\sigma y + \bar{w}r^{*} + \bar{w}\theta(\bar{e} - e) \tag{2.5}$$

对方程(2.5)进行变形：

$$r^{*} = \frac{1}{\bar{w}}p - \frac{1}{\bar{w}}m + \frac{\sigma}{\bar{w}}y - \theta(\bar{e} - e) \tag{2.6}$$

并对其进行求导，可得如下关系式：

$$dr^{*}/dm = -1/\bar{w} \tag{2.7}$$

因此，本国货币供应量变动会导致他国利率水平的反向变动。同理也可推出他国利率水平的变动也会影响到本国的货币供应量、产出、收入、物价水平以及汇率。本国经济状况在受到他国货币政策影响的情况下，本国货币当局会采取适当的货币政策对利率进行调整，从而进一步对本国金融资产价格和收益率产生影响。此外，在资本账户日益开放的背景下，一国货币政策的调整会因推送渠道和牵拉渠道对他国的汇率水平产生影响。推送渠道为：当一国实行宽松型货币政策时，该国的利率水平和债券收益率降低，资本流出本国，市场对该国货币的需求降低，从而该国货币贬值，他国货币升值(Sousa and Zaghini，2008；黄宪和杨子荣，2016)；牵拉渠道为：当一国实行宽松型货币政策时，该国利率水平下跌，资产价格抬高，资本回流至国内，市场对该国货币的需求增加，从而该国货币升值，他国货币贬值。

(二) 新开放经济宏观经济学分析框架

从宏观角度出发的 MFD 模型存在以下几个弱点。一是 MFD 模型建立在宏观的理论基础上,缺乏微观层面的分析。没有价格和市场出清的前提,MFD 模型无法解释产量和总需求间的差别。二是缺少政府及居民的跨期预算约束和目标方程,MFD 模型无法描绘真实经济状态。此外,MFD 模型没有关于国际贸易对个体福利影响的解读。为弥补 MFD 模型在这方面的缺陷,Obstfeld and Rogoff(1995)建立了一个从微观层面进行分析的两国动态一般均衡模型,通过在原有模型中纳入理性预期、价格粘性以及不完全竞争的概念,原均衡模型的微观基础得到强化。为和 MFD 模型加以区分,这一新建模型被称为 Redux 模型,新的分析框架被称为"新开放宏观经济学"(new open economy macroeconomics,简称 NOEM)。

假设有两个国家和若干有差别的商品及垄断厂商,两国间不存在贸易壁垒,购买力平价和一价定律均成立。所有生产者在[0, 1]上均匀分布,国内生产者位于[0, n],外国生产者位于[n, 1]。假定所有个体均具有相同的偏好,国内代理人 j 的跨期效用函数为

$$U_t^j = \sum_{s=t}^{\infty}\beta^{s-t}\left[\log C_s^j + \frac{\chi}{1-\varepsilon}\log\left(\frac{M_s^j}{P_s}\right)^{1-\varepsilon} - \frac{K}{2}y_s(z)^2\right]$$

$$0<\beta<1,\varepsilon>0 \tag{2.8}$$

其中 C 为实际消费函数,$\frac{M_s^j}{P_s}$ 为个体 j 所持有的实际货币量,y_s 为 s 期商品 z 的总产额,$-\frac{K}{2}y_s(j)^2$ 为劳动后的负效用。

$$c^j = \left[\int_0^1 c^j(z)^{\frac{\theta-1}{\theta}}dz\right]^{\frac{\theta}{\theta-1}} \tag{2.9}$$

其中 $c^j(z)$ 为个体 j 对商品 z 的消费,$\theta>1$ 为两个有差异商品间的替代弹性,$p(z)$ 为商品 z 的国内价格。则本国的价格水平为:

$$p=\left[\int_{0}^{1}p(z)^{1-\theta}dz\right]^{\frac{1}{1-\theta}} \tag{2.10}$$

国内个体需求因此可表示为：

$$y(z)=c(z)=\left(\frac{p(z)}{p}\right)^{-\theta}C^{w} \tag{2.11}$$

国外个体需求为

$$c^{*}(z)=\left[\frac{p^{*}(z)}{p^{*}}\right]^{-\theta}C^{*w} \tag{2.12}$$

其中 C^{w} 为两国消费总量。由购买力平价理论：

$$p(z)=\varepsilon p^{*}(z) \tag{2.13}$$

其中 $p^{*}(z)$ 为商品中 z 的国外价格。因此外国价格水平为：

$$p^{*}=\left[\int_{0}^{1}p^{*}(z)^{1-\theta}dz\right]^{\frac{1}{1-\theta}} \tag{2.14}$$

由购买力平价可得：

$$p=\left[\int_{0}^{1}p\ (z)^{1-\theta}dz\right]^{\frac{1}{1-\theta}}=\left[\int_{0}^{n}p\ (z)^{1-\theta}dz+\int_{n}^{1}[\varepsilon p^{*}(z)]^{1-\theta}dz\right]^{\frac{1}{1-\theta}} \tag{2.15}$$

$$p^{*}=\left[\int_{0}^{1}p^{*}(z)^{1-\theta}dz\right]^{\frac{1}{1-\theta}}=\left[\int_{0}^{n}[p(z)/\varepsilon]^{1-\theta}dz+\int_{n}^{1}p^{*}(z)^{1-\theta}dz\right]^{\frac{1}{1-\theta}} \tag{2.16}$$

$$p=\varepsilon p^{*} \tag{2.17}$$

若在模型中考虑资本因素，个人可以借贷债券，则个体 j 的预算约束为：

$$\begin{aligned}P_{t+1}B_{t+1}^{j}+M_{t+1}^{j}=&P_{t+1}(1+r_{t})B_{t}^{j}+M_{t}^{j}+p_{t+1}(z)y_{t+1}(z)\\&-P_{t+1}C_{t+1}^{j}-P_{t+1}\tau_{t+1}\end{aligned} \tag{2.18}$$

其中 B_{t}^{j} 为个体 j 在 t 期持有的债券。r_{t} 为实际利率，$y_{t}(z)$ 为个体 j

的垄断产品。$p_t(z)$ 为商品 z 的本币价格。M_t^j 为个人 j 持有的货币余额。τ_t 为缴纳的税款。对政府有

$$0=\tau_t+\frac{M_t-M_{t-1}}{P_t} \tag{2.19}$$

在式(2.19)预算约束条件下，个体产生最优消费水平，货币和债券持有量均为其效用最大时的持有量水平。在价格粘性的条件下，$t-1$ 期的价格到 $t+1$ 期方可进行调整，从而外来冲击造成的长短期影响存在差异，动态调整过程因此而呈现。

需求函数为：

$$y^d(z)=\left[\frac{p(z)}{p}\right]^{-\theta}C^w \tag{2.20}$$

$$C^w=\int_0^n C^j dj+\int_n^1 C^{*j}dj=nC+(1-n)C^* \tag{2.21}$$

将需求函数式(2.20)带入预算约束式(2.18)中，替代效用函数 C_t^j，解最优化问题可得：

$$\max_{y(j),\,M^j,\,B^j} U_t^j=\sum_{s=t}^{\infty}\beta^{s-t}\left\{\log\left[(1+r_s)B_s^j+\frac{M_{s-1}^j}{P_s}+y_s(j)^{\frac{\theta-1}{\theta}}(C_s^w)^{\frac{1}{\theta}}-\tau_s-B_{s+1}^j-\frac{M_s^j}{P_s}\right]+\chi\log\left(\frac{M_s^j}{P_s}\right)-\frac{K}{2}y_s(j)^2\right\} \tag{2.22}$$

$$C_{t+1}=\beta(1+r_{t+1})C_t \tag{2.23}$$

$$\frac{M_t}{P_t}=\chi C_t\left(\frac{1+i_{t+1}}{i_{t+1}}\right) \tag{2.24}$$

$$y_t^{\frac{\theta+1}{\theta}}=\frac{\theta-1}{\theta k}(C_t^w)^{\frac{1}{\theta}}\frac{1}{C_t} \tag{2.25}$$

$$1+i_{t+1}=\frac{P_{t+1}}{P_t}(1+r_{t+1}) \tag{2.26}$$

方程(2.23)表明当期与未来消费间替代关系的消费的欧拉方程，方程(2.24)为货币效用模型，展现货币与消费间的替代关系。方程(2.25)表达了劳动与闲暇的替代关系，产品出售后收入的正效用与劳动的负效用间的关系。全世界净资产等于零。

$$nB_{t+1}+(1-n)B_{t+1}^{*}=0 \tag{2.27}$$

世界商品市场出清条件：

$$\begin{aligned} C_t^w &\equiv nC_t+(1-n)C_{t+1}^{*} \\ &= n\frac{p_t(h)}{p_t}y_t(h)+(1-n)\frac{p_t^{*}(f)}{p_t^{*}}y_t^{*}(f)\equiv Y_t^w \end{aligned} \tag{2.28}$$

其中 $y_t(h)$ 和 $p_t(h)$ 是国内商品的产量和价格，$y_t^{*}(h)$ 和 $p_t^{*}(h)$ 是国外商品的产量和价格，C_t^w 为全球总消费。方程(2.23)可以得到稳态时的利率：

$$\bar{r}=\delta\equiv\frac{1-\beta}{\beta} \tag{2.29}$$

稳态时的消费与收入相等：

$$\bar{C}=\delta\bar{B}+\frac{\bar{p}(h)\bar{y}}{\bar{p}} \tag{2.30}$$

$$\bar{C}^{*}=-\left(\frac{n}{1-n}\right)\delta\bar{B}+\frac{\bar{p}^{*}(h)\bar{y}^{*}}{\bar{p}^{*}} \tag{2.31}$$

假定国外净资产在刚开始等于0，以下关系式成立：

$$\bar{p}_0(h)/\bar{p}=\bar{p}_0^{*}(h)/\bar{p}^{*}=1 \tag{2.32}$$

$$\bar{C}_0=\bar{C}_0^{*}=\bar{y}_0=\bar{y}_0^{*}=\bar{C}_0^w \tag{2.33}$$

在均衡条件下则有：

$$\bar{y}_0=\bar{y}_0^{*}=\left(\frac{\theta-1}{\theta}\right)^{\frac{1}{2}} \tag{2.34}$$

在价格弹性时，产出与货币无关。在存在垄断的情况下，产出并非最佳值，对以下方程进行最优化：

$$\max_{y}\left(\log y-\frac{\kappa}{2}y^{2}\right) \tag{2.35}$$

$$y^{PLAN}=\left(\frac{1}{\kappa}\right)^{\frac{1}{2}}>\left(\frac{\theta-1}{\theta\kappa}\right)^{\frac{1}{2}}=\bar{y}_{0} \tag{2.36}$$

其中商品替代弹性表示为 θ，商品替代弹性越大，垄断程度越低。$\bar{y}_0$ 作为均衡产量，它的提高将使得垄断导致的无效性降低。由式(2.24)和式(2.22)可得实际货币余额

$$\frac{\bar{M}_{0}}{\bar{P}_{0}}=\frac{\bar{M}_{0}^{*}}{\bar{P}_{0}^{*}}=\frac{\chi(1+\delta)}{\delta}\bar{y}_{0} \tag{2.37}$$

经过一系列代数变换并凭借价格刚性这一前提，有以下方程：

$$e=\frac{\delta(1+\theta)+2\theta}{\theta\delta(1+\theta)+2\theta}(m-m^{*}) \tag{2.38}$$

$$c-c^{*}=\frac{\delta(\theta^{2}-1)}{\theta\delta(1+\theta)+2\theta}(m-m^{*}) \tag{2.39}$$

$$\bar{b}=\frac{2(1-n)(\theta-1)}{\delta(1+\theta)+2}(m-m^{*}) \tag{2.40}$$

$$\bar{p}(h)-\bar{e}-\bar{p}^{*}(f)=\frac{\delta(\theta-1)}{\theta\delta(1+\theta)+2\theta}(m-m^{*}) \tag{2.41}$$

方程(2.38)至方程(2.41)表明他国货币宽松对于汇率、两国消费以及资产都有影响。

$$r=-\left(\frac{1+\delta}{\delta}\right)m^{w} \tag{2.42}$$

货币宽松导致利率水平的下降，产量有以下方程：

$$y=\frac{\delta(1+\theta)+2[n(1-\theta)+\theta]}{\delta(1+\theta)+2}m+\frac{(1-n)2(1-\theta)}{\delta(1+\theta)+2}m^{*} \quad (2.43)$$

由此可见国外货币宽松对国内产出水平有负效应。

对该模型进行分析可以得出，本国货币政策冲击刺激国内消费且促进产出的同时也促进了别国的消费，但对于别国产出水平的影响则取决于消费与相对价格的比较，因此在新的均衡状态下，本国消费水平维持在较高水平。在外国净资产增加的财富效应作用下，本国产出水平会下降。此外，价格具有粘性时，根据一价法则，面对长期的货币冲击，两国相对消费迅速完成调整，相对价格未出现变化，因此不存在汇率超调的情况。最后，在福利研究方面该模型指出，消费增加造成的福利水平增加与产出增加造成的福利下降相互抵消，因此个体是否具有产品偏好成为影响福利水平的主要原因。如果产品均具有相同的替代弹性，则货币政策未预期的扩张性冲击对国内外产品均具有相同的正向影响，进而有效促进均衡产出的增加。因此扩张性货币政策对两国福利水平均具有积极影响。

Obstfeld and Rogoff(2000)在粘性名义工资的基础上发展了随机新开放经济宏观经济学模型。该文分析了不同货币周期对于福利，产出以及贸易条件的影响，同时也指出贸易条件和外汇间的相关关系和传统假定名义刚性之间更为契合。Obstfeld and Rogoff(2002)则探讨了风险与汇率间的关系。通过在新开放经济宏观经济学模型的基础上加入随机效应，得到宏观冲击(未预期到的货币政策)会导致产出的变动，风险溢价会引起汇率水平的波动。同时该文也指出在不确定条件下研究垄断厂商的名义价格会得到与传统货币风险溢价符号相反的贸易条件溢价。Landry(2005)则运用新开放经济宏观经济学模型研究了消费转换效应在货币政策传导中的作用。Corsetti(2006)陈述了对于 MFD 模型的改进与拓展，并且探讨了 NOEM 模型对于物价稳定，国际视角下的最优货币政策以及国际层面政策合作的贡献。

(三) Welfare 模型

Obstfeld 和 Rogoff 的这套分析框架被后来的诸多学者用来分析开放经济环境下货币政策的传导。Corsetti and Pesenti(1997)根据该理论对货币政策、财政政策的传导渠道以及对福利水平的影响进行了分析研究。Tille(2001)基于经济体内部商品间替代性大于两国间替代性的假设,研究发现扩张性货币政策对两国均会造成福利损失。Corsetti and Pesenti(2001)在 Redux 模型的基础上发展出了国家间货币及财政政策传导模型。区别于 Redux 模型,该模型指出在开放经济的条件下,除垄断竞争扭曲之外,还存在另一种扭曲,即经济体通过对供给的调整进而改变贸易条件。该模型同时指出,经济体内部商品间替代性比两经济体间替代性强。在求解方法上,相对于 Redux 模型运用对数线性近似法,该模型不再局限于小规模冲击,通过设定得到的封闭解使得模型对传导及福利效应的解释能力大大增强。具体模型设定如下:

$$U_t(j)=E_t\sum_{\tau=t}^{\infty}\beta^{\tau-t}\left[\frac{C_\tau(j)^{1-\rho}}{1-\rho}+\chi\ln\frac{M_\tau(j)}{P_\tau}+V(G_\tau)-\frac{\kappa}{2}l_\tau(j)^2\right] \tag{2.44}$$

$$C_\tau(j)\equiv(C_{H,t}(j))^\theta(C_{F,t}(j))^{1-\theta} \tag{2.45}$$

$$P_t\equiv\frac{1}{\theta_w}(P_{H,t})^\theta(P_{F,t})^{(1-\theta)}\theta_w\equiv\theta^\theta(1-\theta)^{1-\theta} \tag{2.46}$$

式(2.44)至式(2.46)分别为本国个体 j 的效用函数,消费函数和本国价格水平函数。其中 $\rho, \beta, \chi, \kappa>0$,经济开放度系数 $\lambda\in(0, 1)$。运用求导法可得本国扩张性货币政策对本国居民效用函数的影响:

$$\frac{\partial U}{\partial\bar{M}}=\frac{\theta}{\rho\bar{M}}\left[C^{1-\rho}+\chi\rho-\kappa\frac{Y^2}{g}\left(1+\rho\frac{1-\theta}{\theta}\right)\right] \tag{2.47}$$

在封闭经济环境下,$\theta=1$。式(2.47)为正。在存在垄断竞争的情况下,实际工资较高而消费及产出水平较低。此外，在价格粘性的假设前提下，小规模的扩张性货币冲击对消费和产出有促进作用。消费增长引致的福利水平增进比产出增加引致的福利水平降低要大，本国居民的福利水平因此上升。在开放经济背景下，宽松型货币政策冲击导致本币的贬值并削减了本币的购买力。在经济垄断程度较低或经济开放度较高的情况下，外国商品在本国商品市场所占比例较高时，本国福利水平会显著受到贸易条件的影响。

从另一个角度而言，外国宽松性货币政策对本国居民效用的冲击如下：

$$\frac{\partial U}{\partial \bar{\bar{M}}}=\frac{1-\theta}{\rho \bar{\bar{M}}}\left[C^{1-\rho}+\chi\rho-\kappa\frac{Y^{2}}{g}(1-\rho)\right] \tag{2.48}$$

当该式为正时，表明外国宽松性货币政策会改善该国贸易条件并提升居民的福利水平。

(四) 货币非中性理论

由前文可知货币中性以及非中性的概念皆可追溯至经济学家魏克塞尔。非中性的货币表明货币供应量的变化对产出和实际利率皆会产生影响，货币利率对自然利率的偏离对整个经济都会产生影响。据此，美联储可以通过直接调整联邦基金利率调整经济运行。另外，英国经济学家凯恩斯在其著作《就业、利息与货币通论》中指出货币对于经济的重大影响：充分就业的根本影响因素是有效需求，利率决定有效需求而货币供求关系又决定利率。因此实施适当的货币政策可以通过利率调节有效需求，控制通胀水平，促进经济平稳增长。

二、美联储货币政策溢出效应的实证研究

对于美联储货币政策溢出效应，最初研究集中于在蒙代尔-弗莱明-多恩布什(MFD)模型或者新开放经济宏观经济学(NOEG)模型中加入外生变量或对原始模型进行调整以进行实证检验。随后，为克服过于复杂的传统

模型和变量选择的任意性,向量自回归(VAR)模型开始被用于检验货币政策对经济的调整作用,但VAR模型无法显示变量间的同期关联。通过对参数空间施加约束条件,结构向量自回归(SVAR)模型在保留了VAR模型优势的基础上,减少了待估参数,从而在货币政策溢出效应的研究领域中得到了广泛的应用。如Canova(2005)研究了美联储货币政策对拉美国家的溢出效应,Maćkowiak(2007)探讨了美国货币政策对亚洲和拉美国家的冲击。对于美联储货币政策溢出效应的相关实证研究可以根据溢出对象划分为三大类:美联储货币政策对股票市场、债券市场和外汇市场的溢出效应。

(一) 美联储货币政策对股票市场的溢出效应

传统经济理论认为,股市的变动与信息息息相关(Fama et al., 1969; Mitchell and Mulherin, 1994)。货币政策调整所带来的冲击对股市波动有着重大影响,这是因为货币政策在对宏观经济进行调整的同时,也会带动相关公司与企业现金流与资产负债表的变动并进一步影响到股市(详见Bernanke and Gertler, 1995以及Bernanke and Kuttner, 2005)。过往文献表明美联储联邦基金利率的调整和股市之间通常存在负向关系。Vrugt(2009)运用GARCH族模型探讨了美国和日本宏观信息发布对于亚太地区股市波动的影响。研究发现尤其对于美国信息的发布,市场在发布日当天波动明显高于非发布日,但政策宣布对于隐含波动率的影响则弱得多。Wongswan(2009)研究了美联储货币政策意外调整对亚洲、欧洲和拉美15个国家股票指数的影响,实证结果表明联邦基金利率下降大约25个基点会导致外国股票指数上升大约0.5%—2.5%。袁鹏(2010)同样采用SVAR模型研究得出扩张性美国货币政策对中国股票市场真实回报率水平和波动率均有着一定程度的影响。Jiang et al.(2012)通过对6个国家隐含波动率指数的研究,发现定期的宏观信息发布会抑制市场波动而非定期的宏观信息发布则会加大市场的波动程度。Mun(2012)运用MVGARCH - BEKK - VAR拓展模型研究发现美日两国股票市场会受到美国宏观经济政策(含利率变动)意外调整的影响而不会受到日本宏观经济信息冲击的影响。Yang and Hamori(2014)采用 MRSVAR 模型考察了美国联邦基金利率调整对印度尼西亚、新加坡和泰国三国股市的溢出效应,发现在经济繁荣时期,美国联邦基金利率调整对三国的股市有负向影响,但是在经济衰退时期,该影响则变得不显著。这表明在特定经济周期下,新兴国家的证券市场极易受到发达国家宏观经济信息的冲击。杨雪莱和张宏志(2012)运用 DCC - GARCH 拓展模型研究发现美国宏观经济及金融变量是中美联动的主要引致因素。Basher and Sadorsky(2016)使用 GO - GARCH 模型研究了大宗商品、债券等市场间的动态相关性。Jebabli et al.(2014)运用 TVP - VAR 模型考察了食品、原油和股市间的波动传导,市场间关联在 2008 年金融危机后尤甚。季勇和廖慧(2015)运用外溢指数考察了全球金融市场间的溢出效应,发现中国大陆受波动影响程度最低,溢出指数在重大经济金融事件的爆发时会大幅增强。

由此可见,美联储货币政策变动(尤其是利率的变动)与资本的国际流动存在着紧密联系。从历史看,20 世纪 80 年代的拉美债务危机,1994 年的墨西哥金融危机,1998 年东南亚金融危机,1999 年的巴西货币危机和 2001 年的阿根廷债务危机的爆发就是由于美国货币政策的变动(联邦基金目标利率的提高)引发了国际资本流动,最终触发了地区金融安全问题并导致了金融危机。美国货币政策周期与经济周期的不同组合以及利率变动,对中国经济和金融市场运作必然有着显著影响。

(二) 美联储货币政策对债券市场的溢出效应

美联储货币政策调整对于债券市场的溢出效应是显而易见的。Craine and Martin(2008)通过研究货币政策冲击和非货币政策冲击的溢出效应,发现美国的货币政策冲击对澳大利亚的债券收益率有影响,但是澳大利亚的货币政策冲击对美国没有影响。长期内,美国的非货币政策冲击的溢出效应比短期显著。Hausman and Wongswan(2011)发现美国货币政策的宣布对 49 个国家(包括中国)的汇率，短期利率和长期利率均有显著的溢出效应。李海杰(2014)通过 SVAR 模型测度了美联储量化宽松对中国债市的影响。实证结果表明通货膨胀预期渠道在美联储量化宽松货币政策溢出效应的传导过程中起主要作用，货币扩张和资本流动在其中作用不甚明显。通过选取 12 个发达国家和 12 个发展中国家的债券市场数据，Albagli et al.(2015)研究发现美联储货币政策变动对他国债券市场的溢出效应在金融危机后大大增强，对发达国家主要通过信号渠道影响其风险中性利率，对发展中国家则主要通过资产组合再平衡渠道对利率的期限溢价部分产生影响。Park and Um(2016)研究发现美联储非常规货币政策操作对韩国短期而非长期债券市场有显著影响，其中美联储短期政策利率的变动比美国长期国债风险溢价的变动对韩国债券市场的影响更显著。

(三) 美联储货币政策对外汇市场的溢出效应

美国联邦基金利率的变动对汇市的冲击毋庸置疑，美联储加息往往伴随着美元的走强和其他经济体货币相对美元的走弱。Sarno and Valente(2009)对采用联系汇率制[①]的中国香港和浮动汇率制的新加坡这两个有着诸多相似点的地区进行了研究。实证结果表明，和中国香港相比，采用浮动汇率制的新加坡并未能降低美联储货币政策对本国的溢出效应。这个研究的结论与传统的经济学理论相左。Reinhart and Rogoff(2004)的研究同样证明了这一点，根据 153 个国家从 1946 年至 2001 年外汇数据样本，汇率浮动能够完全抵补利差的国家只占样本总数的 4.5%。Kim and Nguyen(2009)运用 EGARCH 拓展模型发现美联储货币政策发布对美国以及澳大利亚的外汇市场都会产生冲击，美联储货币政策调整后澳大利亚股债汇市场的波动率都会减弱。赵文胜和张屹山(2012)运用短期约束法和符号约束法研究了中美两国

---

① 作为一种货币发行局制度，联系汇率制是香港金融管理局(金管局)第一重要的货币政策目标。该汇率制度要求货币量和外汇储备两者之间必须保持稳定的变化关系。自 1983 年 10 月 17 日在香港开始推行之日起，联系汇率制要求向钞票发行银行发行及赎回为银行纸币提供支持的负债证明书时，钞票发行银行必须以 7.80 港元挂钩 1 美元的固定汇率以美元交易。

货币政策冲击对人民币兑美元汇率的影响，研究结果发现美联储目标利率的降低会引起人民币兑美元的持续升值。马宇和杜萌（2013）通过对 29 个新兴市场国家的数据进行实证分析后发现美国量化宽松货币政策对新兴市场资本流动、汇率波动以及通货膨胀水平都有着较为显著的影响。何国华和彭意（2014）运用 SVAR 模型研究了美日货币政策对中国的溢出效应，发现美联储扩张性货币政策主要影响了中国的通货膨胀和汇率水平。马理和余慧娟（2015）运用面板向量自回归（PVAR）模型研究了美国量化宽松货币政策对金砖五国经济产出、物价水平、进出口贸易、汇率水平以及资本市场波动的溢出效应。实证结果表明量化宽松政策在短期内对金砖五国的经济产出、物价水平、进出口贸易、汇率水平以及资本市场波动有正溢出效应。

第四节　美联储货币政策传导机制的相关研究

就像 Bernanke and Gertler（1995）所说，过往诸多文献都视货币政策传导过程为“黑箱”而忽略对其研究，但货币政策能否发挥效力以及发挥多大效力在很大程度上与货币政策传导机制及渠道息息相关，因此，对于“黑箱”的研究具有重要意义。对于美联储货币政策传导机制与渠道，已有研究主要聚焦于利率、汇率、资本流动（包括热钱流动）、通货膨胀（预期）等渠道。本部分将首先陈述相关理论模型，然后总结归纳已有文献，探讨美联储货币政策调整对他国经济体的传导机制与渠道。

一、美联储货币政策传导机制的理论模型

（一）金融加速器理论和货币政策的资产负债表及信贷传导渠道

Bernanke and Gertler（1995）是金融加速器理论的提出者。该理论认

为,货币政策信贷传导渠道可划分为资产负债表渠道和银行信贷渠道。宏观经济的冲击通过金融市场的摩擦得到放大,从而造成对经济周期波动更大的冲击,强化了货币政策对实际经济的影响。该理论后被引入新凯恩斯标准动态模型而发展成为 BGG 模型。BGG 模型的拓展推动了货币政策影响资产价格的相关研究,Bernanke and Gertler 也因此而提出了灵活通胀管理目标。

具体而言,"资产负债表渠道"阐明了金融加速器机制对货币政策运作的影响:联邦基金目标利率的变动影响本国及他国的长短期利率,这些利率除通过传统货币政策传导渠道对经济产生影响外,还通过改变借款人的资产负债状况对本国及他国经济产生影响;"信贷渠道"是指信贷市场上借贷双方信息不对称("信息摩擦")会导致外部融资成本与内部融资成本存在差异(也即"外部金融溢价"),外部融资溢价反映了委托(借款人)代理(贷款人)问题相关的无谓损失,其大小受货币政策的影响。当中央银行实施宽松型货币政策通过调整实际利率作用于可支配收入、现金流以及抵押物价值时,资产价格的上升提高了借款人的资产净值,降低了逆向选择和道德风险发生的概率,从而降低了内外资金成本差额,促进了贷款和总需求;若将银行风险渠道纳入分析框架,则有货币政策传导的"风险承担渠道":货币政策冲击改变以银行为首的金融机构的风险容忍和感知度,通过调整投资组合的方式对实体经济产生影响。宽松型货币政策在增加资产需求的同时也降低了风险溢价水平,金融中介的风险价格约束得以放松,融资成本得以降低。

(二) 资本流动模型

$$KF = -\alpha NTA - \beta\Delta i - \gamma CA + \delta\Delta F + \varepsilon \tag{2.49}$$

其中 KF 为资本流动, NTA 为中央银行净总资产, i 为国际利率水平, CA 为经常账户, F 为除以上以外其他影响货币需求的因子。

根据式(2.49)可知,当美联储步入加息通道后,之前因量化宽松等因素而流落在他国的美元资金会因利差因素而流回美国。同时,美联储目前正逐步缩减在量化宽松期间急剧扩张的资产负债表,亦即 NTA 减小,这也意味着国际资本回流美国。

考虑以下联立方程组:

$$\begin{cases} KF_1 = -\alpha NTA_1 - \beta \Delta i_1 - \gamma CA_1 + \delta \Delta F_1 + \varepsilon_1 \\ KF_2 = -\alpha NTA_2 - \beta \Delta i_2 - \gamma CA_2 + \delta \Delta F_2 + \varepsilon_2 \\ \vdots \\ KF_n = -\alpha NTA_n - \beta \Delta i_n - \gamma CA_n + \delta \Delta F_n + \varepsilon_n \\ KF_1 + KF_2 + \cdots + KF_n = 0 \end{cases} \tag{2.50}$$

其中 $0 \leqslant \alpha \leqslant 1$。每一行的等式代表一个国家的资本流动方程。该联立方程组可看作是一个闭合的系统,即资本净流出为零(即联立方程组最后一行)。对该联立方程组求解可以得到一个均衡解。因此任何一个国家的资本流动都会影响到他国,都会引发一个新的资本流动均衡。

(三) 美元回流模式

美元回流的具体路径繁复多样,本部分提炼了三条主要路径。

第一,直接渠道中的美元回流本国逐利。

当美联储步入加息通道抑或净总资产 NTA 缩减时,资本流动 KF 增加,意味着资本回流美国,国际利率水平 i 降低,利差水平 Δi 也因此扩大。美元资产回流入美国逐利。

美国资本的净流入和新兴市场资本的流出将使得新兴市场的 NTA 发生变化。新兴市场资本的流出使得其货币承受贬值压力,这些国家的中央银行趋于使用冲销政策收紧银根以维持汇率的稳定。与此同时,新兴市场资本的流出使得这些国家的通缩压力加大,因此其中央银行又有着放松银根的意愿。在美联储加息的大背景下,通缩压力暂时相对较小,但新兴市场考虑到出口等方面因素，采取宽松货币政策的可能性较大。因此，美联储步入加息通道加速了资本的回流。

由收入支出等式：

$$CA + KF = NFA \tag{2.51}$$

可知，等式(2.49)可以写为：

$$NFA = -\alpha NTA - \beta i + (1-d)CA + \delta \Delta F + \varepsilon \tag{2.52}$$

式(2.52)充分说明了货币政策与资本流动之间的关系。当 $\alpha = 1$ 时，紧缩性货币政策会引致同等数量但反向的资本流动，货币政策无效。当 $\alpha < 1$ 时，货币政策有效力。美联储货币政策中性化致使美元资产陆续回流美国，其 α 比较小，货币政策效果比较明显，但对于新兴市场而言，其 α 比较大，货币政策效果有限。

第二，美元回流的冲击效应。

对于新兴市场 i，国内货币供应量 M 主要受 M_2 和 NFA_i 的共同作用。

$$M = M_2 + NFA_i \tag{2.53}$$

通常意义上的费雪方程为：

$$MV = PT \tag{2.54}$$

其中 T 可分解为实体经济 T_r 和虚拟经济 T_f，并有 P_r 和 P_f 与之对应，则有：

$$MV = P_r T_r + P_f T_f \tag{2.55}$$

假定货币流动速度 V 维持在不变的水平，实体经济和虚拟经济分别占比 θ 和 $1-\theta$。则有：

$$\begin{cases} P_r T_r = \theta MV \\ P_f T_f = (1-\theta)MV \end{cases} \tag{2.56}$$

进一步：

$$\begin{cases} P_r = \theta(M_2 + NFA_i)V/T_r \\ P_f = (1-\theta)(M_2 + NFA_i)V/T_f \end{cases} \tag{2.57}$$

其中 P_r 代表CPI，也即价格水平，P_f 代表资产价格水平，NFA_i 同时是新兴市场货币供应量和美联储货币政策的函数。美元回流引发的汇率波动会通过国际贸易影响 P_r。

第三，间接渠道中的大宗商品价格传导。

实证研究显示，美元汇率的变动以及美元资产的回流对国际大宗商品价格水平有重大影响，而大宗商品价格的波动会通过国际收支（经常账户），汇率，通货膨胀，生产成本等渠道对国际资本流动和他国货币供应量、外汇储备乃至股票市场产生影响。

二、美联储货币政策传导机制的实证检验

根据美联储货币政策对他国溢出效应的作用机理和影响机制，美国货币政策传导机制相关文献由传导渠道的不同主要可以归纳为以下几类。

（一）利率、汇率、贸易渠道

有关美联储货币政策利率、汇率和贸易传导渠道的文献比较丰富。Kim（2003）发现美联储扩张性货币政策对除美国外G7集团成员国的经济有促进作用。实际利率水平的下降在该正向溢出效应中发挥了重要作用，贸易余额作用不明显，MFD基础模型和粘性价格跨期模型对该文的结论指导意义不大。Bernanke et al.（2004）总结了货币政策可以引导市场对短期利率的预期，改变中央银行资产负债表的构成，从而对经济金融活动产生影响。Ehrmann and Fratzscher（2004）实证研究得出美国货币政策通过信贷渠道和利率渠道对本国股票市场产生影响。肖娱（2011）运用贝叶斯结构向量自回归（Bayesian SVAR）模型和主成分分析法研究了美国货币政策冲击

对部分亚洲经济体的传导渠道。研究发现,对于实行浮动汇率制的国家,外汇渠道为主要的传导渠道。对于实行固定汇率制和具有“浮动恐惧”的国家而言,利率和外汇储备渠道起主要作用。Bagliano and Morana(2012)发现金融冲击往往会通过美国房产、股价动态变化以及过度流动性传导到别的国家去,贸易传导渠道是实际冲击的主要传导渠道。Kazi et al.(2013)研究发现,贸易渠道和资本渠道是美国扩张性货币政策对 OECD 国家产生冲击的主要原因。Lagana and Sgro(2013)以美联储联邦基金利率作为美联储货币政策的代理变量,研究发现通过对外贸易渠道,美国扩张性货币政策会提升美国国内需求,进而提高加拿大的产出水平。Papadamou et al.(2015)考察了中央银行政策透明度与利率传导间的关系。Barakchian(2015)使用两国模型对美联储货币政策对加拿大的溢出效应进行了分析。实证结果显示,美联储紧缩型货币政策会使加拿大的产出迅速下滑,通胀下滑略微滞后,短期利率波动后逐步下跌,长期利率大约会攀升一年后逐步下降。作者得出结论,利率渠道是美联储货币政策对加拿大经济变量产生影响的主要渠道。

(二) 信贷渠道

Bernanke and Gertler(1995)独辟蹊径,将美联储货币政策传导渠道由传统的利率、汇率等渠道扩展到信贷渠道,并将信贷渠道划分为资产负债表渠道和银行借贷渠道。Bernanke and Gertler 指出,相较于传统货币政策传导渠道,信贷渠道(考虑外部金融溢价①因素)能更好地解释诸如存货和非住宅建筑投资对货币政策调整的滞后反应。Ehrmann and Fratzscher(2004)实证研究得出美国货币政策通过信贷渠道和利率渠道对本国股票市场产生影响,发现货币政策宣布对股票收益的影响在不同公司间存在巨大差别。Basistha and Kurov(2008)以及 Jiang et al.(2012)的研究支持这一传导渠道

① 外部金融溢价(External finance premium)是指外部融资与内部融资间成本的差异。这个概念由 Bernanke and Gertler(1995)首次提出,他们在此基础上衍生出金融加速器理论。

的存在。Baglioni(2007)研究了货币政策银行借贷传导渠道,发现货币政策冲击对于借贷市场的冲击具有较大的异质性。在垄断竞争的条件下,完全资本化银行间的战略互补会引致乘数效应,完全资本化银行间的战略替代则会引发相反的效应,完全资本化的银行会强化货币政策的效果。王艳和张鹏(2012)运用向量自回归误差修正模型(VECM)考察了美联储货币政策对中国信贷市场的溢出效应。研究发现美联储货币政策通过中国信贷市场这一中介影响了中国的广义货币供应量,信贷渠道是美国货币政策对中国货币供应量产生影响的主要传导渠道。Khan et al.(2016)研究了货币政策信贷传导渠道中银行竞争所扮演的角色。随着竞争程度的下降,货币政策的信贷传导渠道会因此而加强。

(三) 预期渠道

该渠道可以说是近年来研究的一个热点视角。比如央行政策沟通[①]在近年来的兴起就充分说明了市场预期已成为中央银行货币政策制定时重要的考量因素之一。通过合理适当的引导市场预期,中央银行货币政策可以达到更好的执行效果。Demiralp and Jorda(2001)将美联储联邦基金目标利率作为货币政策沟通的代理变量,与公开市场操作的市场反应进行比较。结论表明美联储联邦基金目标利率政策宣告而非公开市场操作对短期利率的影响更大。Ehrmann and Fratzscher(2007)运用 EGARCH 拓展模型研究分析了欧洲中央银行、美联储、英格兰银行货币政策沟通对金融市场的影响,实证结果表明货币政策委员会成员的讲话和媒体访谈会影响不同期限债券的利率水平。Rosa(2011)使用有序 probit 模型研究了美联储联邦基金利率决议以及紧随其后的会议声明对美国股市以及波动率指数的影响。研究发现美联储利率决议以及会后声明中未被市场预期到的部分对股票指数有着显著且经济意义明确的影响,并且会后声明比利率决议本身更能解释

---

① 中央银行政策沟通,是指中央银行和市场参与者就经济运行现状,货币政策实施状况和货币政策立场进行沟通,并向市场传达其对经济前景的预测以及对货币政策趋势和路径展望的行为。

股市对货币政策的反应。Fratzscher(2006，2008)运用EGARCH模型以及事件研究法研究了G3经济体中央银行汇率沟通的市场有效性。研究发现，中央银行汇率沟通对汇率水平有着及时、显著和合意的影响，且能降低汇率市场的波动。汇率沟通与中央银行常规货币政策间相互独立且其政策效果明显优于央行对汇率的实际干预。潘敏和严春晓(2012)使用VAR模型研究了美联储执行量化宽松货币政策期间利率承诺这一沟通事件对美国实体经济以及金融市场的影响。其实证结果表明，利率承诺对美国实体经济以及金融市场皆有影响且有助于提升市场主体的信心。

预期渠道下的(管理)通货膨胀预期渠道也是研究的重点之一，尤其在美联储实施量化宽松期间。诺贝尔经济学奖获得者保罗·克鲁格曼是管理通货膨胀预期渠道的支持者之一。该渠道的主要观点是如果中央银行的承诺是可以信赖的，那么货币政策就能够改变公众对于通货膨胀的预期，进而影响公众的消费、投资等行为，最终起到调节经济活动的目的。前文已经提及，李海杰(2014)通过SVAR模型测度了美联储量化宽松对中国债市的影响。实证结果表明通货膨胀预期渠道在美联储量化宽松溢出效应的传导过程中起了主要的作用。货币扩张和资本流动在其中并不起主要作用。Gnabo and Moccero(2015)研究发现和传统变量诸如产出缺口以及通货膨胀水平相比，通货膨胀预期和金融市场风险是美联储货币政策状态转换更为有利的推动力。同时，美联储货币政策对通货膨胀预期的反应是时变的，在高风险时刻，货币政策对产出缺口的反应更为敏感。

除了以上提及的各种传导渠道外，还有通货膨胀传导渠道，热钱国际流动渠道(侯鹏，2013)，美元外部铸币税和通货膨胀税渠道(张鹏，2013)等货币政策传导渠道。整体而言，国内外有关成熟经济体中央银行货币政策对内对外执行效果以及传导渠道的研究，不仅数量多而且涉及范围广，其研究内容和研究方法都较为多样化并趋于成熟。然而，值得一提的是，在有关美国货币政策对资产价格及波动影响的众多文献中，关于美联储货币政策中性化对中国金融市场溢出效应的文献微乎其微，造成这种现状的原因可能有以下几点。第一，中国等新兴市场有关金融市场运行等方面可获取的数据资料相对较少，相当一部分数据并不向市场公开，这对于学术研究是一个障碍。第二，鉴于新兴市场，例如中国，金融市场发展程度较低，政府管制较多，市场对外界冲击反应较为微弱，这对于相关实证研究和模型运用也造成了巨大的障碍。

第五节 美联储货币政策对我国金融市场溢出效应的理论基础

美联储作为世界上最发达国家的中央银行，其货币政策调整不仅对本国的经济和金融市场运行有着显著的影响。对他国货币政策制定和实施，经济和金融市场运行，起着不可忽视的作用。美联储主要通过调整联邦基金目标利率，影响社会投资成本，汇率、股市变动，资本流动、大宗商品（原油、黄金）价格，市场预期，投资者情绪，通过对外贸易、资本跨国流动、信号作用（中央银行政策沟通），市场情绪传播，带动他国货币政策顺势调整。本书从以下几个角度阐述美联储货币政策溢出效应的理论基础。

第一，资本跨国流动。美联储调整货币政策，不仅会影响国内的利率水平以及投融资成本，还会影响本国的汇率水平，股市运行，大宗商品价格的波动，衍生品市场的定价等，从而引发投资者调整其资产配置，产生和促进资本的跨国流动，从而带动他国汇率水平、国内市场流动性、利率和市场风险的变动。

第二，市场情绪传播。美联储通过联邦基金目标利率调整、与市场进行沟通等政策措施，向市场传达美联储对当前和未来经济形势的分析和展望（Economic Outlook）。由此影响投资者的投资行为和市场情绪，美国投资者的行为和情绪会迅速被他国投资者和市场所感知，从而改变他国投资者的投资行为和市场认知，改变他国的经济和金融市场运行，从而引发他国货币当局调整货币政策，并进一步影响他国经济和金融的发展。

第三，市场联动、传染(Contagion effect)。美联储货币政策的调整势必会对美国本土的股票市场、金融衍生品市场，大宗商品市场带来冲击。随着经济全球化和区域一体化的不断加强，国与国之间的经济依存度逐步提高，根据市场传染效应，一个国家金融市场的变动必然对他国金融市场产生影响。例如，美联储调整货币政策时，不仅本国国债利率会随之变动，他国利率水平也会随之变动。美联储升息时，美元指数通常会上升，美联储降息时，美元指数通常会下降。美元指数的变动意味着美元币值的调整，这必然会影响到美元和其他国家的利率水平。汇率的变动往往会引发投资者对本外国货币资产持有比例的调整，引发资本跨境流动，从而影响他国经济和金融市场的运行。

第四，带动他国货币政策调整。美联储调整联邦基金目标利率时，主要参考指标是美国的失业率和通货膨胀率。美联储调整其货币政策，他国中央银行考虑到本国市场可能的调整，会出台相应的应对之策，对本国的基准利率等指标进行调整，从而调整和改变国内经济和金融市场的运行。

第五，对外贸易。美联储货币政策调整对美国汇率水平有着不可忽视的影响。美元币值的变动必然会影响到美国和其他国家之间的对外贸易关系。他国进出口产品数和产品额的变动必然会影响到该国企业生产和投资积极性，并进一步影响该国的债券和股票市场。当一国出口增加时，该国企业会增加生产，扩大投资。该国的债券市场和股票市场投资者情绪转向积极，从而金融市场运行更为稳健和高效。反之则投资转向消极。

第三章 美联储货币政策对人民币汇率市场的溢出效应

作为国际金融领域的热点话题和研究焦点，一国货币即期与远期汇率，在岸与离岸汇率间的联动与进出口贸易、资本流动乃至金融稳定息息相关（阙澄宇和马斌，2015；He and McCauley，2010）。随着人民币国际化程度的日益提高，在岸人民币汇率形成机制改革不断推进。银行间即期外汇市场人民币兑美元交易价浮动幅度相继由5‰扩大至1%，再扩大至2%。离岸人民币市场交易日益壮大，业务种类日渐丰富。截至2015年年底，离岸人民币存款数额已接近2万亿元。2015年8月11日，中国人民银行推出了人民币兑美元报价机制改革（"新汇改"），下调人民币中间价1 000点；美国当地时间2015年12月16日，美联储时隔7年后的加息变为现实。该次加息后的一个月内，资本纷纷流回美国，美元持续走强，新兴市场货币贬值压力持续加大——人民币兑美元的汇率从2016年年初就经历了罕见的剧烈波动，人民币连续8天相对美元贬值，在岸和离岸人民币汇差一度拉大至1 429点的历史高位。为维持外汇市场稳定，中国人民银行在外汇市场强力干预，外汇储备因此锐减。人民币汇率的大幅波动不仅不利于国内经济发展，也对周边国家乃至国际经济金融稳定造成了较大的压力。那么在美国货币政策转向的大背景下，人民币汇率不同市场间长期均衡汇率水平如何调整？不同市场间溢出的方向和程度如何？监管部门和市场投资者应如何根据不同市场人民币汇率间的均衡汇率水平和溢出效应做出合理的决策？鉴于此，研究在美联储货币政策中性化背景下人民币不同外汇市场间长期均衡汇率水平调整、均值溢出、波动溢出以及非对称效应等具有较大的研究价值和现实意义。

综观国内外对不同市场人民币汇率有关问题的研究，其主要分为人民币外汇价格形成问题以及人民币汇率不同市场间溢出效应的研究。朱钧钧和刘文财（2012）的研究表明在岸人民币相对于离岸人民币汇率在价格发现贡献度上拥有绝对的主导地位。运用 AR－GARCH 模型等多种方法，伍戈和裴诚（2012）得出了类似的结论，即在岸汇率对离岸汇率具有引导作用，在岸市场相对于离岸市场在人民币汇率定价上具备主动性且在岸和离岸即期汇率对离岸远期汇率有显著的影响。吴志明和陈星（2013）研究发现在岸、离岸即期和远期汇率间存在不同程度的均值溢出和波动溢出效应。通过构建在岸人民币即期汇率和离岸人民币即期汇率间的 VECM 模型，Cheung and Rime（2014）发现在岸、离岸市场汇率间的关联具有时变的特征，离岸人民币汇率对在岸人民币汇率有较强的溢出效应且能较为显著的预测人民币中间价。针对离岸与在岸人民币之间的汇率价差，Funke et al.（2015）运用 GARCH 模型，通过构造离岸与在岸市场的流动性水平差异以及全球风险偏好等控制变量，发现离岸在岸汇价差水平受多个控制因素所影响而全球风险偏好的增大会加大汇率价差的波动性。

由以上分析可见，针对美联储货币政策溢出效应，以往的文献多集中于使用 SVAR 等相关模型研究美联储货币政策调整对一国或多国多个经济变量水平的影响，而较少涉及美国货币政策变动同时对经济指标均值和波动率的影响。经济变量水平的变动度量的是经济总体走向，但经济指标的波动在一定程度上反映了风险的传递和转移。尽管也有学者将货币政策纳入经济指标均值和波动率分析的框架内，但货币政策往往以原始利率水平作为其代理变量出现在估计模型中，货币政策冲击的识别和度量因此而存在一定程度的偏差（肖娱，2011）。有关不同市场人民币汇率间关联性的文献则多侧重于研究在岸与离岸即期汇率间的溢出效应以及市场间价格引导作用，较少考虑在加入货币政策冲击等控制变量的情景下不同市场间的价格引导、溢出效应以及非对称效应等。鉴于此，本部分采用美联储货币政策调整前后上海银行间同业拆放利率（Shibor－3M）的变化测定美联储货币政策对中国汇率市场的冲击，并在此基础上试图考察美联储货币政策冲击对人民币汇率走势和波动的影响以及人民币即期与远期市场间的长期均衡汇率水平调整、均值溢出、波动溢出以及非对称效应。相对于以往学者的研究，本部分的创新之处在于：第一，使用扩展 VECM－MVGARCH(1，1)－BEKK 模型研究在美联储货币政策冲击背景下人民币不同外汇市场间的长期均衡汇率水平调整；第二，通过考察在岸即期汇率与远期汇率间的长期均衡汇率水平调整、均值溢出效应、波动溢出效应和非对称效应，较为全面地分析了人民币外汇市场的走势与波动；第三，选取样本为 2011 年 6 月 27 日—2016 年 7 月 28 日的日度数据，时间跨度相对较大，历经 2015 年 8 月 11 日人民币“新汇改”，2015 年 12 月 16 日美联储加息等重大经济事件，并基于此提出了政策建议。

本章的结构安排如下：第一部分论述了本章实证研究的理论基础，第二部分则对人民币汇率数据选取、相关控制变量构造以及 VECM－GJR－MVGARCH(1，1)－BEKK 拓展模型构建进行较为详尽的介绍与说明，第三部分对有关实证结果进行分析和解读，第四部分总结本章并提出有关的政策建议。

第一节 理论模型与理论基础

传统货币政策传导理论认为，在世界各国经济开放和合作加深的背景下，拥有世界货币地位大国的货币政策不仅对本国金融和经济变量产生影响，还对他国的实体经济和金融市场产生溢出效应。除去前文提及的蒙代尔-弗莱明-多恩布什(MFD)模型，本部分从有效市场理论角度论述本文实证研究的理论基础。

抛补利率平价理论展示了即期汇率和远期汇率间关系，同时也表明美联储货币政策的变动导致中美两国间利差的变动，从而对人民币即期和远期汇率产生影响。但鉴于中国汇率体制，该理论难以应用到中国人民币即期和远期汇率的分析中。将 Fama and Malkiel(1970)的有效市场假说应用到外汇市场中，则有：

$$S_t = \alpha + \beta f_{t-k}^t + u_t \tag{3.1}$$

其中 S_t 为即期汇率，f_{t-k}^t 为$(t-k)$期远期汇率对 S_t 的估计值。α 为投资者对待风险的态度。$\alpha>0$ 代表投资者为风险厌恶者，$\alpha=0$ 代表投资者风险中性，$\alpha<0$ 代表投资者为风险偏好者。$\beta=1$ 表示远期汇率为未来即期汇率的无偏估计。因此在外汇市场中有效市场假说成立的条件为：(1) $\beta=1$，即远期汇率是未来即期汇率的无偏估计；(2) $\alpha=0$，即投资者风险中立；(3) 随机扰动项 u_t 无自相关。对式(3.1)进行变形，则有：

$$S_t - f_{t-k}^t = \alpha + \gamma f_{t-k}^t + u_t \tag{3.2}$$

其中 $\gamma=\beta-1$。通过对式(3.2)进行回归，判定 $\alpha=0$，$\gamma=0$ 以及 u_t 无自相关是否成立，即可判定市场是否有效。过往文献多指明 $\alpha \neq 0$，认为时变的风险溢价和投资者非理性是导致投资者风险非中性的重要原因。此外，政策因素，如中央银行货币政策调整和资本管制也会造成投资者风险中性的假设不能成立(Frankel，1983；Rogoff，1984)。因此，即期和远期汇率间存在一定的关联，并且这关联会受到中央银行货币政策的影响。

由以上分析可知，一方面，美联储货币政策调整通过影响本国利率水平，债券收益率以及资产价格影响国际资本流动从而进一步影响人民币兑美元的汇率水平；另一方面，美联储货币政策调整会通过影响投资者风险偏好和预期而对即期和远期汇率水平产生影响。因此在美联储货币政策中性化的大背景下，美联储货币政策调整可通过资本流动渠道，利率传导渠道以及对投资者风险偏好和预期的影响，对中国人民币即期和远期汇率产生影响。

第二节 数据选取与模型设定

一、人民币外汇数据

2010 年 7 月香港离岸人民币市场正式建立，其离岸市场业务占据全球人民币离岸市场业务总和近 75%。为综合考察在岸和离岸即期、远期汇率市场的联动性，鉴于数据的可得性和剔除刚放开交易初期的“虚假起始交易效应”(Ding et al.，2014)，本研究选取香港市场 2011 年 6 月 27 日至 2016 年 7 月 28 日人民币兑美元的即期汇率代表离岸人民币即期汇率(USDCNH)。一般文献中(黄学军和吴冲锋，2006；阙澄宇和马斌，2015)常用人民币无本金交割远期合约 NDF 代表境外远期外汇合约，其市场行情反映了国际社会对人民币汇率变动的预期。本研究选取 2011 年 6 月 27 日至 2016 年 7 月 28 日交易较为活跃的 1 个月，3 个月，6 个月和 9 个月远期外汇合约交易数据(NDF-1M，NDF-3M，NDF-6M，NDF-9M)代表离岸人民币远期汇率。在岸外汇数据方面，为保证样本区间一致，本书选取了 2011 年 6 月 27 日至 2016 年 7 月 28 日间人民币兑美元即期汇率数据(USDCNY)以及交易最为活跃的 1 个月，3 个月，6 个月和 9 个月 4 种期限的银行间远期外汇合约买卖报价中值数据(DF-1M，DF-3M，DF-6M，DF-9M)。本书外汇数据均来源于 Wind 金融数据库。图 3-1 展示了在岸与离岸人民币兑美元汇率变动图，可以看到无论是在岸还是离岸人民币，其即期和远期汇率的走势十分接近，在岸人民币与离岸人民币走势也几乎相同，但在岸与离岸汇率之间的汇价差长期存在，且具有较大的波动性。

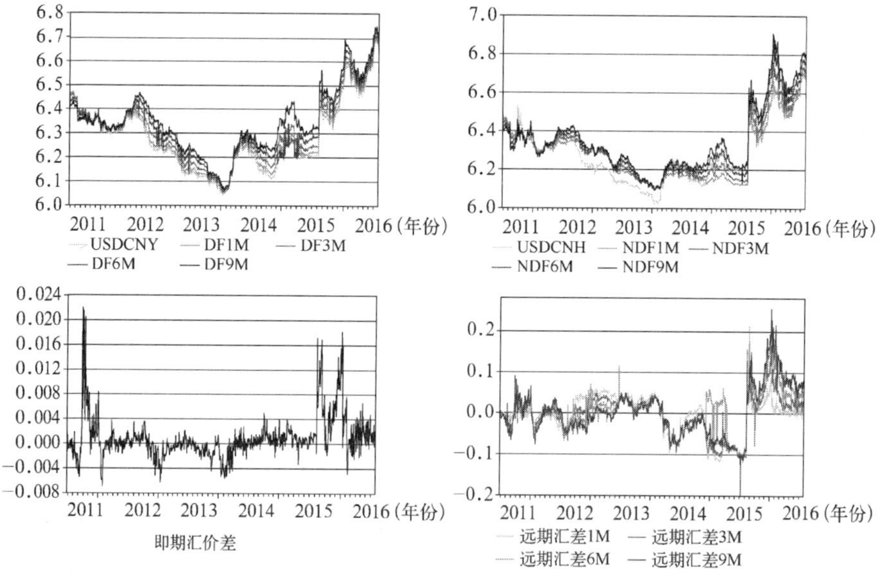

图 3-1 在岸与离岸人民币兑美元汇率变动

二、变量选取

传统经济理论认为金融市场的表现和信息之间息息相关（e.g. Fama et al., 1969；Mitchell and Mulherin, 1994）。在这诸多繁杂的信息中又以意料之外的信息对资产价格冲击最大（Bernanke and Kuttner, 2005）。因此，首先将美联储货币政策调整恰当的划分为市场已预期到的和未预期到部分对于研究美国货币政策对人民币外汇市场的影响显得至关重要。

（一）美联储货币政策冲击

在参考 Lu et al.(2015)思路的基础上，本书通过货币政策调整前后市场利率的变动衡量货币政策操作冲击。此处使用上海银行间同业拆借利率(Shibor-3M)作为市场参考利率，采用方程式(3.3)对美联储货币政策操作冲击进行测算。

$$\Delta I^{e}_{shibor,\ t} = I_{shibor,\ t-1} - I_{shibor,\ t-(m-1)}$$
$$\Delta I_{shibor,\ t} = I_{shibor,\ t} - I_{shibor,\ t-m}$$
$$MPS_t = \Delta I_{shibor,\ t} - \Delta I^{e}_{shibor,\ t} \tag{3.3}$$

其中时间 t 和 $t-m$ 分别为本次和前一次美联储货币政策调整的时间点，两次政策变动之间相差 m 天。美联储货币政策操作冲击即为相邻两次货币政策调整时间点之间的利率变动与本次货币政策调整前一天和前一次货币政策调整后一天之间的利率变动之差。在没有货币政策调整的时间段，该控制变量取零。具体货币政策变动的时间轴如图 3－2 所示。

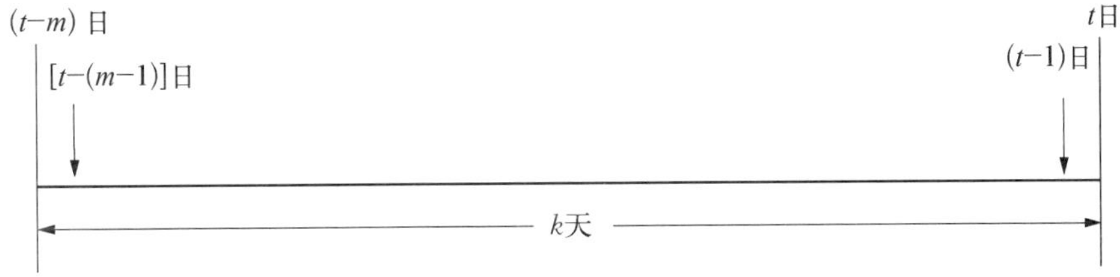

图 3－2　货币政策变动时间轴

（二）控制变量

宏观经济变量冲击作为天然的系统风险因子，对金融市场有着不可忽视的影响。鉴于利率差异会导致资本在不同市场间的流动，而资本流动会导致市场对人民币需求的变动，本研究选择每日上海银行间同业拆借利率 Shibor 和美国联邦基金利率间的利率之差作为利差度量指标。此外，在岸人民币汇率的买卖差价作为外汇市场流动性的风向标，在一定程度上影响了人民币汇率的走势，因此本书引入在岸人民币汇率买卖差价作为另一个控制变量。

表 3－1 展示了各汇率每日收益率以及有关控制变量每日数据的描述性统计结果，其中汇率每日收益率采用 $r_{i,\ t}=\log(P_{i,\ t})-\log(P_{i,\ t-1})$ 计算。$P_{i,\ t}$ 和 $P_{i,\ t-1}$ 分别为第 t 日和第 $t-1$ 日对应汇率的交易收盘价（在岸远期汇率为买卖报价中值）。

表 3-1　样本数据描述性统计

	均　值	最大值	最小值	方　差	偏　度	峰　度	JB 检验	ADF 检验
A：在岸人民币汇率(2011 年 6 月 27 日至 2016 年 7 月 28 日)								
Spot	0.000 0	0.018 5	−0.007 0	0.001 3	2.337 9	37.068 8	65 434***	−32.357 2***
DF-1M	0.000 0	0.018 4	−0.006 5	0.001 4	2.306 7	33.673 1	53 197***	−32.912 0***
DF-3M	0.000 0	0.018 9	−0.014 9	0.001 5	1.387 4	34.556 1	55 485***	−34.210 6***
DF-6M	0.000 0	0.019 5	−0.015 2	0.002 3	0.939 7	26.589 1	30 962***	−31.061 7***
DF-9M	0.000 0	0.020 4	−0.009 7	0.001 5	1.657 2	32.021 3	47 212***	−33.469 6***
B：离岸人民币汇率(2011 年 6 月 27 日至 2016 年 7 月 28 日)								
Spot	0.000 0	0.028 7	−0.014 5	0.001 9	3.624 5	58.358 9	172 483***	−23.606 2***
NDF-1M	0.000 0	0.040 8	−0.015 0	0.001 8	10.061 9	213.371 2	2 471 241***	−29.042 2***
NDF-3M	0.000 0	0.042 1	−0.013 2	0.002 1	8.011 3	151.795 8	1 239 296***	−28.700 0***
NDF-6M	0.000 0	0.041 0	−0.013 5	0.002 1	6.645 3	125.952 3	846 263***	−28.195 3***
NDF-9M	0.000 0	0.038 4	−0.013 6	0.002 3	4.632 2	81.479 3	345 547***	−27.830 1***
C：冲击变量(2011 年 6 月 27 日至 2016 年 7 月 28 日)								
MPS_t	0.000 4	0.393 4	−0.071 1	0.012 6	24.218 4	724.666 6	28 969 368***	−36.452 7***
$CNYspread_t$	0.025 1	0.037 2	0.024 2	0.000 7	5.309 3	79.460 8	329 980***	−4.048 1***
$CNUSspread_t$	4.185 3	6.387 1	2.421 0	1.016 6	−0.141 8	1.875 5	74.479 0***	−1.710 9

注："JB 检验"代表 Jarque-Bera 检验，原假设为被检定时间序列遵循正态分布。"ADF 检验"代表 ADF 单位根检验，原假设为被检定时间序列含有单位根。***，**，* 分别表示在 1%，5%，10%的显著性水平下显著。

由表 3－1 可知，除中美两国间利差外，所有时间序列均值皆接近于 0，偏度均不为 0，峰度都远远大于 3，离岸汇率收益率的偏度和峰度均大于在岸汇率收益率，且 JB 检验结果也证实所有序列都不服从正态分布。此外，除中美两国间利差外，所有时间序列均在 1% 显著性水平下拒绝了含有单位根的原假设，即所有序列均为平稳序列。总体而言，各汇率每日收益率时间序列都呈现出有偏、尖峰、厚尾的非正态分布特征。

根据平稳性检验结果可知所有收益率序列均为平稳序列，但汇率对数序列并不平稳。为进一步探讨各序列间联动关系，需对各组对数汇率数据进行协整检验。本书使用 JJ 检验对在岸和离岸人民币即期汇率与远期汇率进行协整关系检验，表 3－2 以在岸即期汇率和 1 个月在岸远期汇率为例汇报了相关检验结果。由表 3－2 可知即期汇率和远期汇率间有且只有一个协整关系，表明即期汇率和远期汇率间存在长期均衡汇率水平。同理对于其他各组汇率我们也得到类似的结论，由于篇幅所限，此处不再展示相关检验结果。

表 3－2　协整检验

原假设	特征值	迹统计量检验(P 值)	最大特征根检验(P 值)	检验结果
无协整向量	0.031 5	0.000 0	0.000 0	拒绝原假设
至多一个协整向量	0.000 0	0.986 4	0.986 4	接受原假设

三、模型设定

根据以上数据统计特征可知，选用多元 GARCH 族模型进行估计是合适的。另外，考虑到 VECM 模型可以考察即、远期汇率间的长期均衡汇率水平调整和均值溢出效应，GJR－MVGARCH 模型可以考察即、远期汇率间的波动溢出和非对称溢出效应，原始 BEKK 模型具有待估参数相对较少，且允许波动率序列之间有动态相依性的优点，该模型在各类研究波动溢出的文献中得到了广泛的应用(陈国进等,2009;熊正德等,2015)。因此本书选用二变量 VECM - GJR - MVGARCH(1, 1)- BEKK 扩展模型,分析在考虑美联储货币政策冲击的背景下在岸和离岸即期和远期汇率市场间长期均衡汇率水平调整,均值溢出,波动溢出和非对称溢出效应。向量误差修正模型(VECM)相较于 VAR 模型考虑了不同市场汇率间的长期均衡汇率水平调整,而多元 GARCH 模型充分考虑和利用了均值方程残差条件方差和协方差所包含的信息,从而可以得到更贴近经济学意义和更精确的估计结果。为更准确地刻画在美联储货币政策冲击背景下人民币外汇市场的走势与动向,本书在常规 VECM - MVGARCH(1, 1)- BEKK 模型的均值方程和方差方程中纳入在岸人民币买卖价差、中美利差等相关变量以及非对称项 $\upsilon_t = \varepsilon_t \circ I(\varepsilon_t < 0)$ (杨娇辉和王曦,2013;阙澄宇和马斌,2015),以保证实证结果的稳健性,排除非美联储政策冲击变量对外汇市场的影响并考虑不同市场间波动的非对称效应。此外,受 Lu and In(2006)的启发,本书在方差方程中纳入了周一和周五的日期虚拟变量,以排除可能的周效应影响。

首先通过向量自回归项移除两个市场联动的一阶矩部分,分析即期与远期外汇市场间的均值(收益率)溢出关系,即线性关系。具体模型为:

$$R_t = \mu + \sum_{i=1}^{p} \Theta_i R_{t-i} + \Psi ECT_{t-1} + \Pi MPS_t + \Upsilon CNYSpread_t + \Omega CNUSSpread_t + \varepsilon_t$$

其中 $R_t = (R_{s,t}, R_{f,t})'$, $\mu = (\mu_s, \mu_f)'$; $ECT_t = \ln F_t - \ln S_t$

$$\Theta_i = \begin{pmatrix} \theta_{ss}^{(i)} & \theta_{sf}^{(i)} \\ \theta_{fs}^{(i)} & \theta_{ff}^{(i)} \end{pmatrix}, \Psi = \begin{pmatrix} \psi_s \\ \psi_f \end{pmatrix}, \Pi = \begin{pmatrix} \pi_s \\ \pi_f \end{pmatrix}, \Upsilon = \begin{pmatrix} \upsilon_s \\ \upsilon_f \end{pmatrix}, \Omega = \begin{pmatrix} \omega_s \\ \omega_f \end{pmatrix};$$

$$\varepsilon_t = (\varepsilon_{s,t}, \varepsilon_{f,t})', \ u_t = (u_{s,t}, u_{f,t})',$$

$$u_t = H_t^{-1/2} \varepsilon_t, \ \varepsilon_t \mid I_{t-1} \sim t(0, H_t, v) \tag{3.4}$$

$R_{s,t}$ 为人民币兑美元即期汇率的日收益率，$R_{f,t}$ 为人民币兑美元远期汇率的日收益率。μ_s 和 μ_f 为常数项，p 为滞后阶数。$\theta_{mn}(m, n=s, f; m \neq n)$ 表明市场 n 对市场 m 的均值溢出，若 θ_{mn} 显著异于0，则意味着市场 n 对市场 m 有着均值溢出效应。ECT_t 为误差修正项，F_t 和 S_t 分别为远期汇率水平和即期汇率水平，因此 ECT_t 可粗略理解为远期汇率与即期汇率间的对数汇差，是两汇率偏离其长期均衡水平的程度，因此也可被认为是均衡误差。MPS_t，$CNYSpread_t$ 和 $CNUSSpread_t$ 分别为美联储货币政策冲击，在岸人民币买卖价差和中美利差。ε_t 为两个均值方程残差项 $\varepsilon_{s,t}$ 和 $\varepsilon_{f,t}$ 组成的 2×1 矩阵，u_t 为标准化残差项 $u_{s,t}$ 和 $u_{f,t}$ 组成的 2×1 矩阵。$\varepsilon_{s,t}$ 和 $\varepsilon_{f,t}$ 均服从 t 分布①，v 为 t 分布的自由度。H_t 为 ε_t 在 $t-1$ 期信息集 I_{t-1} 下的条件方差协方差矩阵。此处给出条件方差方程：

$$\begin{aligned} H_t = & CC' + A'\varepsilon_{t-1}\varepsilon'_{t-1}A + B'H_{t-1}B + D'v_{t-1}v'_{t-1}D \\ & + FMPS_t + GCNYSpread_t + KCNUSSpread_t \\ & + MMon_t + NFri_t \end{aligned} \tag{3.5}$$

本处使用了 Engle and Kroner(1995)提出的 BEKK 模型的拓展形式，其中 C, F, G, K, M, N 均为 2×2 下三角矩阵，A 和 B 均为 2×2 矩阵。本书所使用的拓展模型是在原始模型的基础上加入了美联储货币政策冲击 MPS_t，在岸人民币买卖价差 $CNYSpread_t$，中美利差 $CNUSSpread_t$ 变量以及日期虚拟变量 Mon_t 和 Fri_t（前者在周一时取1，其他情况取0；后者在周五取1，其他情况取0）。各控制变量和虚拟变量的系数对角线项代表各变量对对应市场条件方差的影响，非对角线项则代表各变量对两市场间条件协方差的影响。此外，考虑到外在冲击对市场波动可能存在的非对称效应，此处加入了非对称项 $v_t=\varepsilon_t \circ I(\varepsilon_t<0)$，即当 $\varepsilon_t<0$ 时，$v_t=\varepsilon_t$，否则

① 由数据描述性统计结果可知，各市场汇率收益率均呈现出尖峰厚尾的分布特征，鉴于 t 分布比正态分布更能捕捉和描绘时间序列尖峰厚尾的特性（Wang et al., 2014），此处均值方程的残差项采用多元联合 t 分布的假定。

$v_t=0$。对角线项 d_{ii} 和 $d_{jj}(i, j=s, f)$ 表示外在冲击对市场 $i(j)$ 的非对称效应，非对角线项 $d_{ij}(i, j=s, f)$ 表明来自市场 i 的冲击对市场 j 的非对称效应，只有当 $\varepsilon_{i,t}$ 和 $\varepsilon_{j,t}$ 同时为负时，指示变量 I 才会非零。若系数矩阵 A, B 的对角项取值为零或者非零但不显著，则表明市场自身滞后一期条件方差和滞后一期残差项平方对当期条件方差无影响。若其非对角项 $\alpha_{i,j}$，$\beta_{i,j}(i\neq j, i, j=s, f)$ 显著不为 0，则表明市场 i 对市场 j 有 ARCH 型和 GARCH 型波动溢出效应。

第三节 实证结果

鉴于过往文献对人民币远期汇率关注度相对于即期汇率较少，本书将研究重点着眼于在岸人民币即期和远期汇率以及在岸人民币远期汇率和离岸人民币远期汇率间的长期均衡汇率水平调整和溢出效应的研究上。

一、在岸人民币即期和远期汇率

为简便起见，均值方程中收益率滞后期设定为 1。由方程(3.4)和方程(3.5)可估计出均值方程和方差方程的各个系数。表 3－3 列出了有关系数的估计结果。对估计结果进行 ARCH－LM 检验，发现残差序列不存在 ARCH 效应，说明估计结果是稳健的，该模型可以接受。①

表 3－3 展示了在岸人民币兑美元即期汇率与 1 个月、3 个月、6 个月和 9 个月远期汇率在美联储货币政策影响下均值溢出，波动溢出和非对称效应的估计结果。

① 本研究对以下的实证结果都进行了 ARCH－LM 检验，检验结果都表明残差序列不存在 ARCH 效应，也即结果具有稳健性。

表 3-3　在岸即期汇率和在岸远期汇率

	R_{t-1}				ECT_t		MPS_t		$CNYSpread_t$		$USCNSpread_t$	
	θ_{ss}	θ_{sf}	θ_{fs}	θ_{ff}	ψ_s	ψ_f	π_s	π_f	υ_s	υ_f	ω_s	ω_f
USDCNY-DF-1M	−0.084 6** (0.041 9)	0.115 4*** (0.039 6)	0.163 4*** (0.042 8)	−0.113 1*** (0.041 0)	−0.010 1 (0.021 8)	−0.079 4*** (0.020 9)	0.002 7* (0.001 6)	0.003 4** (0.001 4)	0.067 4* (0.036 8)	0.022 4 (0.034 0)	−0.000 0 (0.000 0)	−0.000 0** (0.000 0)
USDCNY-DF-3M	−0.078 3** (0.034 9)	0.089 2*** (0.025 8)	0.122 4*** (0.038 6)	−0.072 0** (0.035 1)	−0.011 0 (0.008 1)	−0.027 4*** (0.008 3)	0.003 2** (0.001 3)	0.002 7** (0.001 2)	0.046 0*** (0.013 5)	0.016 3 (0.014 0)	−0.000 0 (0.000 0)	−0.000 0** (0.000 0)
USDCNY-DF-6M	0.009 7 (0.034 3)	−0.002 5 (0.021 9)	0.130 0*** (0.043 4)	−0.095 0*** (0.033 8)	−0.009 5 (0.005 9)	−0.024 8*** (0.006 3)	0.005 0 (0.004 9)	0.003 0 (0.004 2)	0.019 1 (0.034 9)	−0.053 6 (0.039 9)	−0.000 1* (0.000 0)	−0.000 1*** (0.000 0)
USDCNY-DF-9M	−0.003 6 (0.034 6)	−0.027 8 (0.031 5)	−0.153 6*** (0.046 2)	0.105 2*** (0.039 8)	−0.006 1** (0.003 1)	−0.010 6*** (0.003 8)	0.002 4* (0.001 3)	0.003 0* (0.001 6)	0.012 0 (0.014 0)	0.004 4 (0.013 3)	−0.000 1** (0.000 02)	−0.000 0 (0.000 0)

	C			$\varepsilon_{t-1}\varepsilon'_{t-1}$				H_{t-1}			
	c_{11}	c_{21}	c_{22}	a_{11}	a_{12}	a_{21}	a_{22}	b_{11}	b_{12}	b_{21}	b_{22}
USDCNY-DF-1M	−0.007 1*** (0.001 5)	−0.008 3*** (0.001 7)	0.001 9 (0.001 3)	0.418 0*** (0.068 5)	−0.173 8* (0.092 2)	0.068 8 (0.058 9)	0.645 1*** (0.069 8)	0.825 2*** (0.072 5)	0.195 2*** (0.060 3)	−0.006 7 (0.082 6)	0.645 2*** (0.057 8)
USDCNY-DF-3M	−0.006 9*** (0.001 7)	−0.007 3*** (0.001 7)	−0.002 6 (0.001 7)	0.421 8*** (0.094 2)	−0.123 1 (0.139 2)	0.054 8 (0.039 0)	0.563 1*** (0.071 1)	0.812 0*** (0.091 9)	0.207 9* (0.118 4)	0.020 6 (0.068 6)	0.656 0*** (0.081 5)
USDCNY-DF-6M	0.012 0** (0.005 8)	0.009 9* (0.005 1)	0.001 3 (0.001 4)	0.669 6*** (0.204 8)	−0.073 0 (0.289 3)	−0.024 7 (0.054 0)	0.637 0*** (0.130 0)	0.696 5*** (0.241 3)	0.316 4 (0.219 1)	0.026 2 (0.032 2)	0.494 4*** (0.102 8)
USDCNY-DF-9M	−0.008 2*** (0.001 7)	−0.006 1*** (0.002 0)	0.002 8*** (0.000 8)	0.433 6*** (0.101 2)	−0.079 5 (0.148 9)	−0.002 7 (0.062 9)	0.429 8*** (0.092 2)	0.831 8*** (0.070 5)	0.043 9 (0.108 2)	−0.042 5 (0.037 8)	0.802 0*** (0.070 7)

续 表

	v_t				MPS_t		
	d_{11}	d_{12}	d_{21}	d_{22}	f_{11}	f_{21}	f_{22}
USDCNY-DF-1M	−0.036 0 (0.123 3)	−0.657 3*** (0.133 8)	−0.325 1*** (0.107 9)	0.286 1** (0.141 2)	−0.005 9*** (0.001 9)	−0.002 5 (0.002 4)	0.001 8 (0.004 8)
USDCNY-DF-3M	0.058 9 (0.110 0)	−0.626 3*** (0.144 5)	−0.252 3*** (0.096 2)	0.319 2** (0.155 6)	−0.006 0*** (0.002 0)	−0.000 1 (0.004 3)	−0.003 6 (0.006 3)
USDCNY-DF-6M	−0.413 9* (0.227 5)	−1.327 5*** (0.317 8)	−0.019 7 (0.062 0)	0.834 9*** (0.187 7)	−0.005 4 (0.007 0)	−0.007 1 (0.006 7)	0.016 7* (0.008 8)
USDCNY-DF-9M	−0.171 7 (0.123 4)	−0.473 1** (0.152 5)	−0.151 3* (0.080 9)	0.111 8 (0.125 2)	−0.006 4*** (0.002 5)	−0.005 9 (0.004 2)	0.002 3 (0.002 7)

	$CNYSpread_t$			$USCNSpread_t$		
	g_{11}	g_{21}	g_{22}	k_{11}	k_{21}	k_{22}
USDCNY-DF-1M	0.285 3*** (0.060 9)	0.326 1*** (0.069 0)	−0.073 3 (0.052 1)	0.000 1*** (0.000 0)	0.000 1*** (0.000 0)	−0.000 1** (0.000 0)
USDCNY-DF-3M	0.278 7*** (0.067 5)	0.279 3*** (0.069 3)	0.102 4 (0.064 1)	0.000 1*** (0.000 0)	0.000 1*** (0.000 0)	0.000 1* (0.000 0)
USDCNY-DF-6M	−0.485 2** (0.236 3)	−0.382 6* (0.217 9)	−0.058 5 (0.055 9)	−0.000 1** (0.000 1)	−0.000 2*** (0.000 1)	−0.000 1 (0.000 1)
USDCNY-DF-9M	0.344 0*** (0.071 4)	0.257 1*** (0.080 8)	−0.099 5*** (0.028 8)	0.000 1** (0.000 0)	0.000 1** (0.000 0)	−0.000 0 (0.000 0)

注：表中括号内为标准差，***，**，* 分别表示在 1%，5%，10%的显著性水平下显著。

由均值方程可知，人民币即期汇率与各期限远期汇率间存在显著的均值溢出以及自我调节重建长期均衡汇率水平现象。就均值溢出效应而言，除即期汇率对 9 个月远期汇率外，所有的均值溢出效应均为正，且由系数的绝对值可知，即期汇率对 1 个月和 3 个月远期汇率的均值溢出效应大于 1 个月和 3 个月远期汇率对即期汇率的均值溢出效应。即期汇率对 6 个月和 9 个月远期汇率有单向的均值效应，这意味着随着合约期限的延长，在岸即、远期汇率的均值溢出效应逐步减弱。由误差修正项系数可知，前一日的均衡误差对远期汇率变动率具有显著影响。当远期差价增大，远期汇率超过其与即期汇率长期均衡汇率水平对应的水平，远期汇率变动率会显著降低，使得即期和远期汇率间差价缩小。以上实证结果表明当即期和远期汇率间汇价差偏离均衡时，通常是由远期汇率自发调整以实现两个市场汇率间的均衡汇率水平。由显著系数的绝对值可知，远期和即期汇率的调整力度随着交割期限的增长而逐渐减弱，表明随着交割期限的增长，即期和远期汇率间自我调节重建长期均衡机制逐渐减弱，即期和远期汇率间关联性逐步消失。由以上分析可知，在样本区间内，即期汇率收益率的滞后值对当前远期汇率收益率有显著影响，且当即期汇率和远期汇率间汇价差偏离均衡水平时，远期汇率而非即期汇率进行调整以重建均衡。总体而言，即期汇率引导远期汇率。

在 USDCNY - DF - 1M，USDCNY - DF - 3M 和 USDCNY - DF - 9M 三个均值方程中，美联储货币政策冲击正向影响了人民币兑美元即期和远期汇率，亦即紧缩性美国货币政策冲击会导致人民币兑美元即期汇率贬值，远期汇率贴水，这和常规汇率决定理论的结论一致：从资本流动的角度来看，紧缩性美国货币政策冲击会导致资本从新兴市场国家流入美国，市场对美元需求的增加导致美元升值而人民币相应贬值。在 USDCNY - DF - 6M 均值方程中，即期和远期汇率对美联储货币政策冲击反应有限。

在岸人民币买卖价差正向影响了人民币即期汇率水平，这表明随着在岸人民币买卖价差的扩大,市场流动性下降,市场对人民币的需求降低,人民币即期汇率的贬值率提高。在岸人民币买卖价差对远期汇率水平没有显著影响,这可能是因为即期市场相较于远期市场交易量更为充足,买卖价差、流动性变化和换手率成本的变动对即期汇率的冲击更为剧烈。

中美两国间利差对即期和远期汇率主要产生了负向影响,亦即中美两国间利差的扩大(样本区间内中国利率水平高,美国利率水平低)会导致人民币即期和远期汇率的下行,亦即相应人民币即期汇率升值,远期升水。但从系数的绝对值可见(0.000 1 乃至更小),Shibor 与美国联邦基金利率间的差异所带来的套汇收益相对于汇率本身的变动在日频率上对即期和远期汇率的影响十分有限。

由条件方差方程可知,即期和远期汇率都有着较强的波动集聚性和持久性(对 ARCH 型波动,系数从 0.418 0 至 0.669 6,对 GARCH 型波动,系数从 0.494 4 至 0.831 8)。就波动溢出效应而言,表 3 - 3 显示即期汇率对 1 个月期远期汇率有显著的负向 ARCH 型波动溢出效应(−0.173 8),对 1 个月和 3 个月远期汇率均具有显著的正向 GARCH 型波动溢出效应。由非对称效应项 $v_{t-1}v'_{t-1}$ 的系数可知,在 USDCNY - DF - 6M 条件波动方程中即期汇率面临负向冲击时,其波动对自身有显著的不对称影响,在 USDCNY - DF - 1M,USDCNY - DF - 3M 和 USDCNY - DF - 6M 三个条件方差方程中,相应期限的远期汇率面对负向冲击时,其波动对自身也有着显著的非对称影响,且该影响随着交割期限的增长而增强。除了 6 个月远期汇率对即期汇率没有不对称的波动溢出影响外,面对负向冲击,其余各期限远期汇率和即期汇率间均存在着显著的非对称波动溢出效应,可见负向冲击对市场的冲击更大。总之,即期汇率对远期汇率的波动溢出效应(以及非对称溢出效应)大于远期汇率对即期汇率的波动溢出效应(以及非对称溢出效应),这可能是由于相对于远期市场,即期市场交易量更大,流动性更足,波动幅度较大,从而导致即期汇率波动对远期汇率波动的溢出效应影响范围更广,影响力度更大。

在 USDCNY - DF - 1M, USDCNY - DF - 3M 和 USDCNY - DF - 9M 三个方差方程中，美联储货币政策冲击降低了即期汇率的波动，在 USDCNY - DF - 6M 方差方程中则加大了远期汇率的波动。即期和远期汇率间的波动溢出效应对美联储货币政策冲击则没有显著的反应。资本管制、汇率调控等因素可能是在岸人民币汇率面对美联储货币政策冲击时显得较为“冷静”的原因。

与在均值方程中的表现类似，在岸人民币买卖价差主要作用于即期汇率的波动。在岸人民币买卖价差的扩大意味着在岸外汇市场流动性的减弱，流动性的下降、交易量的缩小反倒使得个体交易对市场整体波动性产生了更为显著的影响，显著放大了即期汇率的波动以及即期汇率和远期汇率间的波动溢出效应（在 USDCNY - DF - 6M 波动方程中，在岸人民币买卖价差的扩大减小了即期汇率的波动以及即期汇率和远期汇率间的波动溢出）。在岸人民币买卖价差的变动只对 9 个月远期汇率的波动有明显抑制作用，再次说明即期市场相较于远期市场交易量更为充足，买卖价差、流动性变化和换手率成本的变动对即期汇率的冲击更为剧烈。

中美利差的扩大对人民币即期和远期汇率的波动程度影响方向并不明确，且影响力度相对较小，表明 Shibor 与美国联邦基金利率间的差异所带来的套汇收益相对于汇率本身的变动在日频率上对即期和远期汇率的影响相对有限。

表 3 - 4 展示了对模型有关参数进行诊断性检验的结果。由 Wald 检验统计量可知，除在岸即期汇率和 6 个月以及 9 个月远期汇率间不存在双向波动溢出效应，美联储货币政策冲击对即期汇率和 9 个月远期汇率水平无影响的原假设被接受外，其他各种情形下的 Wald 统计检验结果均表明本文有关均值溢出、波动溢出、非对称效应以及美联储货币政策对人民币汇率影响的估计结果是合理的，且较好地描述了在岸即期汇率和远期汇率间互动

表 3-4 在岸即期和在岸远期汇率间溢出效应以及美联储货币政策冲击效应的检验

	即期和远期汇率间不存在双向均值溢出效应		即期和远期汇率间不存在双向波动溢出效应		即期和远期汇率间不存在非对称波动溢出效应		美联储货币政策冲击对汇率水平无影响		美联储货币政策冲击对汇率波动无影响	
	$H_0: \theta_{sf}=\theta_{fs}=0$		$H_0: a_{12}=a_{21}=b_{12}=b_{21}=0$		$H_0: d_{sf}=d_{fs}=0$		$H_0: \pi_s=\pi_f=0$		$H_0: f_{11}=f_{12}=f_{22}=0$	
	Wald 检验统计量	P 值	Wald 检验统计量	P 值	Wald 检验统计量	P 值	Wald 检验统计量	P 值	Wald 检验统计量	P 值
USDCNY-DF-1M	60.120 5	0.000 0	15.228 6	0.004 2	52.179 1	0.000 0	8.558 8	0.013 9	14.183 7	0.002 7
USDCNY-DF-3M	40.882 3	0.000 0	9.354 4	0.052 8	10.158 9	0.006 2	9.324 6	0.009 4	24.913 8	0.000 0
USDCNY-DF-6M	10.651 6	0.004 9	5.537 9	0.236 4	26.493 8	0.000 0	9.149 3	0.010 3	6.383 0	0.094 4
USDCNY-DF-9M	17.403 9	0.000 2	2.182 1	0.702 3	25.513 5	0.000 0	2.932 8	0.230 8	10.487 8	0.014 8

关系。由表 3 - 3 可知,在岸即期汇率和 6 个月、9 个月远期汇率间的 ARCH 型和 GARCH 型波动溢出效应均不显著,这与 Wald 检验的结果是一致的。此外,模型中反映 t 分布的形状参数均在 1%的显著性水平上显著(鉴于空间限制,此处未汇报相关检验结果),意味着采用基于 t 分布的扩展型 VECM - GJR - MVGARCH - BEKK 模型较好地描述了在岸即期和远期汇率收益率"尖峰厚尾"的非正态分布特征。

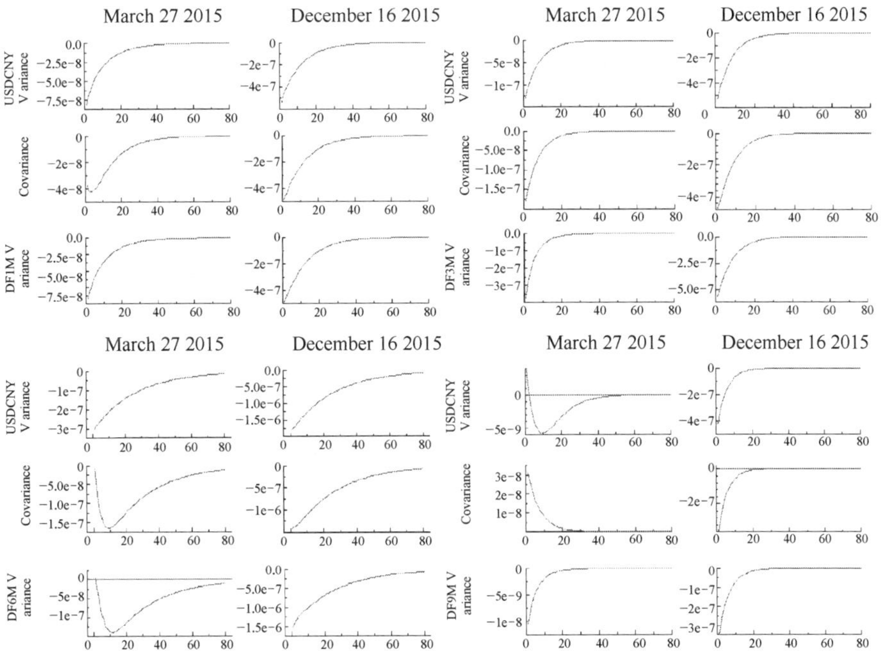

图 3 - 3 在岸即期和在岸远期人民币汇率波动脉冲响应

美国当地时间 2015 年 3 月 27 日,新出任美联储主席的耶伦发表了题为"美国货币政策常规化的前景和展望""Normalizing Monetary Policy: Prospects and Perspectives"的演讲,首次正式将提高联邦基金利率纳入美联储货币政策制定的议事日程。耶伦认为,随着就业、社会经济活动以及通货膨胀逐步回归正常水平,美联储将根据经济运行的实际情况适时提高联邦基金目标利率水平。该演讲标志着继 2014 年 10 月 29 日美联储退出量化宽松政策后美国货币政策的又一次方向性调整；美国当地时间 2015 年 12 月 16 日，美联储在时隔 7 年后首次将联邦基金目标利率从 0—0.25%区间提升 25 个基点至 0.25%—0.5%，此举对全球金融市场尤其是外汇市场造成了巨大的冲击。因此本书选定样本期间内的这两大事件，画出人民币汇率波动脉冲响应(Volatility Impulse Response)图，①如图 3 - 3 所示。各时间点所在列对应的 3 张图分别反映了事件对于在岸即期汇率收益率条件方差，即期和远期汇率收益率协方差以及远期汇率收益率条件方差的冲击，各图横轴指明波动脉冲响应的时期为 80 期。从图 3 - 3 中可见，两大事件对即期和远期汇率的影响以负向冲击为主，但冲击幅度非常小，可认为该影响接近于零。这主要是由于中国实行资本管制和有管理的浮动汇率制度，该结论与表 3 - 3 波动方程中美联储货币政策冲击变量的参数较小且取值为负具有一致性。

二、在岸和离岸人民币远期汇率

在本部分中，我们考察在美联储货币政策冲击背景下在岸人民币远期汇率和离岸人民币远期汇率间的长期均衡汇率水平调整、均值溢出、波动溢出和非对称效应。为简便起见，本节中沿用方程(3.4)和方程(3.5)以及表 3 - 3 和表 3 - 4 中相关符号，以 s 代表在岸远期汇率，f 代表离岸远期汇率。相关实证结果如表 3 - 5 和表 3 - 6 所示。

表 3 - 5 展示了在岸人民币兑美元 1 个月、3 个月、6 个月、9 个月远期汇率和与之相对应的离岸人民币兑美元的 1 个月、3 个月、6 个月、9 个月远期汇率在美联储货币政策影响下的均值溢出，波动溢出和非对称效应的估计结果。

---

① C. M. Hafner, H. Herwartz, Volatility impulse responses for multivariate GARCH models: An exchange rate illustration, *Journal of International Money and Finance*, Vol.25, No.5, 2006, pp.719 - 740.

表 3－5　在岸远期汇率和离岸远期汇率

	R_{t-1}				ECT_t		MPS_t		$CNYSD_t$		$USCNSD_t$	
	θ_{ss}	θ_{sf}	θ_{fs}	θ_{ff}	ψ_s	ψ_f	π_s	π_f	υ_s	υ_f	ω_s	ω_f
DF-1M-NDF-1M	−0.032 9 (0.021 2)	0.072 3*** (0.027 9)	0.106 2*** (0.017 9)	−0.047 3* (0.025 9)	−0.000 3 (0.002 0)	−0.001 2 (0.001 9)	0.002 4** (0.001 0)	0.003 7*** (0.000 7)	0.023 1 (0.015 7)	0.020 2** (0.008 2)	−0.000 0 (0.000 0)	−0.000 0 (0.000 0)
DF-3M-NDF-3M	−0.042 3* (0.025 4)	0.084 2*** (0.028 2)	0.091 5*** (0.025 2)	−0.000 1 (0.025 8)	0.001 1 (0.002 3)	−0.001 7 (0.002 8)	0.002 6*** (0.000 8)	0.004 4*** (0.000 7)	0.027 5 (0.023 9)	0.028 1 (0.024 4)	−0.000 0 (0.000 0)	0.000 0 (0.000 0)
DF-6M-NDF-6M	−0.077 9*** (0.025 1)	0.063 6** (0.030 3)	0.055 7*** (0.017 7)	0.027 4 (0.026 6)	0.003 8 (0.003 2)	−0.002 8 (0.003 4)	−0.002 8 (0.004 2)	0.008 8*** (0.002 2)	0.076 0*** (0.024 4)	0.056 7 (0.051 2)	0.000 0 (0.000 0)	0.000 0 (0.000 0)
DF-9M-NDF-9M	−0.030 0 (0.025 1)	0.044 4* (0.025 7)	0.153 2*** (0.029 5)	−0.005 9 (0.028 1)	0.003 3 (0.002 9)	−0.004 3 (0.003 6)	0.002 6*** (0.000 6)	0.006 0*** (0.000 8)	0.074 2 (0.049 4)	0.017 5 (0.042 7)	0.000 0 (0.000 0)	−0.000 0 (0.000 0)

	C			$\varepsilon_{t-1}\varepsilon'_{t-1}$				H_{t-1}			
	c_{11}	c_{21}	c_{22}	a_{11}	a_{12}	a_{21}	a_{22}	b_{11}	b_{12}	b_{21}	b_{22}
DF-1M-NDF-1M	0.006 5*** (0.001 1)	0.002 3 (0.001 5)	0.003 5*** (0.001 3)	0.398 9*** (0.056 9)	−0.048 5 (0.030 0)	−0.084 8*** (0.030 6)	0.369 3*** (0.059 4)	0.898 8*** (0.029 4)	0.035 5** (0.016 4)	0.003 8 (0.010 9)	0.880 5*** (0.037 0)
DF-3M-NDF-3M	0.005 9*** (0.001 7)	0.001 7 (0.001 2)	0.004 7*** (0.001 1)	0.429 2*** (0.103 3)	0.003 3 (0.029 4)	−0.106 5*** (0.038 1)	0.306 4*** (0.062 8)	0.854 3*** (0.091 3)	0.011 9 (0.019 1)	0.021 8 (0.026 4)	0.902 2*** (0.033 6)
DF-6M-NDF-6M	−0.001 6 (0.001 4)	0.000 3 (0.002 4)	0.005 2** (0.002 3)	0.704 1*** (0.105 3)	−0.000 1 (0.029 7)	−0.206 3*** (0.058 1)	0.374 4*** (0.058 9)	0.561 4*** (0.110 9)	−0.010 5 (0.021 8)	0.109 2** (0.043 3)	0.912 5*** (0.020 2)
DF-9M-NDF-9M	−0.002 7** (0.001 3)	−0.000 7 (0.000 8)	0.002 5*** (0.000 1)	0.283 7**** (0.066 9)	0.038 1 (0.067 9)	−0.059 0 (0.043 5)	0.236 9*** (0.074 5)	0.877 8*** (0.051 1)	−0.040 0 (0.045 6)	0.025 5* (0.014 1)	0.962 4*** (0.023 9)

续 表

	v_t				MPS_t		
	d_{11}	d_{12}	d_{21}	d_{22}	f_{11}	f_{21}	f_{22}
DF-1M-NDF-1M	0.167 5*** (0.058 4)	0.087 4 (0.055 3)	0.159 5** (0.063 2)	0.208 9*** (0.068 1)	0.003 2 (0.002 3)	0.000 7 (0.000 7)	0.000 9* (0.000 5)
DF-3M-NDF-3M	0.127 2 (0.082 8)	−0.088 5 (0.061 8)	0.201 3*** (0.075 1)	0.379 1*** (0.091 3)	−0.002 0 (0.002 7)	−0.000 4 (0.001 9)	0.001 2 (0.001 1)
DF-6M-NDF-6M	0.247 8** (0.124 3)	0.051 4 (0.033 0)	0.407 9*** (0.114 7)	0.268 6*** (0.076 4)	0.024 0*** (0.007 1)	0.002 1 (0.001 4)	0.000 9** (0.000 5)
DF-9M-NDF-9M	0.163 3*** (0.053 3)	0.143 5* (0.074 2)	0.139 2** (0.060 5)	0.067 8 (0.106 9)	−0.000 6 (0.002 9)	−0.000 5 (0.001 4)	0.000 6 (0.000 5)

	$CNYSpread_t$			$USCNSpread_t$		
	g_{11}	g_{21}	g_{22}	k_{11}	k_{21}	k_{22}
DF-1M-NDF-1M	−0.254 1*** (0.044 6)	−0.091 7 (0.060 0)	−0.141 9*** (0.053 8)	−0.000 1*** (0.000 0)	−0.000 0 (0.000 0)	−0.000 1*** (0.000 0)
DF-3M-NDF-3M	−0.234 0*** (0.068 7)	−0.063 1 (0.048 6)	−0.182 5*** (0.042 6)	−0.000 1*** (0.000 0)	−0.000 0 (0.000 0)	−0.000 1*** (0.000 0)
DF-6M-NDF-6M	0.080 7 (0.053 1)	−0.024 3 (0.089 8)	−0.196 0** (0.087 1)	0.000 1 (0.000 1)	0.000 1 (0.000 1)	−0.000 1** (0.000 1)
DF-9M-NDF-9M	0.152 9*** (0.055 7)	0.038 6 (0.025 8)	−0.092 0*** (0.014 7)	−0.000 2*** (0.000 0)	−0.000 0 (0.000 0)	−0.000 1** (0.000 0)

注：表中括号内为标准差，***，**，* 分别表示在 1%，5%，10%的显著性水平下显著。

由均值方程可知，在岸远期汇率与离岸远期汇率间存在显著的均值溢出现象：所有的均值溢出效应均为正，1 个月、3 个月、9 个月在岸远期汇率对离岸远期汇率的均值溢出效应大于离岸远期汇率对在岸远期汇率的均值溢出效应，6 个月离岸远期汇率对在岸远期汇率的均值溢出效应大于在岸远期汇率对离岸远期汇率的均值溢出效应，该实证结果与 Maziad and Kang（2012）大体一致。均衡误差对各期限在岸和离岸远期汇率变动率皆无显著影响，这可能是由于中国资本账户没有完全开放，在岸与离岸远期外汇市场间尚未实现资本自由流动。作为两个不完全统一的市场，其投资者构成、资产流动性、价格形成机制等差异导致在岸和离岸远期汇率自我调节重建长期均衡机制较弱。

在 DF－1M－NDF－1M，DF－3M－NDF－3M 和 DF－9M－NDF－9M 三个均值方程中，美联储货币政策冲击正向影响了人民币兑美元在岸和离岸远期汇率，亦即紧缩性美国货币政策冲击会导致人民币兑美元在岸和离岸远期汇率贴水。该结论的成因与第三章本章目一、（一）中的内容类似。DF－6M－NDF－6M 均值方程中，美联储货币政策冲击仅正向影响了离岸远期汇率，这主要是由在岸、离岸远期市场投资者组成和市场微观结构差异所致。在市场投资者组成方面，在岸市场由于资本和外汇管制，其交易基于实需原则进行，且投资者主要为套期保值交易者；离岸远期市场则不存在相应的交易限制，且投资者则以来自全球的投机和套利交易者为主。投机型交易者对各类信息通常较为敏感，而在岸投资者因实需原则等限制，对美联储货币政策等外在冲击的反应相对于离岸市场偏弱。在市场微观结构层面，在岸远期市场是“需求驱动型”，其市场运行效率相对“信息驱动型”的离岸远期市场低。在“信息驱动型”的离岸远期市场上，报价会因信息的变动而迅速作出变动，即使相应的交易并不存在。

在岸人民币买卖价差正向影响了 6 个月在岸人民币远期汇率水平和 1 个月离岸人民币远期汇率水平，这意味着在岸人民币买卖价差的缩小，市场流动性的提高会导致在岸人民币远期汇率升水。这主要因为较高的市场流动性提高了市场对人民币的需求，在岸人民币远期汇率升水。1个月期离岸人民币远期汇率交易量相对较大，对外汇市场流动性的变动较为敏感，因此其也对在岸人民币买卖价差做出了与在岸人民币远期汇率方向相同的变动。此外，根据中美两国间利差对应的系数，与第三章本章目一、(一)中的内容类似，无论是在岸远期汇率还是离岸远期汇率，对Shibor与美国联邦基金利率间的利差皆不敏感。

由条件方差方程可知，在岸和离岸远期汇率都有着较强的波动集聚性和持久性(对ARCH型波动，系数从0.236 9至0.704 1，对GARCH型波动，系数从0.561 4至0.962 4)。就波动溢出效应而言，表3-5显示离岸远期汇率对1个月、3个月、6个月在岸远期汇率有显著的负向ARCH型波动溢出效应，对6个月、9个月在岸远期汇率有显著的正向GARCH型波动溢出效应。在岸远期汇率对离岸远期汇率无显著的ARCH型溢出效应，但1个月在岸远期汇率对离岸远期汇率有正向的GARCH型溢出效应。由非对称项$v_{t-1}v'_{t-1}$的系数可知，在岸和离岸远期汇率面临负向冲击时，其波动对自身有显著的不对称影响。各期限离岸远期汇率对在岸远期汇率均存在着显著的非对称波动溢出效应，而仅有9个月期在岸远期汇率对相同期限的离岸远期汇率有显著的非对称波动溢出效应。总之，离岸远期汇率对在岸远期汇率的波动溢出效应(以及非对称溢出效应)大于在岸远期汇率对离岸远期汇率的波动溢出效应(以及非对称溢出效应)，离岸远期市场处于信息波动的中心位置。这可能是由于相对于在岸远期市场，离岸远期市场监管较少，交易波幅较大，从而导致离岸远期汇率波动对在岸远期汇率波动的溢出效应影响范围更广，影响力度更大。

美联储货币政策冲击提高了NDF-1M，DF-6M和NDF-6M远期汇率的波动，对在岸远期和离岸远期汇率间的波动溢出则没有显著影响。和表3-3波动方程中美联储货币政策冲击系数进行对比可知，美国货币政策冲击对人民币远期外汇市场波动的影响方向并不一致。

在岸人民币买卖价差的扩大熨平了1个月和3个月在岸远期汇率的波动,但加剧了9个月期在岸远期汇率的波动。这可能是由于在岸市场流动性的降低缩小了在岸远期汇率的交易量,从而降低了期限较短的远期汇率的波动性。相对于短期限远期汇率,9个月期在岸远期汇率本身的交易活跃度较低,因此市场流动性的降低使得部分资金涌入长期限远期汇率市场,因而扩大了9个月在岸远期汇率的波幅。与此同时,在岸人民币买卖价差的扩大熨平了各期限离岸远期汇率的波动,这可能是由于在岸市场流动性的缺失也同时抑制了离岸远期市场交易的活跃度,从而降低了离岸远期汇率的波动程度。

面对中美利差的扩大,在岸和离岸人民币远期汇率的波动程度有所降低,但降低的幅度较为有限。再次验证了在样本区间内,中美利差的变动所带来的套汇收益相对于汇率本身的变动在日频率上对在岸和离岸远期汇率的影响十分有限。

与表3-5类似,表3-6展示了对模型有关系数进行诊断性检验的结果。Wald检验统计量表明,美联储货币政策冲击对在岸和离岸1个月、3个月远期汇率波动以及波动溢出效应的影响与零无显著差异。9个月期在岸远期和离岸远期汇率间不存在双向波动溢出效应的原假设被接受。由表3-5的实证结果可以看出,美联储货币政策冲击除对离岸1个月远期汇率的波动有显著的正向影响外,其他情形下,美国货币政策冲击对在岸1个月、3个月远期汇率波动以及1个月和3个月在岸和离岸远期汇率波动溢出效应无显著影响。此外,除9个月期离岸远期汇率对在岸远期汇率有GARCH型波动溢出效应外,9个月在岸和离岸远期汇率间不存在显著的波动溢出效应,验证了Wald检验的结果。

与图3-3类似,我们选定样本期内2015年3月27日的“演讲事件”和2015年12月26日的“加息事件”,画出人民币汇率的波动脉冲响应图,如图3-4所示。美联储两大事件对人民币在岸和离岸远期汇率的影响非常

表 3-6　在岸远期和离岸远期汇率间溢出效应以及美联储货币政策冲击效应的检验

	在岸和离岸远期汇率间不存在双向均值溢出效应		在岸和离岸远期汇率间不存在双向波动溢出效应		在岸和离岸远期汇率间不存在非对称波动溢出效应		美联储货币政策冲击对汇率水平无影响		美联储货币政策冲击对汇率波动无影响	
	$H_0: \theta_{sf}=\theta_{fs}=0$		$H_0: a_{12}=a_{21}=b_{12}=b_{21}=0$		$H_0: d_{sf}=d_{fs}=0$		$H_0: \pi_s=\pi_f=0$		$H_0: f_{11}=f_{12}=f_{22}=0$	
	Wald 检验统计量	P 值	Wald 检验统计量	P 值	Wald 检验统计量	P 值	Wald 检验统计量	P 值	Wald 检验统计量	P 值
DF-1M-NDF-1M	48.380 9	0.000 0	40.141 0	0.000 0	8.210 8	0.016 5	27.342 9	0.000 0	3.546 8	0.314 7
DF-3M-NDF-3M	38.134 0	0.000 0	17.619 2	0.001 5	12.447 9	0.002 0	20.963 8	0.000 0	3.046 7	0.384 5
DF-6M-NDF-6M	17.567 9	0.000 2	16.990 9	0.001 9	12.031 0	0.002 4	35.935 4	0.000 0	19.176 5	0.000 3
DF-9M-NDF-9M	36.886 4	0.000 0	6.147 3	0.188 4	15.108 6	0.000 5	76.974 8	0.000 0	6.503 7	0.089 5

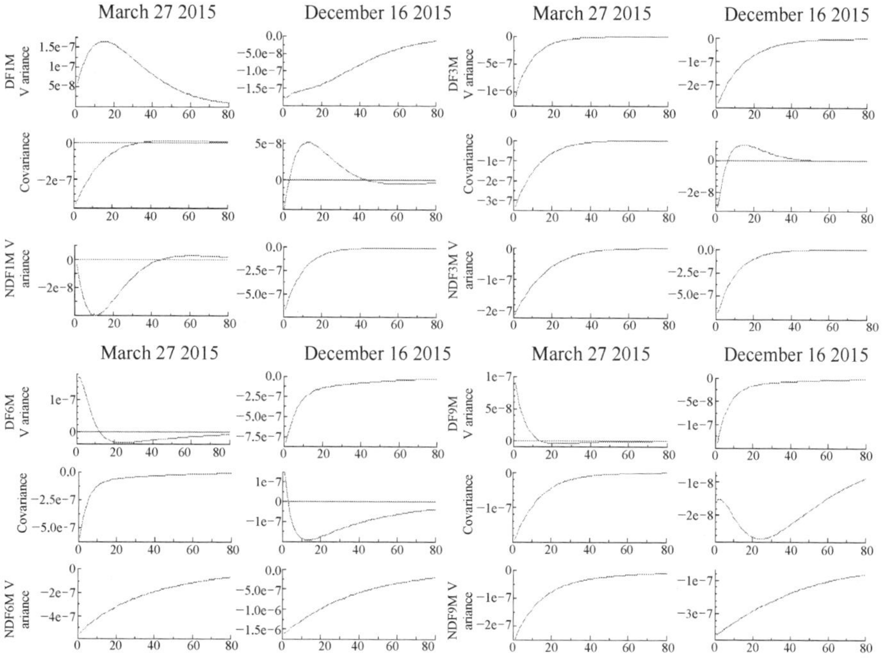

图 3－4　在岸远期和离岸远期人民币汇率波动脉冲响应

微弱，可见资本管制和外汇管制下的在岸和离岸人民币远期汇率对美联储货币政策冲击的反应十分有限。

第四节　小　　结

本章采用了人民币兑美元在岸即期汇率，在岸远期汇率和离岸远期汇率 3 个指标，运用 VECM－GJR－MVGARCH(1，1)－BEKK 拓展模型考察了在美联储货币政策冲击背景下人民币兑美元在岸即期汇率与在岸远期汇率，在岸远期汇率与离岸远期汇率间长期均衡汇率水平调整、均值溢出、波动溢出，非对称效应等因素。实证结果表明，在岸即期汇率和远期汇率以及在岸远期汇率和离岸远期汇率间存在均值溢出、波动溢出和非对称效应，负向冲击对市场的影响更大。在岸即期汇率和远期汇率间存在长期均衡汇率水平调整，而在岸远期汇率和离岸远期汇率间该均衡汇率水平较弱。两市间溢出效应存在不同的传递方向及特征，其中对于在岸即期汇率和远期汇率而言，在岸即期汇率对远期汇率有更强的均值溢出、波动溢出和非对称效应，两者间长期均衡汇率水平主要由在岸远期汇率进行调节以维持，在岸即期汇率引导远期汇率；对于在岸远期汇率和离岸远期汇率而言，在岸远期汇率对离岸远期汇率有更强的均值溢出效应，离岸远期汇率对在岸远期汇率的波动溢出和非对称效应更为显著，离岸远期市场处于信息波动的中心位置。此外，通过在均值方程和方差方程中加入美联储货币政策冲击、在岸人民币买卖价差和中美利差三个控制变量，本书的实证结果表明，美联储货币政策冲击往往造成人民币汇率的贬值，但对人民币汇率波动的影响方向则不确定。在岸人民币买卖价差的扩大通常会造成人民币汇率的贬值，对汇率波动的影响则方向不一致。

通过选取美国当地时间 2015 年 3 月 27 日美联储主席演讲以及 2015 年 12 月 16 日(北京时间分别为 2015 年 3 月 28 日和 2015 年 12 月 17 日)美联储加息这两个事件绘制各组市场间的波动脉冲响应图，我们发现两大事件对各市场波动以及市场间波动溢出有显著影响但影响幅度有限。投资者和政策制定者在决策时应合理考虑市场间联动和外来冲击对人民币汇率的影响。

本章的实证结果表明，对投资者而言，应避免将各市场当作独立载体，在投资时应充分考虑各市场间的联动和溢出效应以及外在冲击对人民币汇率可能带来的影响。对政策制定者而言，首先，政府可以进一步发挥在岸即期市场的引导作用，调控在岸即期和远期市场间的长期均衡汇率水平，引导汇率自动回归到与最优货币政策相一致的水平。在设定人民币汇率波动区间时，不仅要充分考虑离岸人民币汇率波动通过波动溢出效应以及非对称效应对在岸人民币汇率产生的影响，还应考虑外来冲击，例如美联储货币政策冲击对人民币汇率波动的放大作用。其次，中央银行应对人民币外汇市场的流动性进行审慎监测，以合理控制人民币外汇市场的走势和波动。在推进资本账户开放的进程中，应注意开放的节奏和步调，防止离岸人民币汇率较大幅度的波动向在岸市场的传递和蔓延，以及美国货币政策变动所引致的资本大规模流动对人民币汇率的冲击。最后，中央银行应充分考虑美联储货币政策变动对人民币外汇市场的溢出效应。在美联储货币政策中性化的背景下，中国中央银行应审慎采取宽松型货币政策，合理运用外汇储备的汇率调节功能，加强使用汇率沟通等非传统货币政策工具引导市场对人民币汇率的预期，以减小美国货币政策冲击对人民币汇率市场的影响，维持人民币汇率的稳定。

第四章
美联储货币政策对中国债券市场的溢出效应

我国债券市场近年来发展迅速。2013 年中国人民银行提出利率市场化改革，开通债券通等措施，均使得我国的债券市场从体制、机制到市场流动性、交易量等均有着较大的变革和放开。美联储货币政策调整主要就是调节美国联邦基金利率，而联邦基金利率和美国短期利率，包括美国国债收益率间有着关联性。那么，美联储货币政策调整对我国债券市场到底有着怎样的溢出效应？美联储不同货币政策周期对我国债券市场的交易量、流动性和波动性有着怎样的影响？这是本章着手研究的问题。

第一节　永久-短暂(P－T)分解法的运用

一、样本选取和初步统计分析

本章选取中美两国 3 个月国债收益率作为两国短期利率的代表，3 年期国债收益率作为中期利率的代表，而 10 年期国债收益率作为长期利率的代表。样本区间从 2002 年 1 月 4 日至 2018 年 1 月 31 日。中美两国国债利率数据均来自万德金融数据库。

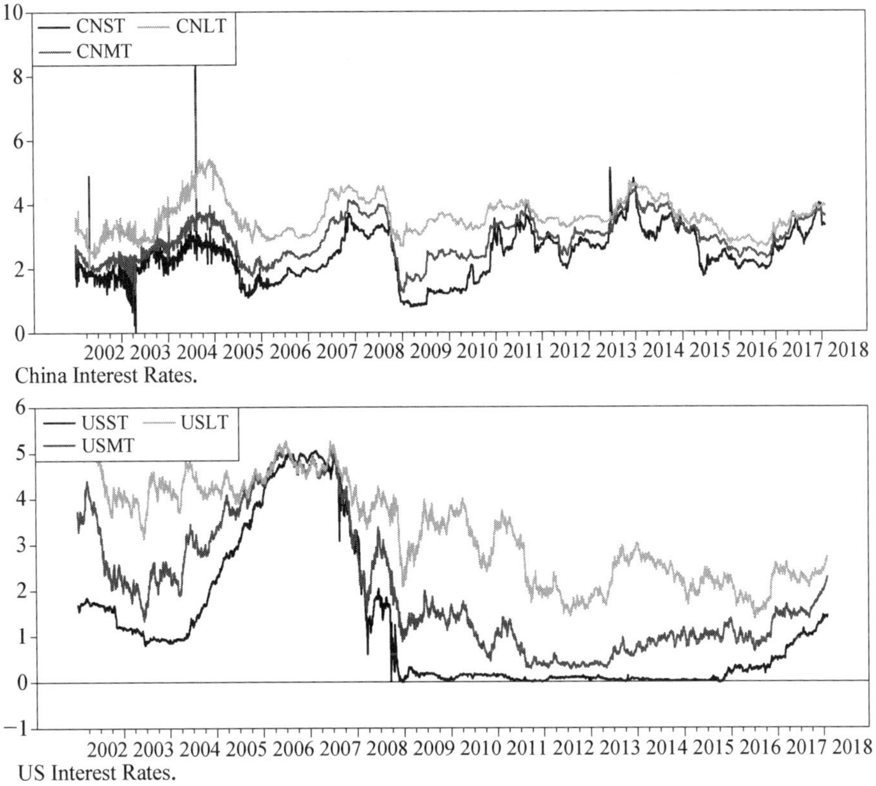

图 4－1　中美两国国债收益率

注：*cnst* 代表中国 3 个月短期国债收益率，*cnmt* 代表中国 3 年期中期国债收益率，*cnlt* 代表中国 10 年期长期国债收益率。*usst* 为美国 3 个月短期国债收益率，*usmt* 为美国 3 年期中期国债收益率，*uslt* 为美国 10 年期长期国债收益率。样本区间为 2002 年 1 月 4 日—2018 年 1 月 31 日。数据均来源于万德金融数据库。

从图 4－1 中我们可以看到，无论是中国还是美国，各国短期、中期和长期利率的总体趋势一致。对于中国国债收益率而言，在 2002 年 4 月，2004 年 8 月以及 2013 年 6 月，中国 3 个月和 3 年国债收益率大幅上升。在 2010 年年末、2011 年年初，2013 年年中，2014 年年初，2017 年年中，2018 年年初短期利率上行，直逼或超过长期利率外，样本其余期间长期利率高于中期利率，中期利率高于短期利率。对于美国国债收益率而言，除了从 2006 年年中至 2007 年年末短期利率一度上行超越长期利率，形成长短期利率倒挂的情况外，样本其余期间内长期利率高于中期利率，中期利率高于短期利率。对样本数据的描述性统计结果如表 4－1 所示。

表 4－1　中美两国长中短期国债利率描述性统计结果

	cnst	*cnmt*	*cnlt*	*usst*	*usmt*	*uslt*
均　值	2.404 6	2.906 9	3.583 4	1.213 5	1.998 3	3.278 7
最大值	9.374 2	7.478 6	5.412 7	5.050 0	5.260 0	5.440 0
最小值	0.025 8	1.200 8	1.977 5	−0.020 0	0.280 0	1.370 0
方　差	0.772 1	0.651 4	0.573 1	1.533 2	1.400 3	1.079 3
偏　度	0.255 6	0.145 6	0.648 6	1.331 9	0.767 4	0.062 6
峰　度	4.152 5	2.728 0	3.109 0	3.511 5	2.338 1	1.671 3
JB test	278***	28***	296***	1 286***	488***	311***
ADF test	−2.806 8*	−2.012 2	2.254 5	−1.033 4	−1.427 3	−2.098 1
PP test	−6.829 0***	−3.242 2**	−3.214 5**	−0.912 4	−1.485 5	−2.057 1
KPSS test	1.746 8***	1.230 5***	0.211 3***	3.163 3***	4.504 8***	6.555 6***
ARCH(10)	1 774***	1 766***	816***	1 772***	563***	244.193 0***
LB(6)	23 036***	24 084***	24 414***	25 119***	25 048***	24 901***
LB(12)	45 082***	47 539***	48 176***	50 166***	49 899***	49 366***
LB^2(6)	19 337***	23 138***	24 441***	25 101***	25 053***	24 857***
LB^2(12)	37 473***	45 648***	48 246***	50 097***	49 903***	49 215***

注："JB test"指的是"Jarque-Bera 检验"，即检测原序列是否为正态分布的检验。"ADF test""PP test""KPSS test"均是平稳性检验，检测的是序列的平稳性，前两种检验的原假设为序列有单位根，后一种检验的原假设为序列是平稳的。"LB 检验"检测的是序列的自相关性。括号中的数值代表滞后阶数。

由描述性统计结果可知，每个国家长中短期利率均值和最小值逐步上升，最大值没有定数。两个国家都是短期利率波动性最强，长期利率波动性最弱，短期国债因交易量大，流动性强，因此利率波动较大，长期国债交易量相对较弱，流动性也相对较低，因此利率波动也相对较小。6 个利率偏度均不为零，均右偏，序列均不为正态分布，各序列均不平稳，具有较强的自相关性，即过去的利率对现在和将来的利率有预测作用。

二、实证方法简介

本章拟使用 Gonzalo and Granger(1995)提出的 PT decomposition 分析方法，以美联储货币政策调整为依据，将样本分段，考察在美联储不同政策周期内，我国和美国债券市场间的引导关系以及联动效应。

研究大型系统中的协整关系首先需要解决的问题就是降维。为了达到这个目的，Gonzalo and Granger(1995)提取每个子系统的一阶单整的公因子，并分析它们间的协整关系。Gonzalo and Granger(1995)提出了估计协整系统中公共长记忆成分的方法(Common long-memory components)。为确认这些一阶单整因子，需设定它们为原变量 X_t 的线性组合，并且在低频率上误差修正项并不会引致公因子。从完全设定的误差修正模型进行估计，这将使得运用卡方检验对公因子进行假设检验变得合理。

假设向量 X_t 有如下误差修正模型表达式：

$$\Delta X_t = \gamma\alpha' X_{t-1} + \sum_{i=1}^{\infty} \Gamma_i \Delta X_{t-i} + \varepsilon_t \tag{4.1}$$

其中 $\Delta = I - L$ 为滞后算子。

X_t 可以被 $(p-r)$ 个一阶单整变量 f_t 解释。f_t 是共同因子加上一些零阶单整的成分。令 $X_t = A_1 f_t + \widetilde{X}_t$。假定 $k = p - r$，我们的主要目标是估计荷载矩阵 A_1 以及 k 个共同因子。$\alpha' A_1 = 0$。本书的主要目标是在 f_t 和 $\widetilde{X}_t$ 上加上不适用于时间序列的限制性条件并令 $f_t = B_1 X_t$。

三、实证结果分析

表 4－2　平稳性检验统计量

	ADF(0)	ADF(1)	ADF(2)	ADF(3)	ADF(4)
cnst	−8.78	−5.18	−3.88	−3.45	−3.08
cnmt	−6.11	−3.67	−2.73	−2.40	−2.17
cnlt	−4.39	−3.08	−2.58	−2.36	−2.13
usst	−0.95	−1.15	−0.96	−0.83	−0.87
usmt	−1.45	−1.43	−1.37	−1.39	−1.38
uslt	−2.03	−2.03	−1.96	−1.98	−1.98

由表 4－2 可知，每个债券收益率序列都存在单位根。表 4－3 列出了迹检验和最大特征值协整检验的结果。美国长、中、短期国债收益率共有两个协整向量，中美长、中、短期 6 个国债收益率集合起来共有 4 个协整向量。意味着每个国家有一个一阶单整共同因子(common factor)，并且它们之间是协整的，即整个系统有一个共同的永久因子(common permanent component)。

表 4－3　协整检验统计量

H_0	迹检验(Trace)统计量	迹检验 0.95 临界值	最大特征值	最大特征值检验统计量
		China		
$r=0$				
$r\leqslant 1$	108.226 7	29.800 0	0.013 6	57.565 6
$r\leqslant 2$	50.661 1	15.410 0	0.010 4	43.663 9
$r\leqslant 3$	6.997 2	3.840 0	0.001 7	6.997 2
		US		
$r=0$				
$r\leqslant 1$	48.011 5	29.800 0	0.009 1	38.504 2
$r\leqslant 2$	9.507 2	15.410 0	0.001 9	7.781 7

续　表

H_0	迹检验(Trace)统计量	迹检验 0.95 临界值	最大特征值	最大特征值检验统计量
$r \leqslant 3$	1.725 6	3.840 0	0.000 4	1.725 6
China and US				
$r = 0$				
$r \leqslant 1$	194.068 3	95.510 0	0.020 2	85.653 6
$r \leqslant 2$	108.414 7	69.610 0	0.011 7	49.472 0
$r \leqslant 3$	58.942 6	47.710 0	0.009 5	39.956 5
$r \leqslant 4$	18.986 1	29.800 0	0.002 4	9.935 5
$r \leqslant 5$	9.050 6	15.410 0	0.001 8	7.543 2
$r \leqslant 6$	1.507 4	3.840 0	0.000 4	1.507 4

图 4－2 展示了使用 PT 分解法将不同期限中国国债收益率分解为短暂成分和永久成分的图示。由图可知，对于中国的国债收益率而言，尤其是短期和中期利率，永久成分所占比例较低，与零没有显著差异。而短暂成分占据了利率的绝大部分比率，几乎等同于利率原始值。长期国债收益率在 2005—2007 年，永久成分略高于零，短暂成分略低于利率原始值。在 2010—2011 年，永久成分略低于零，短暂成分略高于利率原始值。在其他样本区间内，永久成分几乎等同于零，而短暂成分和原始利率值没有显著差异。由此可见，考虑全样本时，中国国债利率中短暂成分占主导因素，永久成分影响较弱。

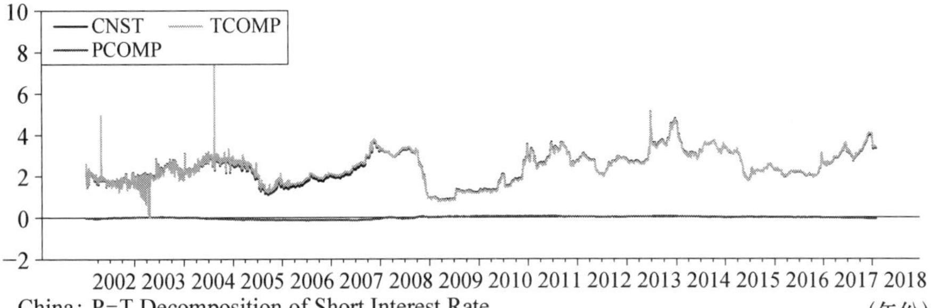

China: P−T Decomposition of Short Interest Rate.

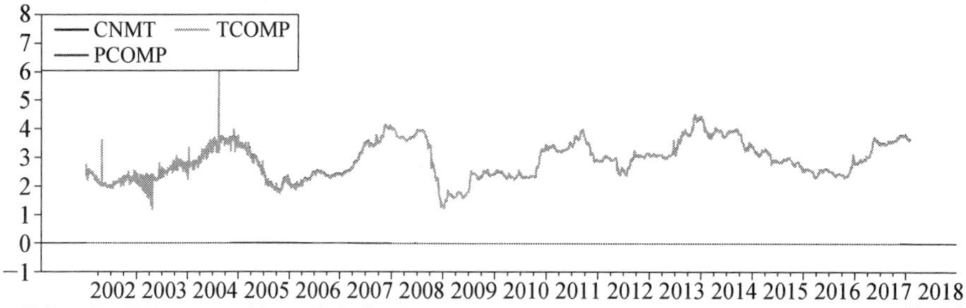

China: P−T Decomposition of Median Interest Rate. (年份)

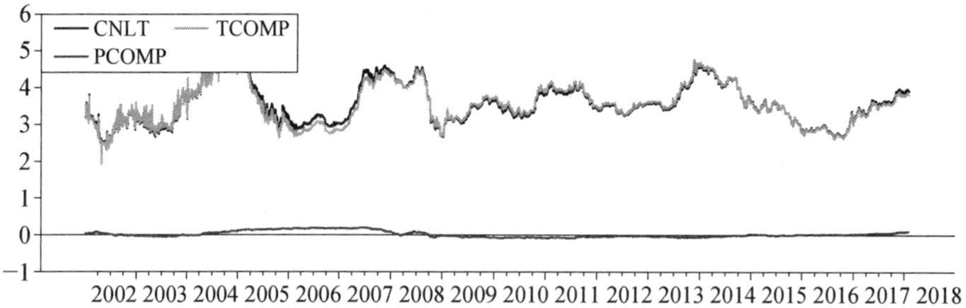

China: P−T Decomposition of Long Interest Rate. (年份)

图 4－2　P－T 分解法对中国短期、中期以及长期国债收益率的分解

注：*cnst*，*cnmt* 以及 *cnlt* 的含义同图 1 注。*tcomp* 代表短暂成分，*pcomp* 代表永久成分。

图 4－3 绘制了使用 P－T 分解法将美国短期、中期以及长期国债收益率分解为永久和短暂成分。由图 4－3 中可以看出，对于短期国债收益率而言，2004—2007 年以及 2015 年至今，永久成分大于短暂成分。2002—2003 年，2008—2014 年，永久成分小于短暂成分。我们由此可以推断，对于短期利率而言，市场动荡或经济处于下行时期时，短暂成分占主导。而市场面较为乐观时，永久成分起主要作用。

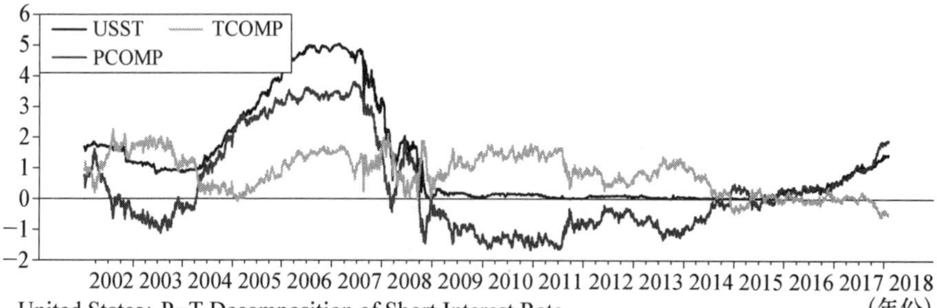

United States: P−T Decomposition of Short Interest Rate. (年份)

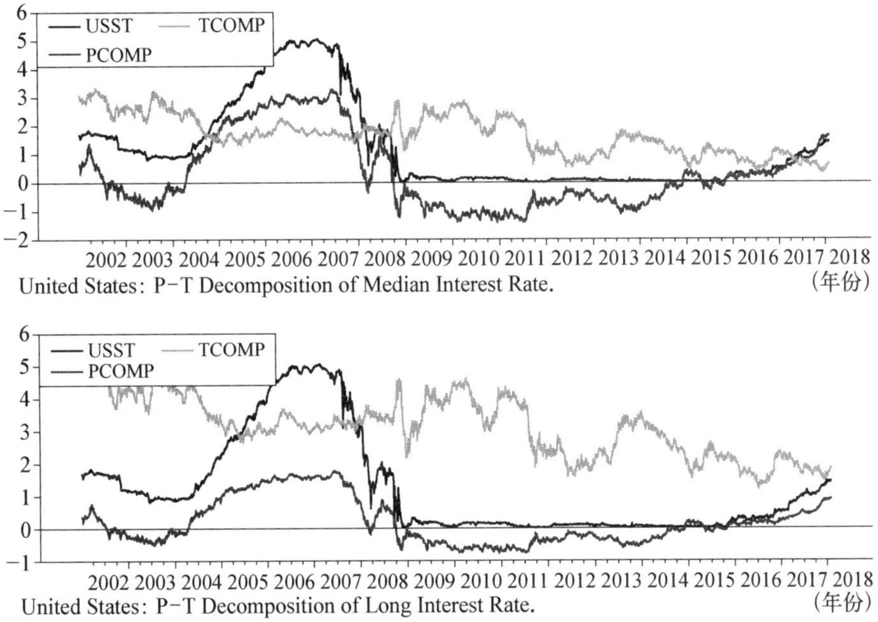

图 4-3 P-T 分解法对美国短期、中期以及长期国债收益率的分解

对于中期国债收益率而言，2005—2007 年以及 2017 年 6 月至今，永久成分大于短暂成分。而样本其余时间区间内（2002—2004 年，2008—2017 年上半年），永久成分小于短暂成分。因此，中期国债收益率和短期国债收益率类似，市场动荡或经济处于下行时期时，短暂成分占主导。而市场面较为乐观时，永久成分起主要作用。

对于长期国债收益率而言，情况则变得简单了许多。样本区间内，短暂成分均大于永久成分。意味着对于长期国债收益率而言，短暂成分对利率的影响更大。

此外，对于短期、中期和长期国债收益率，短暂成分均大于零，而永久成分在样本初期（2002—2004 年），以及 2008 年下半年至 2014 年均小于零。这意味着短时间内利率一直位于零线以上，2008 年金融危机的爆发以及美联储随后试行的量化宽松货币政策使得利率的长期趋势转负，这与危机期

表 4-4 协整结构的估计

中国				美国				中国和美国						
特征值 $\hat{\lambda}$														
(0.014, 0.010, 0.002)				(0.009, 0.002, 0.000)				(0.020, 0.012, 0.009, 0.002, 0.002, 0.000)						
特征向量 $\hat{V}^a$														
cnst	0.027	0.060	0.002	*usst*	0.036	0.002	0.005	*cnst*	0.011	−0.054	0.037	0.001	0.002	0.000
cnmt	−0.005	−0.104	0.008	*usmt*	−0.056	0.012	0.010	*cnmt*	0.029	0.082	−0.062	0.009	−0.005	0.002
cnlt	−0.023	0.050	0.018	*uslt*	0.025	−0.027	−0.008	*cnlt*	−0.043	−0.034	0.025	0.016	0.008	0.003
								usst	−0.002	0.018	0.032	−0.001	−0.003	0.005
								usmt	−0.003	−0.030	−0.048	0.002	−0.010	0.011
								uslt	0.014	0.015	0.020	−0.005	0.025	−0.008
特征向量 $\hat{M}^b$														
cnst	0.072	0.304	−0.024	*usst*	0.370	−0.025	0.039	*cnst*	0.001	0.245	−0.187	−0.027	0.038	−0.040
cnmt	0.003	−0.486	0.123	*usmt*	−0.090	−0.023	−0.539	*cnmt*	−0.106	−0.342	0.315	0.121	−0.088	0.046
cnlt	−0.067	0.238	0.157	*uslt*	0.002	−0.252	0.440	*cnlt*	0.125	0.189	−0.082	0.124	0.033	−0.106
								usst	−0.031	−0.191	−0.289	0.135	0.018	−0.011
								usmt	−0.073	−0.009	0.107	−0.232	−0.039	−0.476
								uslt	0.005	0.025	−0.011	0.183	0.295	0.369

注：“*cnst*”为中国 3 个月国债收益率，“*cnmt*”为中国 3 年国债收益率，“*cnlt*”为中国 10 年国债收益率。“*usst*”为美国 3 个月国债收益率，“*usmt*”为美国 3 年国债收益率，“*uslt*”为美国 10 年国债收益率。

间政府压低利率水平以促进社会投资和消费以期实现经济恢复增长的现实状况是相一致的。

根据美联储对联邦基金利率的调整，本章将样本进行分段，分为包含加息周期和降息周期的五个阶段。其中，阶段一从 2002 年 1 月 4 日至 2003 年 6 月 25 日止，为美联储的降息周期，阶段二从 2003 年 6 月 26 日至 2006 年 6 月 29 日止，为美联储的升息周期，阶段三从 2006 年 6 月 30 日至 2008 年 12 月 16 日止，为美联储的降息周期，阶段四从 2008 年 12 月 17 日至 2015 年 12 月 16 日止，该时段内，美联储实行量化宽松货币政策，联邦基金利率一直维持在 0—0.25%的零利率下限，不曾改变。阶段五从 2015 年 12 月 17 日至 2018 年 1 月 31 日（样本结束），美联储进入新一轮加息周期。本章将对这五个阶段中美国债收益率进行 PT 分解进行解读。

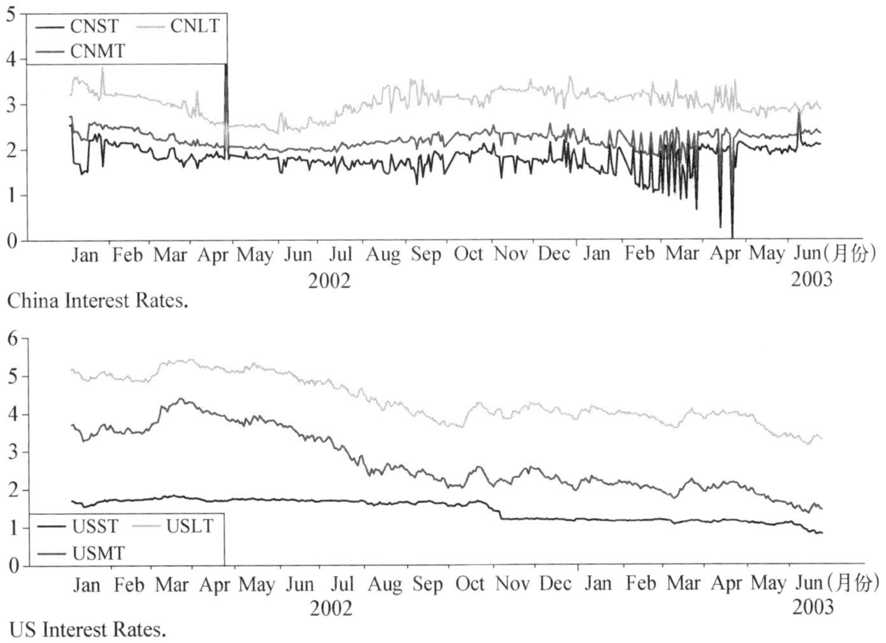

图 4-4　阶段一中美两国国债收益率

（2002 年 1 月 4 日至 2003 年 6 月 25 日美联储降息周期）

在阶段一(2002 年 1 月 4 日至 2003 年 6 月 25 日的美联储的降息周期)中,中国国债波动较大,短期和中期利率在 2002 年 4 月 26 日这一天大幅上升,在 2003 年 1—4 月间大幅波动下挫。长期利率在 2002 年 4 月 26 日这一天大幅下挫。美国国债利率总体平稳回落,短期利率波动较弱。

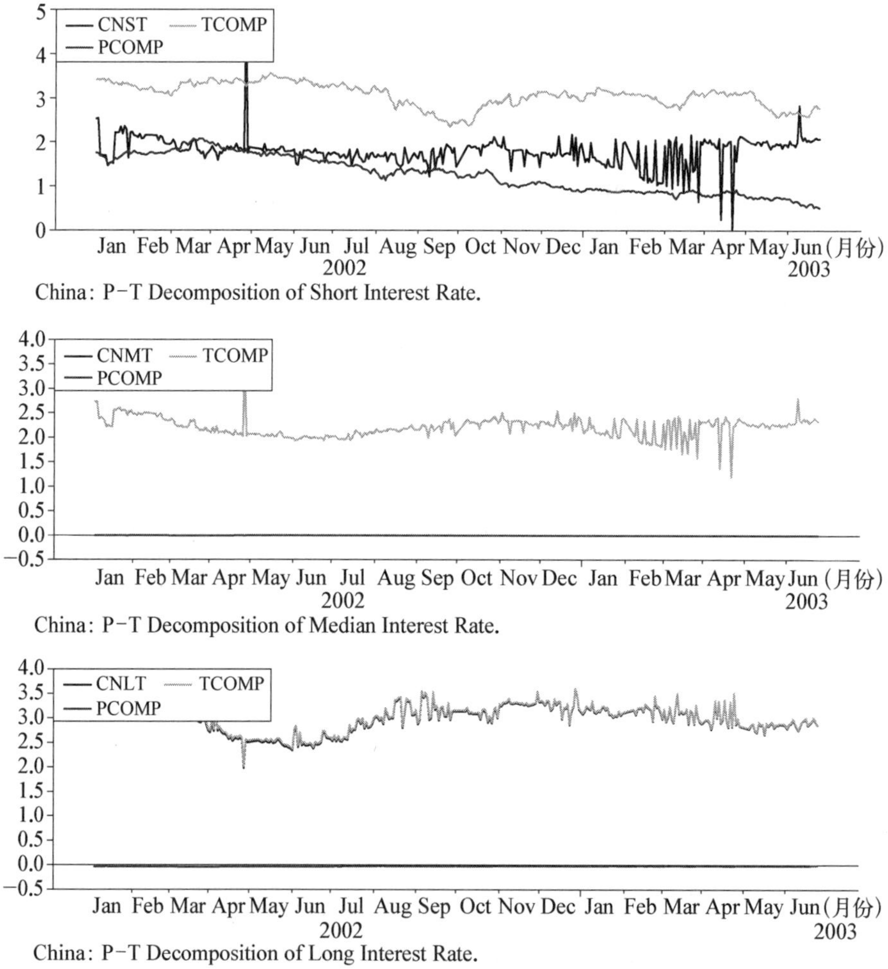

图 4-5　P-T 分解法对阶段一中国短期、中期以及长期国债收益率的分解

对于中国国债短期利率而言,短暂成分大于原始利率以及永久成分。除 2002 年 5 月间永久成分大于原始利率外,永久成分总体上小于原始利率，可见利率的永久成分对利率的影响不强。中期国债利率和短暂成分重合，在2.5%的水平上下浮动，而永久成分则与零没有显著差异。长期国债利率水平与短暂成分重合，在3%水平左右小幅波动，而永久成分则与零没有显著差异。这意味着阶段一内我国各期限国债利率的短暂成分及波动均大于永久成分，短暂成分对利率的影响大于利率的长期性趋势性成分对利率的影响。

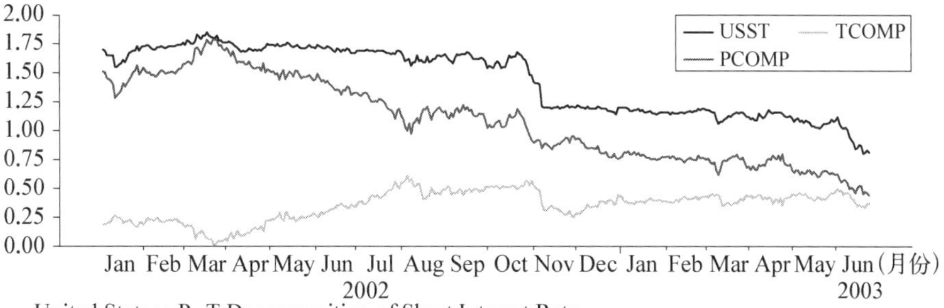

United States: P-T Decomposition of Short Interest Rate.

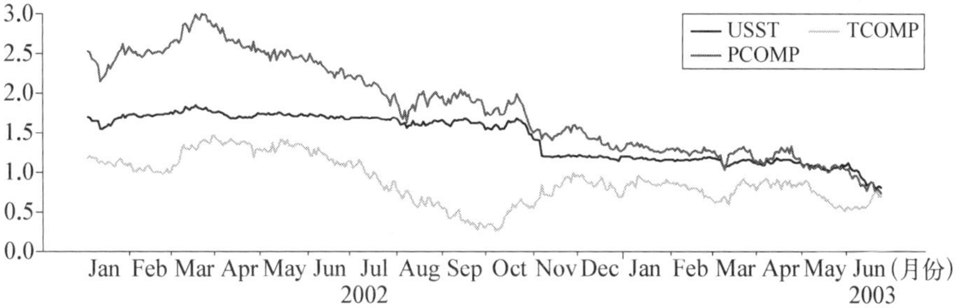

United States: P-T Decomposition of Median Interest Rate.

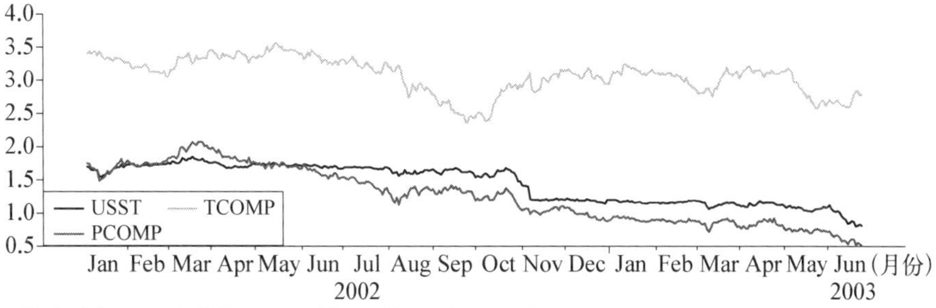

United States: P-T Decomposition of Long Interest Rate.

图 4-6　P-T 分解法对阶段一美国短期、中期以及长期国债收益率的分解

对于该降息周期内的美国国债利率，短期国债利率大于其永久成分，永久成分大于其短暂成分。中期国债利率的永久成分大于原始利率，原始利率大于其短暂成分。长期国债利率的暂时性成分大于原始利率，原始利率大于永久成分。由此可见，对于美国国债利率而言，长期国债的短暂成分决定了利率的变动，而中短期国债利率则主要取决于其长期性趋势性成分。

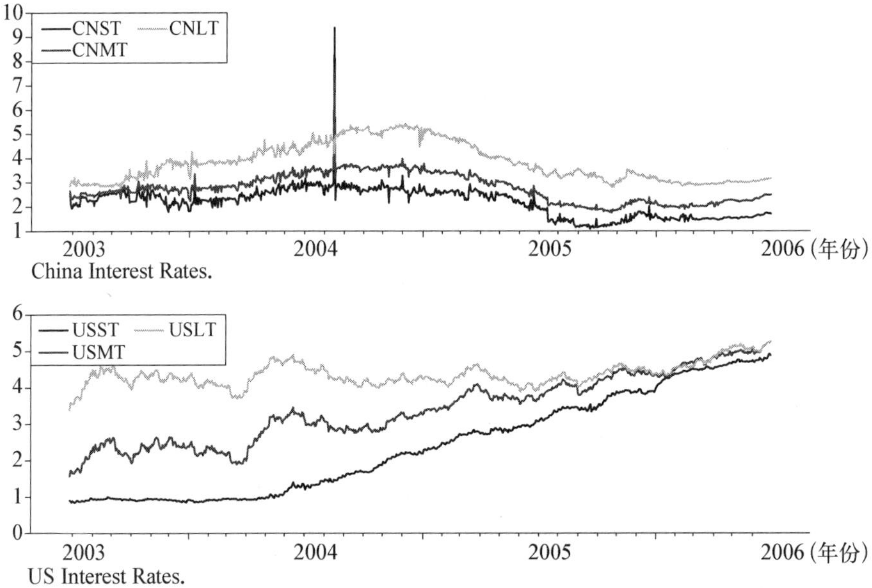

图 4-7 阶段二中美两国国债收益率

(2003 年 6 月 26 日至 2006 年 6 月 29 日美联储升息周期)

在阶段二(2003 年 6 月 26 日至 2006 年 6 月 29 日的美联储的升息周期)中，中国国债利率呈现波动上升(2003—2004 年)随后又波动下降(2004—2006 年)的过程，在 2004 年 8 月 17 日这一天短期和中期利率大幅上升。美国国债短期利率几乎维持在 1%水平，中期和长期国债利率则呈现出缓慢上升的过程。

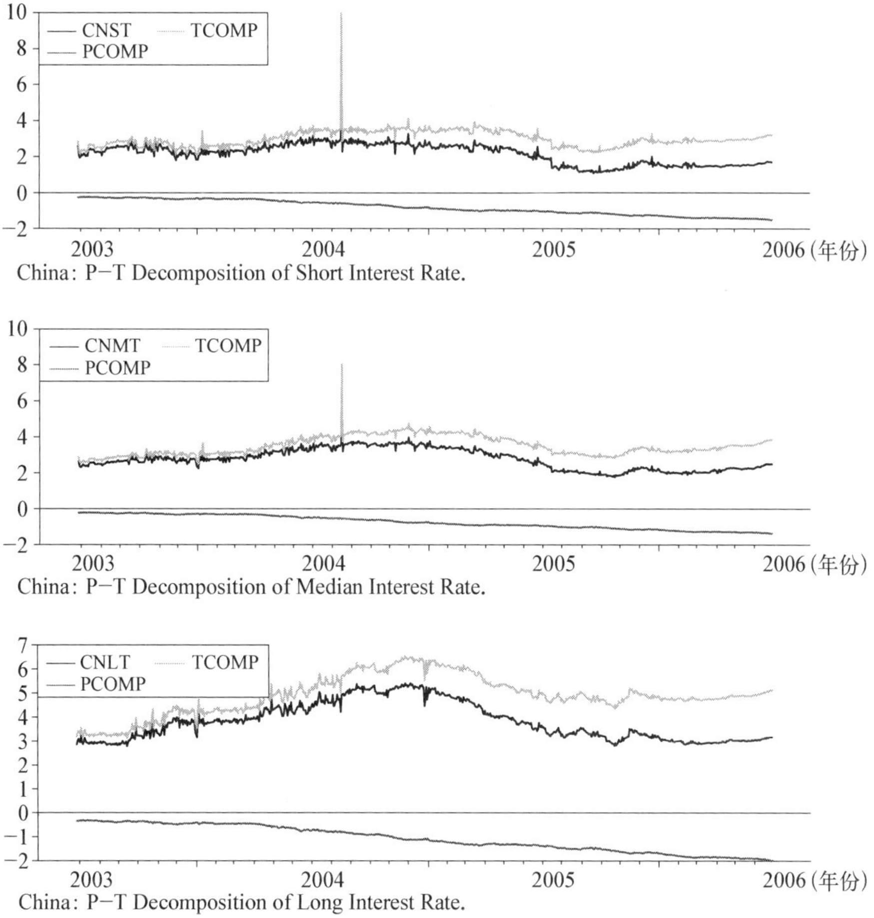

图 4－8　P－T 分解法对阶段二中国短期、中期以及长期国债收益率的分解

阶段二内，中国短中长期国债利率的短暂成分均大于原始利率，原始利率又大于永久成分。短暂成分和原始利率相隔较为接近，永久成分皆小于零。表明在阶段二内，短暂成分相较于永久成分对利率的影响更大。

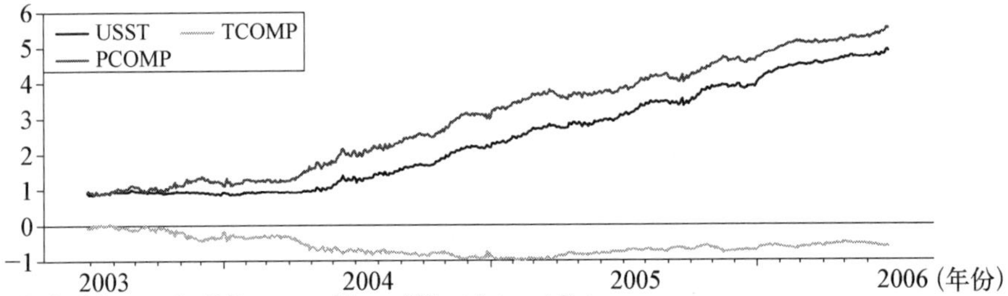

United States: P−T Decomposition of Short Interest Rate.

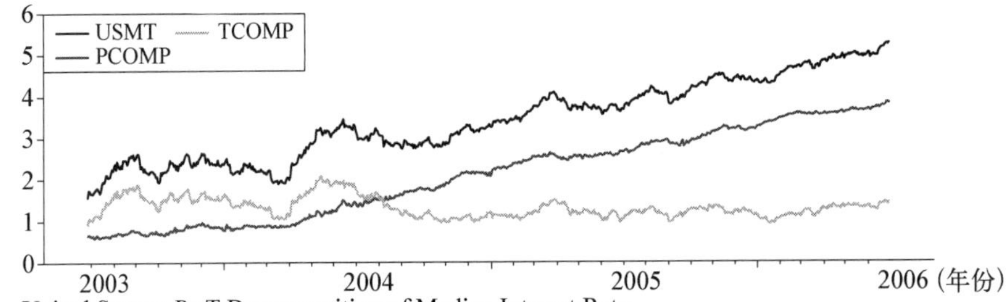

United States: P−T Decomposition of Median Interest Rate.

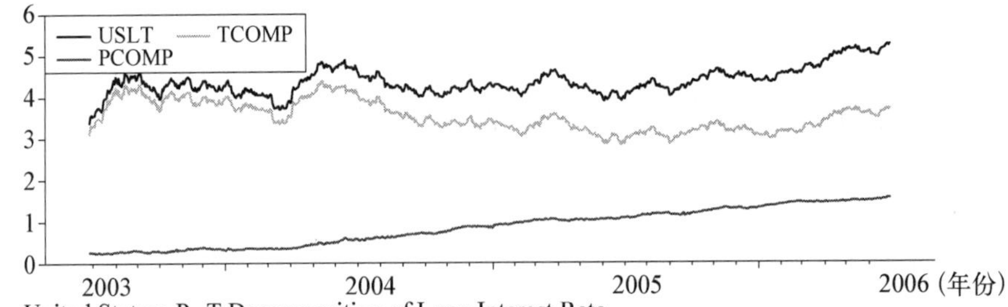

United States: P−T Decomposition of Long Interest Rate.

图 4－9　P－T 分解法对阶段二美国短期、中期以及长期国债收益率的分解

对于美国短期国债利率，永久成分大于原始利率，且两者走势十分接近，而原始利率又大于短暂成分（短暂成分为负）。2004 年 6 月前，中期国债利率大于短暂成分，短暂成分又大于永久成分。2004 年 6 月后，中期国债利率大于永久成分，永久成分大于短暂成分。长期美国国债大于短暂成分，短暂成分远高于永久成分，原始利率和短暂成分较为接近。亦即短中期利率主要受长期性因素影响，而长期利率主要受暂时性因素的影响。

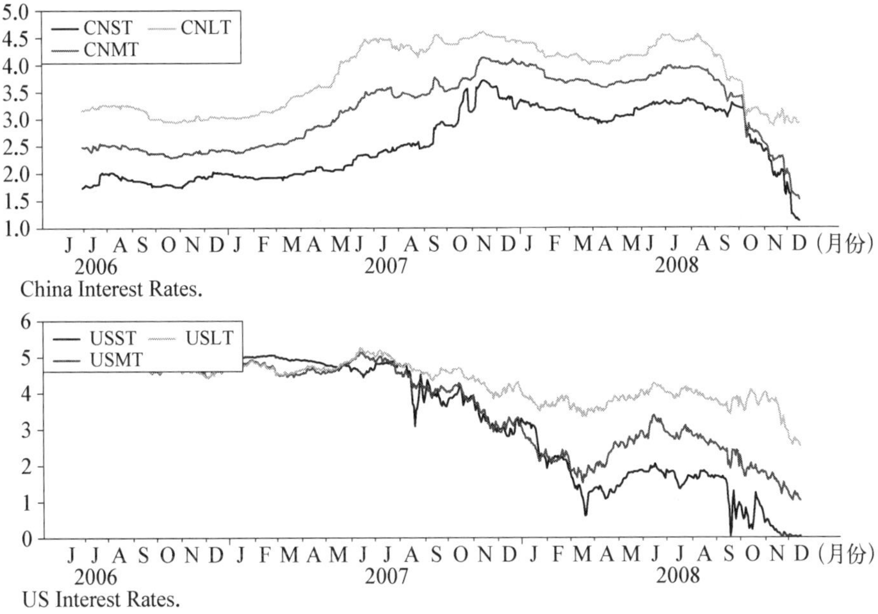

图 4-10　阶段三中美两国国债收益率

（2006 年 6 月 30 日至 2008 年 12 月 16 日美联储降息周期）

第三阶段(2006 年 6 月 30 日至 2008 年 12 月 16 日的美联储的降息周期)，中国国债利率在 2006 年下半年至 2007 年间波动上升，2008 年上半年维持在比较平稳的水平上，2008 年下半年又波动下降，这应该是受国内经济运行以及美联储快速降息的影响所致。自 2006 年年中至 2007 年年中，美国长中短期国债利率几乎维持在同一水平线上，2007 年年中至 2008 年年末，各期限利率开始下降，下降速度为短期利率大于中期利率大于长期利率。

通过 P-T 分解法可以看到在阶段三下，中国国债利率大于短暂成分大于永久成分。对于中短期利率而言，原始利率在 2%—4%水平之间，短暂性成分则处于 -1%—2%，永久成分处于 0—2(3)%的水平。对于长期利

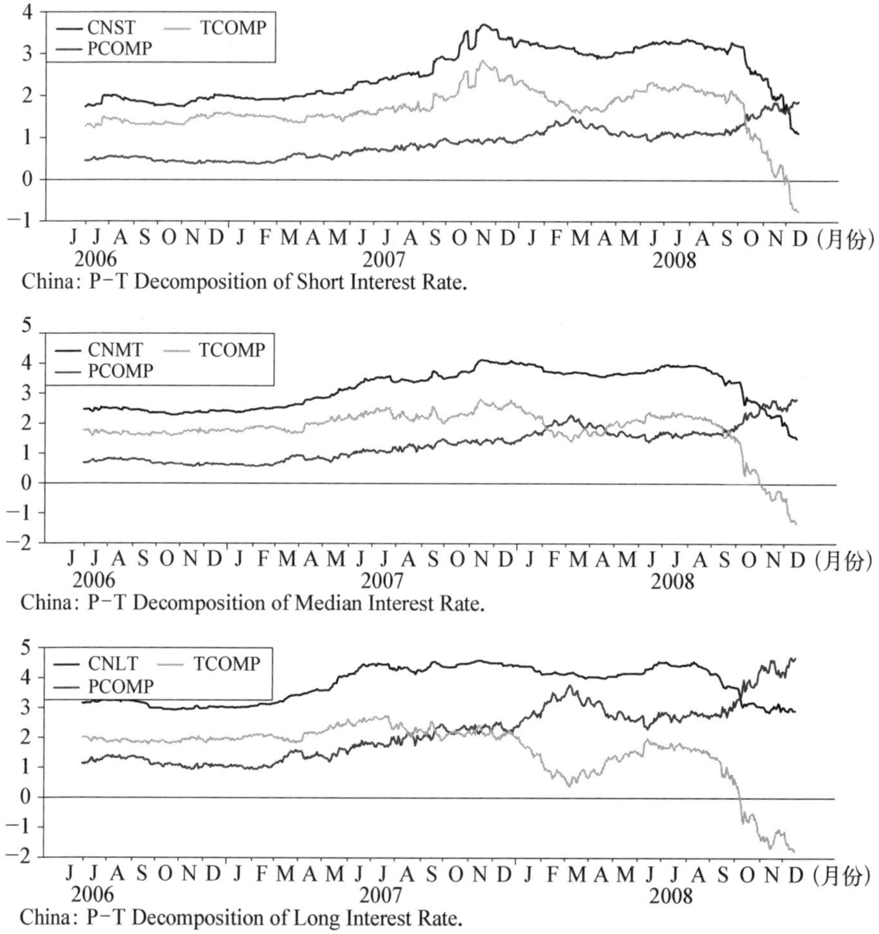

图 4-11　P-T 分解法对阶段三中国短期、中期以及长期国债收益率的分解

率而言，原始利率维持在 3%—5%水平之间，永久成分处于 1%—5%的水平，暂时性成分则处于－2%—2%之间。短中期利率的短暂成分和永久成分在 2008 年 10 月后，分别下降和上行，形成交叉，永久成分还一度与原始利率形成交叉，在该阶段最末期，永久成分大于原始利率大于短暂成分。对于长期国债利率而言，情形类似，不过短暂成分和长期成分的交汇时段集中在 2007 年下半年，在该时段内，短暂成分和永久成分几乎重合在一起。在该阶段样本末期，永久成分与原始利率交叉后继续上行，最终形成永久成分大于原始利率大于短暂成分的态势。总体而言，在该阶段内，前期短暂成分占主导地位，后期永久成分占主导地位。

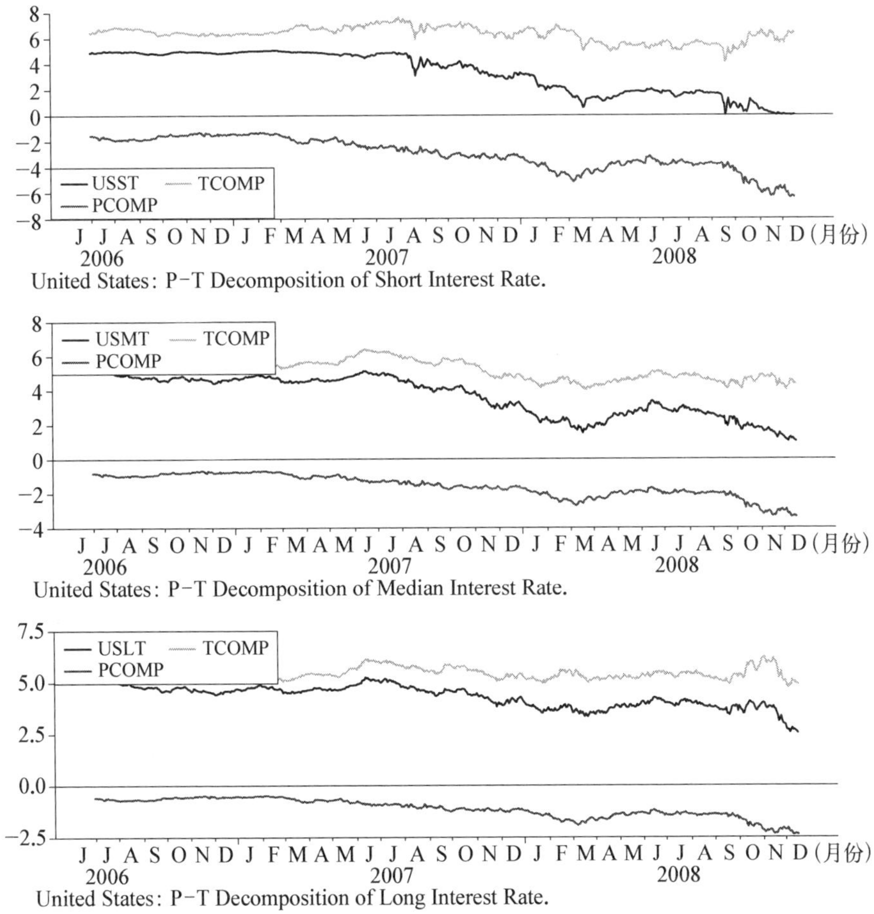

图 4-12　P-T 分解法对阶段三美国短期、中期以及长期国债收益率的分解

对于美国国债而言，短暂成分大于原始利率大于永久成分。其中短暂成分大于原始利率大于永久成分。短暂成分和原始利率都大于零，永久成分为负。三者随着时间的推移逐步下降。

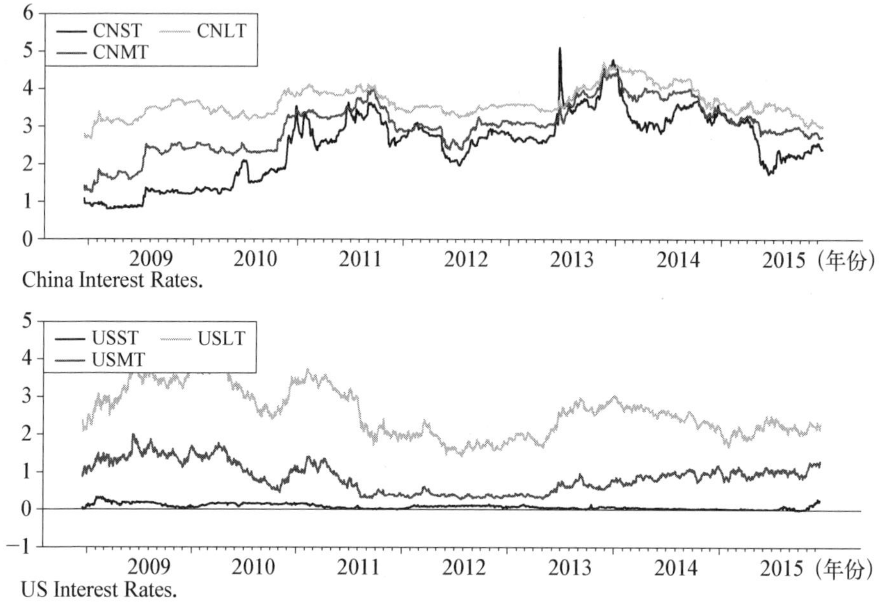

图 4-13　阶段四中美两国国债收益率

(2008 年 12 月 17 日至 2015 年 12 月 16 日美国联邦基金利率维持在零利率下限)

第四阶段(2008 年 12 月 17 日至 2015 年 12 月 16 日：美国联邦基金利率维持在零利率下限)，中国长中短期国债利率波动上升，在 2013 年 6 月"钱荒"期间达到峰值后又缓慢下降。美国国债利率在金融危机爆发初期(2009—2010 年)波动程度较大，随后波动程度降低。其短期国债利率与零利率几乎没有明显差异，这主要是因为该阶段内美联储实行量化宽松货币政策，联邦基金目标利率处于零利率下限。

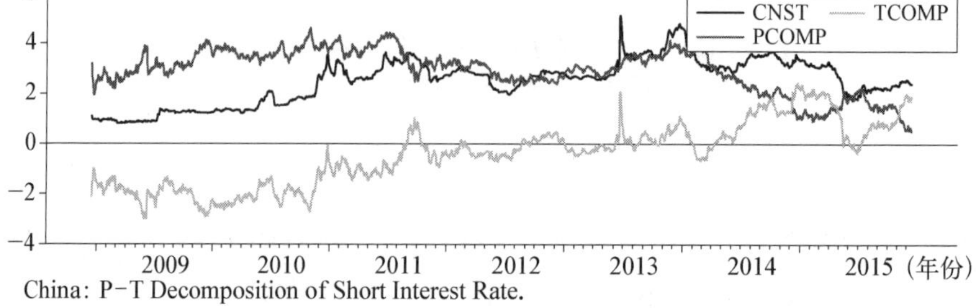

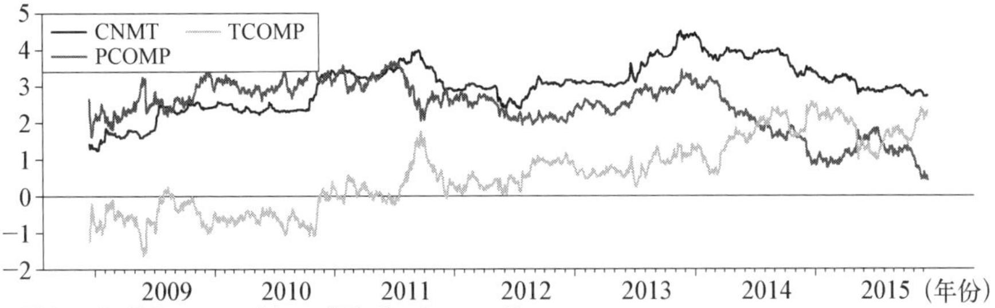

China: P-T Decomposition of Median Interest Rate.

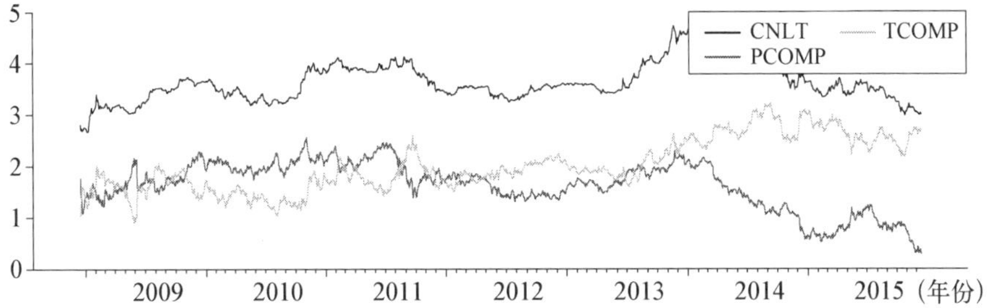

China: P-T Decomposition of Long Interest Rate.

图 4－14　P－T 分解法对阶段四中国短期、中期以及长期国债收益率的分解

对于中国国债短期利率，2012 年之前，永久成分大于原始利率大于短暂成分，短暂成分小于零，永久成分占主导地位。2012 年之后，更进一步地，2013 年年中“钱荒”后，原始利率大于永久成分。2014 年年中以及 2015 年年中，短暂成分一度超越永久成分，其余时间段永久成分仍大于短暂成分。可见短期利率主要由永久成分主导，短暂成分作用较弱。对于中期国债利率，2010 年年中前，永久成分大于原始利率大于短暂成分，短暂成分为负。2010 年年中后至 2014 年年中前，原始利率大于永久成分大于短暂成分。短暂成分转正。2014 年年中后，原始利率仍大于永久成分，但短暂成分除在 2015 年年中左右仍小于永久成分外，其余时间段内均超越永久成分，意味着 2014 年年中后，短暂成分逐渐起主导作用。长期利率情形下，原始利率大于永久成分和短暂成分。2011 年年中前，永久成分大于短暂成分。2011 年年中后，短暂成分大于永久成分。

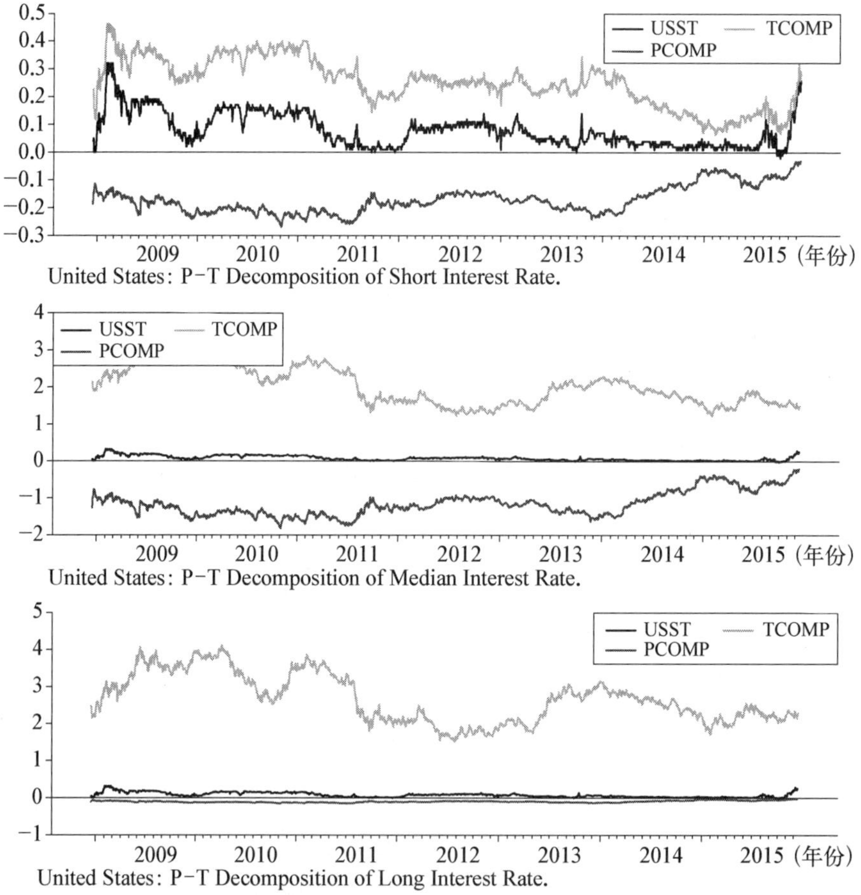

图 4 - 15　P - T 分解法对阶段四美国短期、中期以及长期国债收益率的分解

对于美国国债收益率，短暂成分（为正）大于原始利率（为正，略高于零）大于永久成分（为负），长期利率情形下，永久成分和原始利率几乎重合在零水平上下。恰如其分的反映了在该阶段内，利率的长期趋势为负，暂时性成分的决定作用较大。

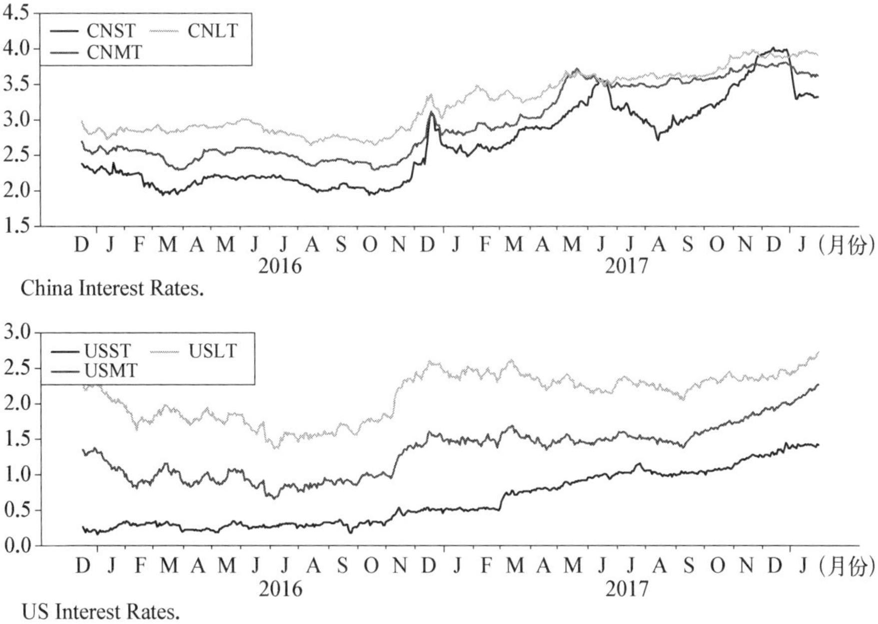

图 4-16　阶段五中美两国国债收益率

（2015 年 12 月 17 日至 2018 年 1 月 31 日美联储进入新一轮加息周期）

第五阶段（2015 年 12 月 17 日至 2018 年 1 月 31 日：美联储进入新一轮加息周期），中国国债收益率均缓慢上升。在 2016 年年末，中国国债短中长利率小幅上扬，进入 2017 年后逐步回落。2017 年年中以及 2017 年年末，国债收益率再次出现小幅上涨，尤其在 2017 年年末，短期国债利率异军突起，一度超越中期和长期利率。这和美联储在 2016 年 12 月 15 日，2017 年 6 月 15 日以及 2017 年 12 月 14 日加息有着密切的联系，这也反映了我国国债利率，尤其是短期利率，显著受到了美联储货币政策的影响。美国国债利率相较之下平稳上升，在 2016 年年末有显著抬升，进入 2017 年后小幅回落，随后继续缓慢上升。

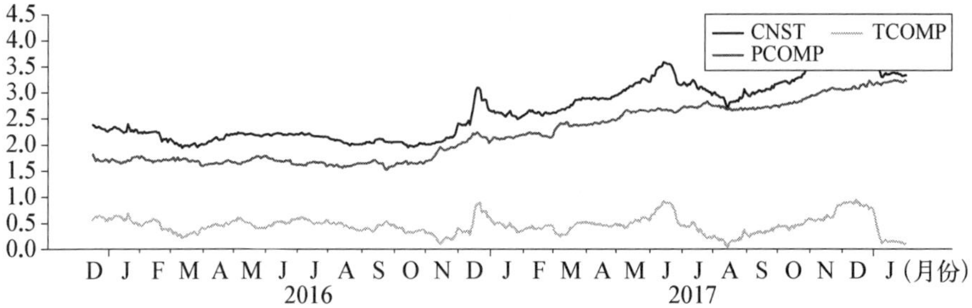

China: P-T Decomposition of Short Interest Rate.

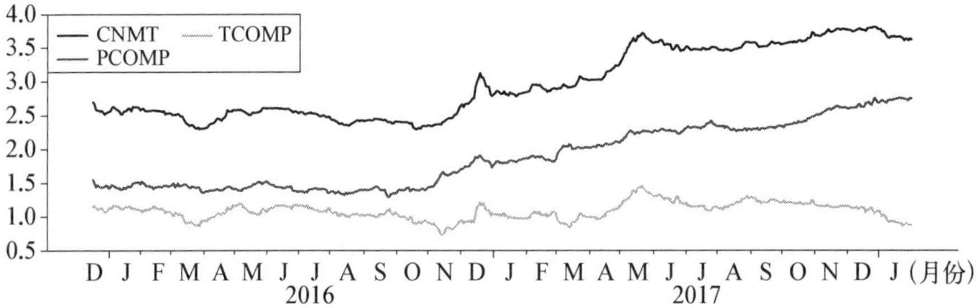

China: P-T Decomposition of Median Interest Rate.

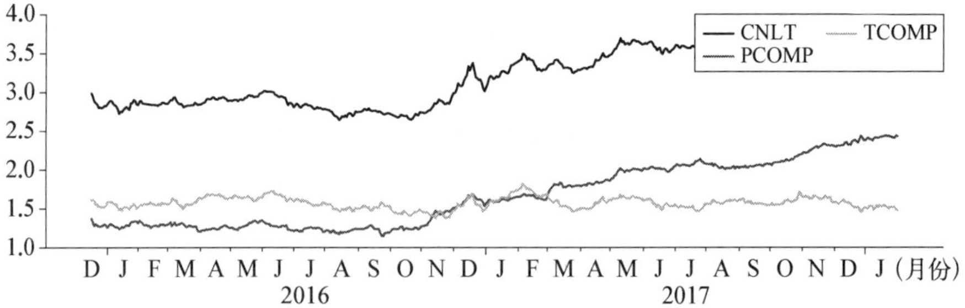

China: P-T Decomposition of Long Interest Rate.

图 4-17　P-T 分解法对阶段五中国短期、中期以及长期国债收益率的分解

中国国债短期原始利率高于永久成分，永久成分高于短暂成分，且皆位于零线以上。从图形上看，永久成分和原始利率的呼应程度较高，短暂成分维持在 0.5 的水平。由此可见，短期利率的局部性变动主要受短暂成分的影响，但是其长期变动趋势受永久成分主导。中期利率和短期利率类似，原始利率大于永久成分,永久成分大于短暂成分。永久成分和原始利率走势极为接近,表明中期国债利率短期变动由短暂成分主导,长期走向由永久成分主导。

对于中国国债长期利率,2016 年原始利率大于短暂成分大于永久成分,2017 年往后原始利率大于永久成分大于短暂成分,且相对于短暂成分的平稳,永久成分在进入 2017 年后逐步抬升,表明长期性趋势性成分随着时间的推移,逐渐占主导优势。

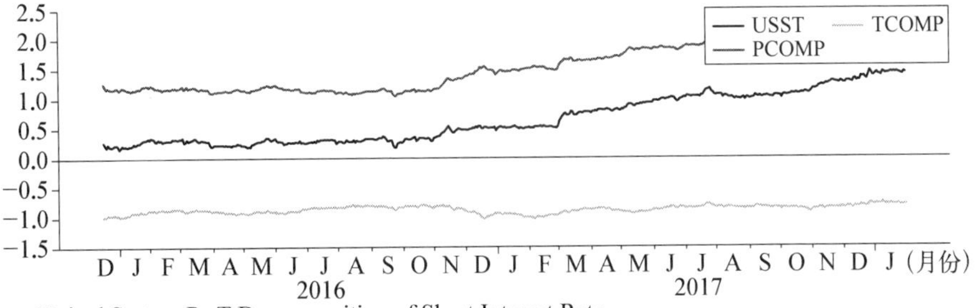

United States: P−T Decomposition of Short Interest Rate.

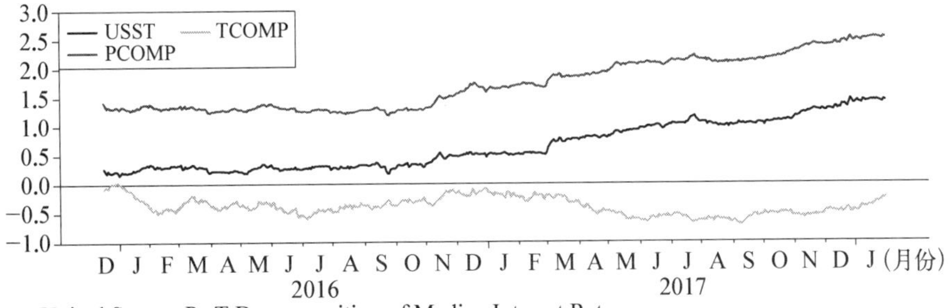

United States: P−T Decomposition of Median Interest Rate.

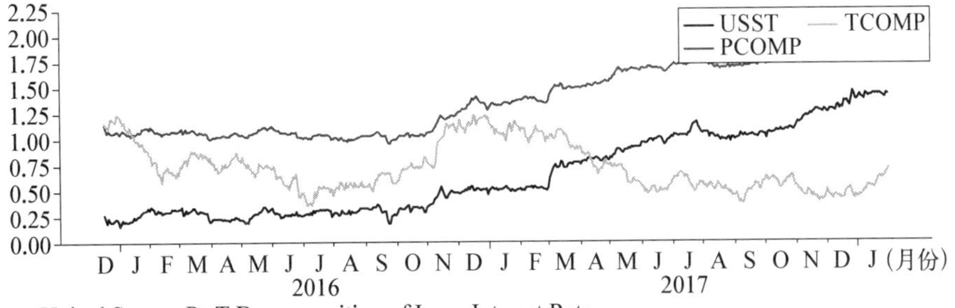

United States: P−T Decomposition of Long Interest Rate.

图 4-18 P-T 分解法对阶段五美国短期、中期以及长期国债收益率的分解

对于美国国债利率而言，短期和中期利率的永久成分（正）大于原始利率（正）大于短暂成分（负），且永久成分和原始利率走势十分接近，意味着在美联储进入新一轮加息周期后，永久成分对短期和中期利率的短期变动和长期走势均起着主要影响。对于美国长期利率，永久成分、短暂成分和原始利率均大于零。在该阶段最初期，短暂成分大于永久成分，在其余时间段内，永久成分最高。2017 年 4 月前，短暂成分大于原始利率，2017 年 4 月后，原始利率大于短暂成分。此外，永久成分和原始利率的走势极为接近，表明长期利率的短暂变动和长期走势皆主要受到永久成分的作用。由以上分析可见，在美联储进入新一轮加息周期后，中美两国国债利率中的永久成分对利率的影响更为深远，短暂性成分只会小范围、部分地影响利率。

综合分析以上结果，阶段一、二和三中，短暂成分相对永久成分对我国长中短期利率的影响更大，从阶段三末期开始，进入阶段四和阶段五后，永久成分对我国长中短期国债利率的影响更大。这意味着随着时间的推移，长期性趋势性的因子对我国国债利率的影响更为显著。

对于美国国债利率，阶段一（降息）和阶段二（升息）的短期和中期国债利率，以及阶段五（升息）的长中短期国债利率，永久成分起主导作用，短暂成分起次要作用。阶段一（降息）和阶段二（升息）的长期国债利率，以及阶段三（降息）和阶段四（零利率下限）的长中短期国债利率，短暂成分对国债利率的影响大于永久成分对国债利率的影响。

因此，对于中美两国国债收益率，在美联储不同的政策周期下，永久成分和短暂成分对两国利率的影响力度有所不同。样本前期，中国国债利率主要受短期的、暂时性的因素影响，随着时间的推移，中国国债利率转而主要受长期性和趋势性的因素所影响。美国国债利率在联邦基金利率水平极低或下行区间，主要受短期性和暂时性的因素影响，在联邦基金利率上行的区间，主要是长期性的因素主导美国国债利率的变动。

第二节 中美短期利率间的引导关系

一、样本选取和初步统计分析

已有文献通常使用美国3个月国债收益率代表美国货币政策(即联邦基金利率)调整。上海银行间拆放利率(Shibor)是由信用等级较高的银行自主报出的人民币同业拆出利率计算确定的算术平均利率,是单利、无担保、批发性利率。目前对社会公布的Shibor品种期限包括隔夜,1周,2周,1个月,3个月,6个月,9个月及1年。其中3个月Shibor利率通常被作为我国短期利率的代表(孙欣欣和卢新生,2017),因此本章选取3个月Shibor利率作为我国短期利率的参考。

银行间回购定盘利率(Fixing Repo Rate)是以银行间市场每天上午9—11点的回购交易利率为基础,同时借鉴国际经验编制而成的基准性利率指标。它是根据银行间隔夜,7天,14天回购交易在每个交易日固定交易时间产生的全部成交利率的中位数计算得出。银行间回购定盘利率每天上午11时起由全国银行间同业拆借中心对外发布,对于一段时间内没有交易和当日出现利率调整等重大事件的情况需要作出异常情况处理。回购定盘利率可为银行间市场开展利率互换,远期利率协议,短期利率期货等利率衍生品提供重要的参考。银行间7天期回购协议通常是银行间回购市场交投最为活跃的合约,因而较好地反映了我国市场化短期利率水平(卢新生和孙欣欣,2017),因此本章将使用7天银行间回购定盘利率(FR007)作为我国短期市场化参考利率。表4-5给出了3种短期利率的描述性统计结果。结果显示,Shibor-3M为非平稳序列,FR007和TB-3M为平稳序列,Shibor-3M左偏,FR007和TB-3M右偏,且两序列的峰度均大于3。每个序列均有较强的自相关性。

表 4-5 中美短期利率描述性统计结果

	Shibor-3M	FR007	TB-3M
均 值	3.774 1	2.993 9	0.692 5
最大值	6.461 1	10.770 0	5.050 0
最小值	1.204 4	0.870 0	−0.020 0
方 差	1.198 6	1.174 4	1.261 4
偏 度	−0.345 2	1.197 2	2.366 9
峰 度	2.322 1	6.837 7	7.579 2
JB test	113.492 5	2 374.369 0	5 257.691 0***
ADF test	−1.979 5	−4.005 1***	−3.858 2***
PP test	−1.911 9	−8.015 0***	−3.851 3***
KPSS test	0.962 9***	1.021 1	2.160 2***
ARCH(10)	119.893 4***	136.467 7***	1 227.375***
LB(6)	17 330***	11 211***	17 136***
LB(12)	34 202***	17 998***	33 750***
$LB^2(6)$	17 245***	8 443***	17 038***
$LB^2(12)$	33 771***	11 725***	33 390***

注："Shibor-3M"，"FR007"，"TB-3M"分别代表 3 个月 Shibor 利率，3 个月银行间回购定盘利率以及美国 3 个月国债收益率，其他符号与表 4-4 类似。

因此，为进一步考察美联储货币政策调整对我国短期利率的影响，本章接下来使用信息份额分析法考察美国 3 个月国债利率和我国 3 个月 Shibor 利率，以及美国 3 个月国债利率和我国 7 天银行间回购定盘利率间两国利率所占信息份额的大小差别以及两国利率的引导关系。样本区间为 2007 年 1 月 4 日—2018 年 2 月 28 日。

中国 3 个月 shibor 利率在 2007—2008 年，2010—2016 年各出现一波高峰，7 天银行间回购定盘利率则相对波动较大。美国 3 个月国债利率在 2007—2008 年逐步回落，2015 年往后又开始逐步回升。

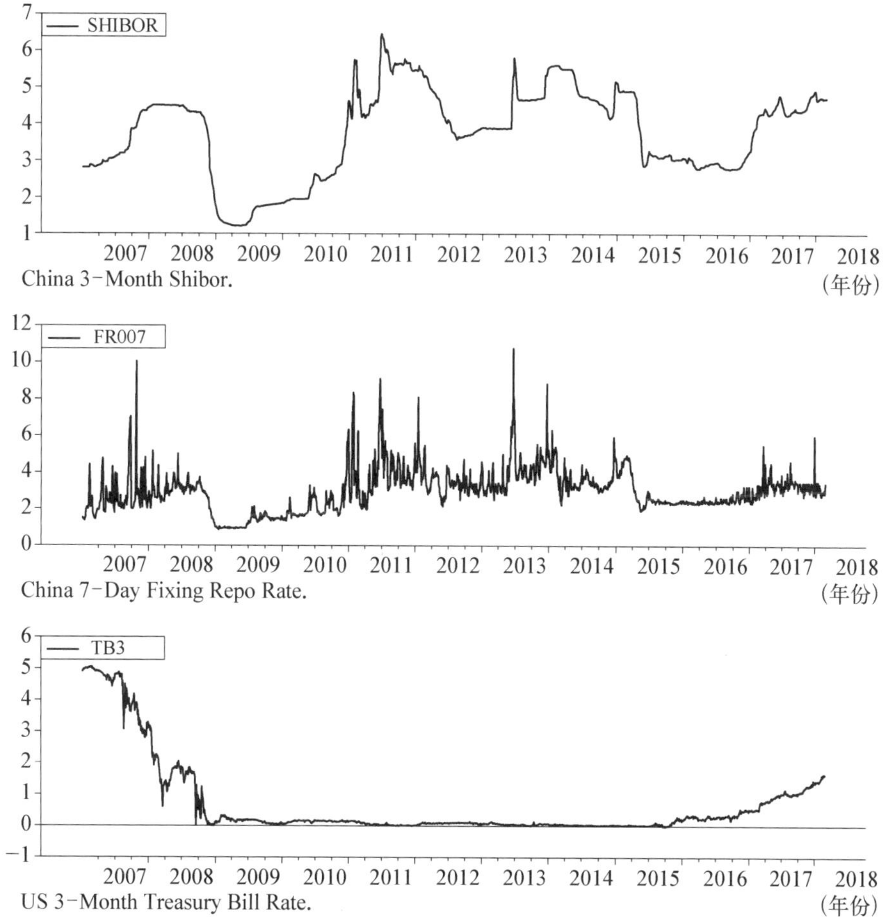

图 4-19 中国 Shibor-3M 和 FR007 以及美国 3 个月国债收益率的时间序列走势图

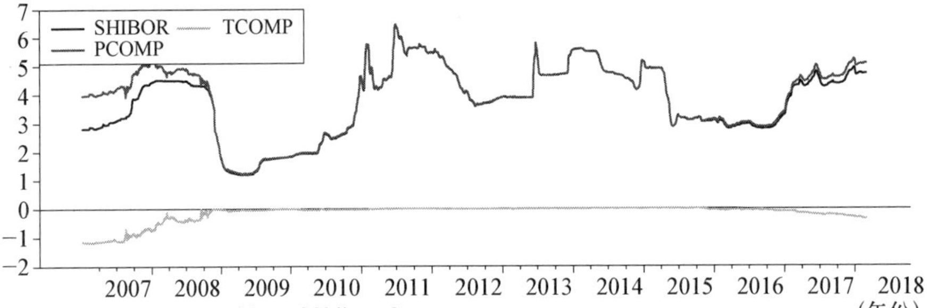

China: P-T Decomposition of Shibor-3 m.

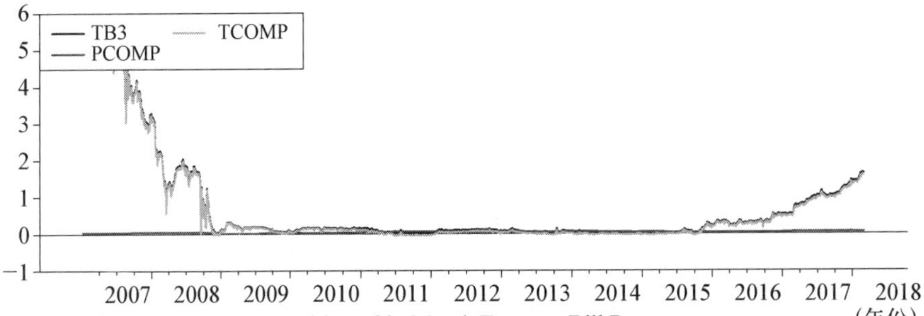

United States: P-T Decomposition of 3-Month Treasury Bill Rate.

图 4-20 P-T 分解法对中国 Shibor-3M 以及美国 3 个月国债收益率的分解

在该样本期，中国利率的永久成分和原始利率几乎重合，而短暂成分与零没有显著差异。美国利率恰好相反，其短暂成分和原始利率几乎重合，永久成分则与零几乎没有差异。

在该样本中，中国 FR007 利率的短暂成分和原始利率几乎重合，永久成分在 2000—2008 年为负值，2009 年至 2015 年年末，永久成分与零几乎无差异，2016 年开始，永久成分再次转负，表明在样本期内 7 天银行间回购定盘利率主要由短期的、短暂的因素影响，长期性因素的影响较小。在样本期内，美国 3 个月国债利率的短暂利率几乎与零重合，永久成分和原始利率几乎重合，表明样本期内，美国短期国债的短暂成分对利率的影响较小，永久成分占主导作用。

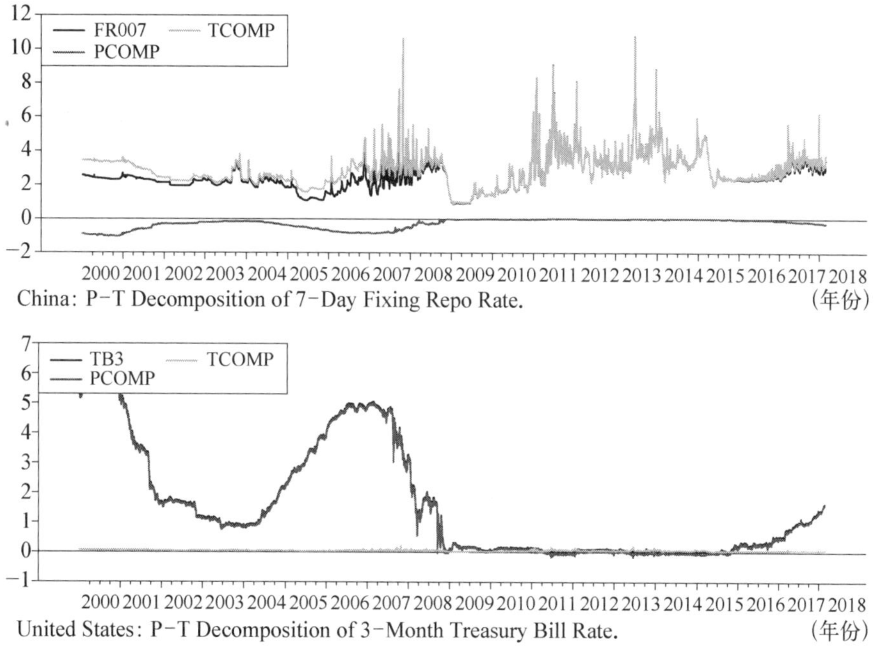

图 4-21　P-T 分解法对中国 FR007 以及美国 3 个月国债收益率的分解

二、信息份额分析法模型简述

为进一步考察中美利率间的联动和引导关系，以及美联储货币政策调整对我国利率的影响，我们使用 Hasbrouck(1995)的信息份额分析法(Information Share Analysis)考察美国联邦基金利率(也是短期拆解利率的代表)和我国短期拆解利率间的引导关系。以下给出信息份额分析法的公式：

$$\Delta Y_t = \Pi Y_{t-1} + \sum_{i=1}^{k} A_i \Delta Y_{t-i} + \varepsilon_t \tag{4.2}$$

继 Stock and Watson(1988)之后，Hasbrouck(1995)又将方程(4.2)化为向量移动平均(VMA)的形式：

$$\Delta p_t = \Psi(L) e_t \tag{4.3}$$

或 $$Y_t = Y_0 + \Psi(1)\sum_{i=1}^{t}\varepsilon_t + \Psi^*(L)\varepsilon_t \tag{4.4}$$

用 ψ 代表 $\Psi(1)$ 中的共同行向量，共同趋势表达（the common trends representation）意味着价格水平可以写作：

$$p_t = p_0 + \psi(\sum_{s=1}^{t} e_s)\iota + \Psi^*(L)e_t \tag{4.5}$$

p_0 是 n 元素常向量，$\Psi^*(L)$ 是带滞后算子的矩阵多项式。假设价格序列存在 K 阶非平稳自回归表达：

$$A(L)p_t = \kappa + e_t \tag{4.6}$$

其中 $A(L)=I-A_1L-A_2L^2-\cdots-A_KL^K$，根据格兰杰表述定理（Granger representation theorem，Engle and Granger，1987），存在以下形式的误差修正模型：

$$\begin{aligned}\Delta p_t = &\alpha(\beta' p_{t-1} - E\beta' p_t) + \Gamma_1\Delta p_{t-1} + \Gamma_2\Delta p_{t-2} + \cdots \\ &+ \Gamma_{K-1}\Delta p_{t-K+1} + e_t\end{aligned} \tag{4.7}$$

$\alpha\beta' = -A(1)$ 以及：

$$\Gamma_j = -\sum_{i=j+1}^{K} A_i \quad \text{for } j = 1, \cdots, K-1 \tag{4.8}$$

在本研究中，VMA 差分表达式(4.9)，则：

$$Y_t = Y_0 + \beta_\perp \alpha_\perp{}^T \sum_{i=1}^{T}\varepsilon_t + \Psi^*(L)\varepsilon_t \tag{4.9}$$

若残差的协方差矩阵为对角矩阵，即不同市场间不存在相关性，则市场 j 的信息份额可定义为市场 j 的方差相对于总方差的占比：

$$S_j = \frac{\psi_j^2\Omega_{jj}}{\psi\Omega\psi'} \tag{4.10}$$

$$e_t = Fz_t \tag{4.11}$$

$Ez_t = 0$ 以及 $var(z_t) = I$。

F 是对 Ω 的 Cholesky factorization 分解，其中 $\Omega = FF'$。F 的下三角结构意味着随机变量 $z_{i,t}$ 是针对 $e_{i,t}$ 对 $\{e_{1,t}, e_{2,t}, \cdots, e_{i-1,t}\}$ 回归的正交化残差。亦即 $z_{i,t}$ 是 e_t 的正交化部分，和排在它前面的信息冲击是正交的。若 z_j 新息方差的协方差为非对角矩阵，即不同市场间有关联性，则 z_j 新息方差的市场份额可以计算如下：

$$S_j = \frac{([\psi F]_j)^2}{\psi \Omega \psi'} \tag{4.12}$$

其中 $[\psi F]_j$ 是行矩阵 ψF 的第 j 个元素。该分解法强制性使得第一个价格序列的信息份额最大化，最后一个价格序列的信息份额最小化。将某个市场的价格序列作为向量的第一个元素，可以得到该市场信息份额的上界。同样地，将某市场价格序列作为向量的最后一个元素，则可得到该市场的信息份额下界。通过该种方式使用 Cholesky factorization 法和在多元回归中分配被解释变量，按照次序增加变量以提高 R^2 类似。

三、实证结果解读

实证结果列在表 4 - 6 中。在 3 个月 shibor 利率和美国 3 个月国债利率这一组中，由表 4 - 6 可知，当我们将 3 个月 shibor 利率放在序列第一列时，shibor 所占信息份额为 0.797 9，美国 3 个月国债利率所占信息份额为 0.202 1。当我们将美国 3 个月国债收益率放在序列第一位时，美国 3 个月国债收益率所占信息份额为 0.198 2，shibor 利率所占信息份额为 0.801 8。3 个月 shibor 利率和 3 个月国债收益率利率所占成分权重分别为 0.770 4 和 0.229 6。

在美国 3 个月国债和 7 天银行间回购定盘利率这一组中，当 7 天银行间回购定盘利率处在序列首位时，7 天银行间回购定盘利率所占信息份额为 0.920 4,美国 3 个月国债所占信息份额为 0.079 6。当美国 3 个月国债处在序列首位时,美国 3 个月国债所占信息份额为 0.070 2,7 天银行间回购定盘利率所占信息份额为 0.929 8。7 天银行间回购定盘利率和美国 3 个月国债收益率所占成分权重分别为 0.303 4 和 0.696 6。

表 4-6　信息份额分析法和永久短暂分析法对我国和美国短期利率间引导关系的验证结果

	Shibor	TB	FR007	TB
A: IS 的测度				
IS 的上界	0.801 8	0.202 1	0.929 8	0.079 6
IS 的下界	0.797 9	0.198 2	0.920 4	0.070 2
B: PT 的测度				
PT 的测度值	0.000 00	0.375 5	0.000 0	0.375 5

由表 4-6 可知,IS 的上界和下界之间离得比较近,这主要是由于市场新息的相关系数比较低所致。从 IS 模型的测量结果看,中国的短期利率相对于美国的短期利率而言,信息发现能力较强,这表明我国短期利率在信息传递中居于主导地位,是价格发现过程最主要的驱动力量。从这个角度说我国短期利率的信息传导功能较为完备。

第三节　我国国债、企业债、公司债市场对美联储货币政策的反应

一、样本选择与模型描述

本部分选取上证国债指数,上证公司债指数,上证企业债指数。因债市的交易相对股市而言,每日收盘价波动相对较小,因此,参照 Alizadeh et al.(2002),本章我们将基于日内对数最高价和对数最低价之差计算得出

的日内对数价格变动区间(Range)考察美联储货币政策对我国债市的影响(但为叙述简便,这里的对数价格变动区间后文将统一简称为收益率)。上证国债的样本区间为2003年1月2日至2018年2月21日,上证公司债的样本区间为2008年1月2日至2018年2月28日,上证企业债的样本区间为2003年6月9日至2018年2月21日。

表4-7　上证国债指数,公司债指数和企业债指数描述性统计结果

	国债指数	公司债指数	企业债指数
均　值	0.000 9	0.000 6	0.000 8
最大值	0.014 9	0.013 0	0.038 1
最小值	0.000 0	0.000 0	0.000 0
方　差	0.001 1	0.000 8	0.002 0
偏　度	3.723 5	5.755 8	10.261 7
峰　度	27.781 1	54.495 3	131.641 9
JB test	110 338***	306 967***	2 713 778***
ADF test	−7.672 9***	−3.830 2***	−6.772 8***
PP test	−55.076 3***	−43.779 7***	−79.016 5***
KPSS test	4.008 5***	3.855 2***	4.555 2***
ARCH(10)	298.905 9***	229.929 8***	146.893 2***
LB(6)	5 776.3***	3 656.4***	941.14***
LB(12)	10 090***	6 195.7***	1 838.9***
LB^2(6)	3 438.5***	586.86***	80.907***
LB^2(12)	5 923.8***	857.28***	218.99***

注:"Shibor-3M","FR007","TB-3M"分别代表3个月Shibor利率,3个月银行间回购定盘利率以及美国3个月国债收益率,其他符号与表4-1类似。

由表4-7可见,我国国债指数,公司债指数以及企业债指数日内对数价格变动区间皆接近于零,偏度均为右偏,峰度均大于3,序列均不为正态分布,序列皆平稳,但存在异方差性,序列有ARCH效应,表明使用

GARCH 类模型进行拟合是适合的。

对于控制变量的选取，我们首先将美联储货币政策调整划分为扩张周期(expansionary)和紧缩周期(contractionary)，扩张周期为美国当地时间2003 年 1 月 2 日至 2003 年 6 月 25 日，2006 年 6 月 30 日至 2008 年 10 月16 日，紧缩周期为美国当地时间 2003 年 6 月 26 日至 2006 年 6 月 29 日，2008 年 12 月 17 日至样本期结束。因此，我们考虑在 EGARCH 模型中加入美联储政策周期调整的虚拟变量，当美联储处于紧缩周期时，该变量取1，当美联储处于扩张周期时，该变量取 0。与此同时，我们参照郦金梁等(2012)的做法，将每日交易量分解为预期部分和冲击部分。具体方法如下，

$$\ln Vol_t = a + b \cdot \ln Vol_{t-1} + \varepsilon_t \tag{4.13}$$

其中 a 为常数，b 为滞后一阶的对数交易量的系数，ε_t 为残差项，我们将残差的估计值定义为交易量的冲击(innovation)部分 Δvol_t，将对数交易量减去交易量的冲击部分得到交易量的预期部分 Δvol_t。

将交易量的冲击部分和交易量的预期部分作为控制变量纳入 EGARCH 模型的均值方程和方差方程中，并将交易量的冲击部分和预期部分分别与美联储货币政策相乘得到交乘项，一并纳入 EGARCH 模型的均值方程和方差方程中。均值方程采用常数项加上滞后一阶的自回归项，再加上外生变量的形式。具体模型如下所示。其中式(4.14)为加入外生变量的均值方程，式(4.15)和式(4.16)为方差方程。式(4.15)为加入外生变量的 EGARCH 模型形式，式(4.16)为加入外生变量的 TGARCH 模型形式。ϕ_i，ϕ_j 以及 ψ_k 为均值方程，EGARCH 模型和 TGARCH 模型外生变量的系数。

$$R_t = \alpha + \beta R_{t-1} + \varepsilon_{t-1} + \sum_{i=1}^{I} \phi_i \cdot f_{i,t} \tag{4.14}$$

$$\log(h_t) = \alpha + \beta|\varepsilon_{t-1}| + \gamma\varepsilon_{t-1} + \pi h_{t-1} + \sum_{j=1}^{J} \varphi_j f_{j,t} \tag{4.15}$$

$$h_t = \alpha + \beta\varepsilon_{t-1}^2 + \gamma\varepsilon_{t-1}^2 \cdot I(\varepsilon_{t-1} < 0) + \pi h_{t-1} + \sum_{k=1}^{K} \psi_k f_{k,t} \tag{4.16}$$

二、实证结果分析

表 4－8 中，方程（1）这一列给出的是均值方程和方差方程中不含外生变量的估计结果，方程（2）这一列给出的是均值方程中不含政策周期虚拟变量，政策周期虚拟变量和预期交易量交乘项以及政策周期虚拟变量和交易量冲击交乘项的估计结果。方程（3）给出的是均值方程和方差方程中不含政策周期虚拟变量的估计结果，方程（4）给出的是在均值方程和方差方程中包含所有政策周期虚拟变量和政策周期虚拟变量以及交易量交乘项的估计结果。表 4－9 和表 4－8 与之相同，下文不再赘述。

表 4－8　上证国债指数日收益率的 TGARCH/EGARCH 模型拟合：交易量效应

回归方程		(1)	(2)	(3)	(4)
方程形式		TGARCH	EGARCH	EGARCH	EGARCH
残差分布		正态分布	正态分布	正态分布	正态分布
条件均值方程	α	0.000 2*** (0.000 0)	−0.002 2*** (0.000 1)	−0.002 4*** (0.000 2)	−0.002 3*** (0.000 2)
	β	0.630 0*** (0.010 3)	0.504 4*** (0.013 5)	0.493 3*** (0.015 3)	0.489 9*** (0.015 1)
	Δvol_t		0.000 1*** (0.000 0)	0.000 2*** (0.000 0)	0.000 2*** (0.000 0)
	$F \cdot \Delta vol_t$			−0.000 0*** (0.000 0)	0.000 0 (0.000 0)
	Δvol_t		0.000 1*** (0.000 0)	0.000 1*** (0.000 0)	0.000 1*** (0.000 0)
	$F \cdot \Delta vol_t$			0.000 0*** (0.000 0)	0.000 0 (0.000 0)
	F				−0.000 3 (0.000 3)

续 表

回归方程		(1)	(2)	(3)	(4)
方程形式		TGARCH	EGARCH	EGARCH	EGARCH
残差分布		正态分布	正态分布	正态分布	正态分布
条件方差方程	α	0.000 0*** (0.000 0)	0.300 3*** (0.064 7)	−0.283 9*** (0.085 8)	−0.495 2*** (0.091 9)
	β	0.118 1*** (0.004 2)	0.078 6*** (0.003 8)	0.091 6*** (0.005 1)	0.094 5*** (0.005 2)
	γ	−0.242 2*** (0.008 6)	0.095 3*** (0.004 5)	0.111 5*** (0.006 3)	0.107 0*** (0.006 3)
	π	0.932 1*** (0.001 4)	0.973 4*** (0.001 6)	0.954 0*** (0.002 8)	0.956 4*** (0.002 8)
	$\Delta\, vol_t$		−0.043 8*** (0.003 1)	−0.026 1*** (0.003 5)	−0.011 8*** (0.003 9)
	$F \cdot \Delta vol_t$			−0.003 8*** (0.000 3)	−0.058 1*** (0.009 7)
	Δvol_t		0.326 2*** (0.014 7)	0.285 5*** (0.016 9)	0.193 5*** (0.019 1)
	$F \cdot \Delta vol_t$			0.239 8*** (0.013 7)	0.538 0*** (0.049 1)
	F				0.933 9*** (0.165 7)
Ln(L)		23 118.21	23 390.58	23 456.69	23 464.86

注：表中所列示为回归的参数估计(标准误)。*，**，*** 分别表示在 10%，5%和 1%的显著性水平上显著。

从对数似然值来看，表 4－9 中方程(4)的设定拟合的最好。均值方程自回归项的系数均为正，表明我国国债指数日收益率对未来收益率有正向促进作用。国债指数预期交易量和交易量冲击对国债指数收益率均有促进作用，尽管该促进作用较为微弱。美联储进入加息周期后，预期交易量对收益率有负向冲击，表明市场吸收交易量而避免价格变动的能力显著提高了。交易量冲击对收益率有正向影响，该影响也很微弱。但总体而言，预期交易量作为市场流动性的代表，交易量冲击作为信息的代表，对国债市场收益率产生了影响，这验证了市场深度假说，即交易量推动价格变化。美联储政策周期虚拟变量的系数不显著，说明美联储进入加息周期，对我国国债市场的影响并不显著。以上结论与Kyle(1985)的理论是一致的，因此也与市场深度假说交易量推动价格变化是一致的。

表 4－9　上证企业债指数日收益率的 EGARCH 模型拟合：交易量效应

回归方程		(1)	(2)	(3)	(4)
方程形式		EGARCH	EGARCH	EGARCH	EGARCH
残差分布		GED	t 分布	t 分布	正态分布
条件均值方程	α	0.000 0*** (0.000 0)	0.000 9*** (0.000 0)	0.000 8*** (0.000 0)	0.001 2*** (0.000 0)
	β	0.761 1*** (0.005 6)	0.682 9*** (0.011 1)	0.629 9*** (0.009 4)	0.613 0*** (0.013 1)
	Δvol_t		−0.000 0*** (0.000 0)	−0.000 0*** (0.000 0)	0.000 0*** (0.000 0)
	$F \cdot \Delta vol_t$			−0.000 0*** (0.000 0)	0.000 0*** (0.000 0)
	Δvol_t		0.000 0 (0.000 0)	−0.000 0 (0.000 0)	0.000 0 (0.000 0)
	$F \cdot \Delta vol_t$			−0.000 0 (0.000 0)	0.000 0 (0.000 0)
	F				−0.000 9*** (0.000 1)
条件方差方程	α	−0.268 3*** (0.015 2)	0.128 2*** (0.034 9)	0.102 7* (0.059 6)	0.300 3*** (0.024 1)
	β	0.106 1*** (0.011 7)	0.130 3*** (0.008 2)	0.040 3 (0.030 6)	0.125 0*** (0.004 2)
	γ	0.087 0*** (0.012 4)	0.099 8*** (0.009 1)	0.328 5*** (0.072 3)	0.099 3*** (0.005 0)
	π	0.988 9*** (0.001 0)	0.967 0*** (0.001 7)	0.943 4*** (0.004 6)	0.985 4*** (0.000 5)

续 表

回归方程		(1)	(2)	(3)	(4)
方程形式		EGARCH	EGARCH	EGARCH	EGARCH
残差分布		GED	t 分布	t 分布	正态分布
条件方差方程	Δvol_t		−0.046 4*** (0.002 6)	−0.058 2*** (0.005 2)	−0.036 6*** (0.001 5)
	$F \cdot \Delta vol_t$			−0.002 7*** (0.000 5)	−0.030 8*** (0.002 0)
	Δvol_t		0.292 0*** (0.031 2)	0.320 1*** (0.066 4)	0.534 1*** (0.020 6)
	$F \cdot \Delta vol_t$			−0.245 8*** (0.069 8)	−0.072 1** (0.031 9)
	F				0.552 5*** (0.035 1)
Ln(L)		26 037.32	25 976.38	26 376.83	25 115.26

注：表中所列示为回归的参数估计(标准误)。*，**，*** 分别表示在 10%，5%和 1%的显著性水平上显著。

从条件方差方程来看，条件方差的滞后项以及残差项的滞后项均对条件方差有显著影响，表明使用 TGARCH 或 EGARCH 模型是恰当的。预期交易量以及政策周期虚拟变量和预期交易量的交乘项的系数为负，表明预期交易量，包括美联储进入政策紧缩期后的预期交易量对国债市场的波动率有抑制作用。这意味着市场流动性越充沛，异常交易会相互抵消，国债市场的波动率因此而降低。交易量冲击，包括美联储进入政策紧缩期后的交易量冲击，对市场波动率则有促进作用，表明市场信息冲击会加大国债市场的波动率，价格波动率的信息含量提高。在表 4－9 的方程(4)中，政策周期虚拟变量系数为正，意味着美联储货币政策进入紧缩周期，对我国国债市场交易者有信号作用，市场波动率大幅增加了 93.39%。

从方程的对数似然函数可知，表 4－9 中各方程设定的拟合优度从强到弱分别为(3)(1)(2)(4)。

首先在表4-9的4个方程设定中，均值方程的常数项和收益率自回归项都是显著为正的，表明前一期的收益率对当期收益率有正向影响。表4-9的方程(2)和(3)预期交易量以及预期交易量和政策虚拟变量的乘积显著为负，尽管该影响的力度非常小，表明市场深度的加深，尤其是在美联储进入加息周期后，市场吸收交易量降低价格变动的能力有所增强。在表4-9的方程(4)中，预期交易量及其与政策周期虚拟变量的乘积对收益率的影响显著为正，尽管该影响力度非常小，这再次验证了市场交易量对价格是有影响的。此外，在表4-9的方程(4)中政策周期虚拟变量的系数显著为负(−0.000 9)，表明美联储进入加息周期对我国企业债指数日内价格变动有负向影响。这主要是由于美联储加息会通过市场情绪传染以及市场间的联动机制导致我国利率水平上行，美联储加息会让我国企业债券利率也有上浮的趋势和动力，债券面值(指数)因此下降，从而债券指数收益率也因此下降。以上结论与Kyle(1985)的理论是一致的，因此也与市场深度假设交易量推动价格变化是一致的。

条件方差方程中，残差滞后项，条件方差滞后项等各项系数均显著，表明我们选择EGARCH模型进行拟合是正确的。预期交易量以及预期交易量和政策周期虚拟变量的交乘项对债券指数收益率的波动有抑制作用。表明我国企业债市场，尤其是美联储进入加息周期后，其交易量越大，流动性越充足，市场中异常交易会互相抵消，市场波动性也就越小。这个结论与Li and Wu(2006)，郦金梁(2012)的结论相一致，即期望交易量具有降低价格波动性的作用，流动性与价格波动率是负相关的。我们的结论因此支持了我国债券市场的流动性价格波动率效应：流动性作为市场重要的运行指标，期望交易量体现了流动性，期望交易量可以作为体现市场流动性的指标。交易量冲击则体现了信息的价值，交易量冲击有加强波动的作用，但在美联储进入加息周期后，交易量冲击会降低市场的波动，这可能是由于美联储进入加息周期，市场之前的不确定预期和不确定因素有所消减，交易量冲击反而会对市场的波动有降低的作用。这支持了市场的价格发现作用，即价格变动的一部分与到达市场的信息量有关。因此我国债券市场价格波动率中的流动性（预期交易量）和信息效率（交易量冲击）均有着重要意义。此外，美联储进入升息周期对我国债券市场波动性有加强的作用（方程 4 中政策周期虚拟变量为 0.552 5），美联储进入升息周期，我国债券市场的条件波动率上升 55.25%。这可能是由于美联储加息对我国债券市场投资者有重要的信号作用，市场情绪的变动增加了市场波动率。政策周期虚拟变量与交易量冲击的交乘项对市场波动率有降低作用，这表明美联储进入加息周期后，我国企业债市场的价格波动率信息含量降低。

表 4－10　上证公司债指数日收益率的 EGARCH 模型拟合：交易量效应

回归方程		(1)	(2)	(3)	(4)
方程形式		EGARCH	EGARCH	EGARCH	EGARCH
残差分布		正态分布	正态分布	GED 分布	正态分布
条件均值方程	α	0.000 0*** (0.000 0)	0.000 8*** (0.000 0)	0.000 4*** (0.000 0)	0.001 6*** (0.000 1)
	β	0.730 8*** (0.012 8)	0.646 5*** (0.015 7)	0.588 9*** (0.012 1)	0.492 9*** (0.177 8)
	Δvol_t		−0.000 0*** (0.000 0)	−0.000 0*** (0.000 0)	−0.000 0*** (0.000 0)
	$F \cdot \Delta vol_t$			−0.000 0*** (0.000 0)	0.000 0*** (0.000 0)
	Δvol_t		−0.000 0 (0.000 0)	0.000 0 (0.000 0)	−0.000 0 (0.000 0)
	$F \cdot \Delta vol_t$			−0.000 0 (0.000 0)	0.000 0 (0.000 0)
	F				−0.001 9*** (0.000 2)

续　表

回归方程		(1)	(2)	(3)	(4)
方程形式		EGARCH	EGARCH	EGARCH	EGARCH
残差分布		正态分布	正态分布	GED 分布	正态分布
条件方差方程	α	$-0.218\,6^{***}$ (0.013 5)	$0.278\,7^{***}$ (0.029 9)	$-0.090\,6$ (0.117 7)	$0.177\,7^{***}$ (0.032 9)
	β	$0.137\,7^{***}$ (0.003 7)	$0.118\,7^{***}$ (0.004 6)	$0.083\,5^{***}$ (0.024 0)	$0.097\,2^{***}$ (0.005 6)
	γ	$0.093\,6^{***}$ (0.008 0)	$0.086\,5^{***}$ (0.007 9)	$0.182\,4^{***}$ (0.031 8)	$0.096\,5^{***}$ (0.007 1)
	π	$0.993\,3^{***}$ (0.000 8)	$0.985\,6^{***}$ (0.001 3)	$0.945\,3^{***}$ (0.008 5)	$0.973\,8^{***}$ (0.002 3)
	Δvol_t		$-0.034\,8^{***}$ (0.002 1)	$-0.052\,1$ (0.007 9)	$-0.038\,5^{***}$ (0.002 5)
	$F \cdot \Delta vol_t$			$-0.006\,6^{***}$ (0.001 4)	$0.019\,0$ (0.021 2)
	Δvol_t		$0.261\,9^{***}$ (0.024 6)	$0.173\,5^{**}$ (0.076 1)	$0.257\,1^{***}$ (0.028 2)
	$F \cdot \Delta vol_t$			$0.414\,6$ (0.284 2)	$0.445\,0^{***}$ (0.136 8)
	F				$-0.453\,8$ (0.387 6)
Ln(L)		17 990.80	18 062.86	18 567.66	18 189.86

注：表中所列示为回归的参数估计(标准误)。 *，**，*** 分别表示在10%，5%和1%的显著性水平上显著。

对于我国的公司债市场而言，表4－10的方程(3)拟合的效果最好。公司债指数日收益率滞后一期对当期收益率有正向影响，预期交易量会降低企业债的收益率，但降低的幅度非常弱，这印证了市场深度假说，即市场消化吸收交易量以降低价格变动的能力加强。由政策周期虚拟变量和预期交易量交乘项的系数可见，表4－10的方程(3)中，美联储进入加息周期，市场深度加强，但表4－10中方程(4)的结论正好相反。表明在不同的模型设定中，美联储进入加息周期对公司债收益率的影响方向并不明确。在表 4－10 的方程(4)中，政策周期虚拟变量的系数显著为负(－0.001 9)，美联储进入加息周期后，公司债收益率有所降低，这主要是因为美联储进入升息周期会带动我国公司债利率的上升，公司债面值下降，发行量随之下降，公司债指数因而下滑，其日收益率也随之下降。

在条件方差方程中，与国债及企业债的情形类似，条件方差的滞后项以及残差的滞后项对条件方差都有着显著影响。在表 4－10 方程(2)和方程(4)中，预期交易量有降低收益波动率的作用，在表 4－10 方程(3)中，政策调整虚拟变量和预期交易量的乘积对收益波动率有抑制作用。这表明流动性，尤其是美联储进入加息周期后的市场流动性与市场波动率成负向关系，流动性加大对市场波动率有抑制作用，这验证了公司债市场流动性价格波动率效应。交易量冲击以及政策调整虚拟变量和交易量冲击的乘积对市场波动均有加强作用，意味着市场信息对企业债市场投资者的投资行为有显著影响，会加大市场的波动率。

总结以上 3 种债券指数的估计结果，我们发现，总体而言，美联储进入加息周期会加大市场深度，市场吸收交易量降低价格变动能力增强，预期交易量(流动性)与市场波动率成反向关系，而交易量冲击(市场信息)则会加大市场的波动率。美联储货币政策调整对我国债券市场的市场深度，流动性和波动率都有着不可忽视的显著影响，这种影响主要通过利率市场间的联动以及投资者预期的调整实现的。

第四节　小　　结

本章主要通过永久短暂分解法，考察我国和美国长中短期国债收益率的永久成分和短暂成分在利率决定中作用的大小，通过信息份额分析法考察我国短期利率和美国短期利率间的引导关系，通过 TGARCH 以及 EGARCH 模型进行实证分析，考察我国国债、企业债和公司债市场的预期交易量(可视作市场流动性)，交易量冲击(可视作市场信息)，美联储进入加息周期对我国债券市场的市场深度、流动性和波动率的影响。实证结果显示，中美两国长中短期国债收益率在美联储不同的政策周期内，其短暂成分和永久成分对利率的影响有所差异。我国短期市场利率在样本区间内引导美国短期市场(国债)利率，这可能是由于样本区间所引起的。美联储货币政策调整，市场流动性和信息的调整均会对我国债券市场带来不可忽视的影响，这样的影响主要是通过市场间联动以及投资者情绪和预期的调整而实现的。

第五章
美联储货币政策对中美股市动态关联性的溢出效应

美联储货币政策调整对中国资产价格的影响可通过多种传导渠道实现，其中股市联动渠道是一个较为重要的渠道。该渠道主要源于两大理论假说：经济基础假说和市场传染假说。经济基础假说认为，在当前世界经济加速融合的大背景下，存在这样的基础经济变量，该基础经济变量对各国的经济和资本市场均有显著影响。受相同基础经济变量影响的经济体自然表现出类似或同步的经济水平变动，由此市场间产生关联性。市场传染假说则认为，市场间存在关联性不仅因为各国股市处于同一宏观经济大环境中，还因投资者心理和市场情绪的因素。由于投资者通常不可能获取市场上的全部信息，因此投资者倾向于跟随其他市场的投资行为，追踪其他市场的动态。因此，不同市场间的股价会表现出一定程度的关联性。金融危机期间全球股票市场波动的同步性有力验证了市场传染假说：正是由于投资者参照其他股市对比分析本国股市行情以进行投资决策的行为导致了恐慌情绪在全球范围内蔓延，全球股市急速下挫。

考虑到 DCC－GARCH 族模型和 GO－GARCH 族模型可在灵活的模型设定下刻画序列间的动态相关性，且两种模型在研究资产价格动态相关的文献中得到广泛的应用和认可（例如杨雪莱和张宏志，2012；马杰和张灿，2012；Basher and Sadorsky，2016 等），本章将通过这两族模型对美联储货币政策调整背景下的中美股市间联动特征进行研究，以期探寻美联储货币政策冲击对中美股市联动性和资产价格的影响。

第一节　数据选取及初步统计分析

不同国家不同股票市场间的联动特征随时间而发生变化。已有研究表明，市场间的联动在金融危机期间往往得到加强，该种联动在一定意义上可被称作为市场间传染（Forbes and Rigobon，2002；李成等，2010；杨雪莱和张宏志，2012）。市场间传染根据传染动因又可进一步划分为“净传染”和“理性传染”。不考虑宏观经济因素，市场参与者通过手头所持有资产进行交易导致市场间收益率均值溢出和波动溢出的传染即为“净传染”，而当市场参与者为获取流动性而参与投资活动导致市场间收益率均值溢出和波动溢出的传染即为“理性传染”。为充分考察美国政策和经济的调整对中美股市间相关性的影响，本章通过在相应模型中纳入美国货币政策冲击变量①，同时允许股市对美国宏观经济因素（美国长短期国债利差），股市波动率指数的反应随时间变动，分析引入 QFII 制度前后以及美联储退出量化宽松货币政策，进入加息周期前后中美股市联动的变化特征。

为充分考察中美股市间市场的联动特征，本部分采用中国诞生最早的股票指数上证综指作为研究对象，美国则以文献中通常使用的标普 500 指数作为考察对象。此外，本章还同时考察了香港恒生指数，以比较美国股市与内地和香港股市联动性的差异。中国股市开盘时间为北京时间上午 9:30，收盘时间为北京时间下午 3:00。美国股市于美国东部时间 9:30 开

① 美联储货币政策冲击变量采用美国 3 个月国债收益率和联邦基金期货隐含利率之差计算得到。美国 3 个月国债收益率可看作美国已实现的基准利率，联邦基金期货隐含利率则代表市场对联邦基金目标利率的预期（Bernanke，2005；Sun et al.，2017）。两者之差可作为美联储货币政策未预期到的部分，或者称作美国货币政策冲击。

盘,下午 4:00 收盘,由此可见中美股市交易时间是错开的,本部分将标普500 指数收益率滞后一期进行考察。三大指数均以 1994 年 1 月 3 日为基期,基期指数设为 100,所有股指均根据当日汇率转换为以美元标价的股票指数值。股市收益率采用 $r_{i,t}=100\times(\log(P_{i,t})-\log(P_{i,t-1}))$ 计算。$P_{i,t}$ 和 $P_{i,t-1}$ 分别为第 t 日和第 $t-1$ 日对应市场股票收盘价。样本区间为 1994 年 1 月 4 日—2016 年 10 月 31 日,数据来源于 Wind 金融数据库。

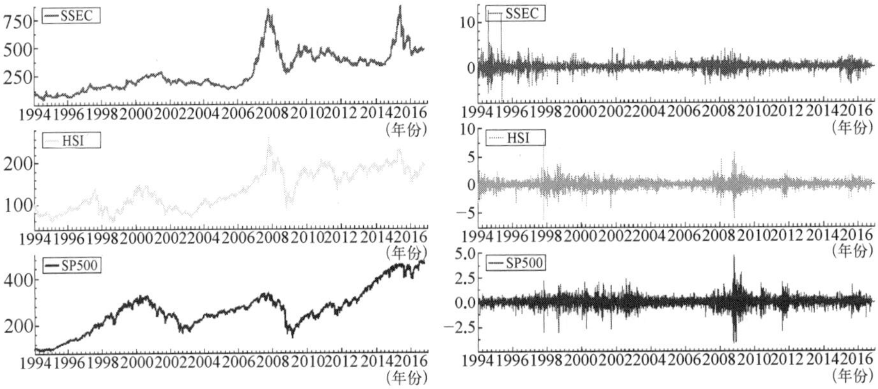

图 5-1 三大股指水平及日收益率时间序列

图 5-1 给出了三大股指水平及日收益率的时间序列图,各股指水平总体呈现出波动中上升的趋势。从收益率来看,中国内地股市在 1994—1996 年股市发展初期,2008 年金融危机以及 2015 年年末美联储进入加息通道后经历了大幅波动,中国香港股市不仅在 2008 年金融危机以及 2015 年年末美联储进入加息通道后经历了大幅波动,1998 年亚洲金融危机对恒生股指也造成了重创。相较之下,美国股市则在 2001 年互联网泡沫破灭,2008 年金融危机以及 2015 年年末美联储加息期间经历了大幅波动。因此,各股市因所处经济环境,发展状况和对外开放程度展现出不同的走势和波动特征,但各市场均在 2015 年年末美联储进入加息通道时经历了大幅波动。

表 5-1 给出了三大股市日收益率,美国货币政策冲击以及美国长短期国债利差的描述性统计量。从表中可以看出,三大股指日收益率序列均值

皆接近于零，偏度皆不为0，峰度均大于3。ADF检验结果表明三序列均为平稳序列，而ARCH检验结果表明三序列均存在条件异方差，意味着使用GARCH类模型进行拟合是合适的。对于美联储货币政策冲击变量和美国长短期国债利差，其方差（波动）大于各股指收益率，偏度均不为0，峰度小于3，序列不平稳。JB检验量表明五序列均不服从正态分布。

表5-1　样本数据描述性统计

	均　值	最大值	最小值	方　差	偏　度
SSEC	0.011 4	12.548 3	−7.791 2	0.835 0	1.118 1
HSI	0.004 6	7.512 7	−6.421 6	0.684 5	−0.035 4
SP500	0.011 1	4.758 7	−4.112 6	0.498 3	−0.266 8
MPS_t	0.425 9	3.830 0	−1.745 0	1.330 5	1.210 8
$Spread_t$	1.813 0	3.870 0	−0.770 0	1.082 3	−0.181 5

	峰　度	JB检验	ADF检验	ARCH(12)
SSEC	27.608 9	151 505***	−31.775 1***	105.642 5****
HSI	12.864 6	24 146***	−75.837 4***	148.835 9***
SP500	11.967 3	20 023***	−58.641 4***	172.138 0***
MPS_t	2.865 8	1 459***	−1.936 5	—
$Spread_t$	2.090 0	238***	−2.329 3	—

注：“JB检验”代表Jarque-Bera检验，用于测定时间序列的分布特征，原假设为该时间序列遵循正态分布。“ADF检验”代表ADF单位根检验，用于测定时间序列的平稳性，原假设为时间序列含有单位根。“ARCH(12)”为滞后阶数为12的自回归条件异方差检验。MPS_t 代表美国货币政策冲击，$Spread_t$ 代表美国10年期和3个月国债收益率的利差。***，**，* 分别表示在1%，5%，10%的显著性水平下显著。

越来越多的研究表明，金融变量间很多时候呈现出非线性的特征。时间序列的非线性特征使得传统对金融市场动态的线性分析变得不再适当。已有文献多使用格兰杰因果检验（Granger，1969）考察变量间的因果关系。该格兰杰因果检验有诸多限制，且未将序列间可能存在的非线性结构加以考虑。因此Hiemstra and Jones(1994)提出了一种非参数格兰杰因果检验法，该方法对方程形式无具体要求。但 Diks and Panchenko(2006)对此非参数格兰杰因果检验法进行了批判，认为其偏离了原先格兰杰因果检验的定义，所得到的检验结果存在偏误。为弥补该缺陷，Diks and Panchenko(2006)引入了一种新的非参数格兰杰因果检验方法。由于表 5-1 中的平稳性检验已经验证了时间序列的平稳性，参考 Liu and Wan(2012)，为考察上证综指，恒生指数以及标普 500 指数日收益率间可能存在的因果关系，本文使用 Diks and Panchenko(2006)的非参数格兰杰因果检验对 3 个收益率序列间的关系进行考察。我们将三大序列使用 VAR 模型进行拟合，取其残差项以去除序列间可能存在的线性联动关系。同时，我们将最大滞后期设定为 4。相应检验结果如表 5-2 所示。

表 5-2 非参数格兰杰因果检验结果

原 假 设	$l_x=l_y=1$	$l_x=l_y=2$	$l_x=l_y=3$	$l_x=l_y=4$
SSEC→HSI	2.918 0***	2.348 0***	0.244 0	0.014 0
HSI→SSEC	2.203 0**	2.208 0**	2.080 0**	1.416 0*
SSEC→SP500	1.268 0	0.194 0	−0.388 0	−0.679 0
SP500→SSEC	−0.238 0	0.253 0	0.512 0	0.203 0
HSI→SP500	3.783 0***	2.967 0***	1.885 0**	1.589 0*
SP500→HSI	5.542 0***	3.899 0***	3.134 0***	2.269 0**

注："→"代表两变量间单向的因果关系。***，** 和 * 分别表示在 1%，5%和 10%显著性水平下显著。

从表 5-2 中可以看出，上证综指和恒生指数日收益率间存在双向因果关系，上证综指和标普 500 指数间不存在双向引导的关系，恒生指数和标普 500 指数间存在双向引导关系。该检验结果表明，中(香港)美两国股市在一定程度上均包含着预测另一股市收益率的有效信息。此外，本书于表 5-3 中列出了三大股指日收益率间的皮尔森相关系数及其 P 值。各相关系数均在 5%的水平上显著，且相关系数值表明，三大股指日收益率间均存在一定的相关性，相关系数大小由强到弱依次排序为：上证综指和恒生指数，恒生指数和标普 500，上证综指和标普 500。可见，内地和香港股市的相关程度大于香港和美国以及内地和美国股市的相关程度。内地股市相较于香港，开放程度仍较为有限。

表 5-3　三大股指日收益率皮尔森相关系数

	SSEC	HSI	SP500
SSEC	1.000 0	0.225 9 (0.000 0)	0.030 0 (0.020 8)
HSI	0.225 9 (0.000 0)	1.000 0	0.186 0 (0.000 0)
SP500	0.030 0 (0.020 8)	0.186 0 (0.000 0)	1.000 0

注：括号内为 P 值。

第二节　模型简介

一、单元 GARCH 族模型

为测定金融资产收益率波动效应，Engle(1982)提出了 ARCH 模型，随后 Bollerslev(1986)又进一步提出了 GARCH(Generalized Autoregressive Conditional Heteroskedasticity)模型，基本的 GARCH 模型未考虑正负不同信息的非对称性。Glosten，Jagannathan and Runkle(1993)在基本 GARCH 模型条件方差方程中加入负冲击的杠杆效应，得到 GJR-GARCH 模型，以此考察和测度收益率冲击对波动影响的非对称效应。Zakoian(1994)首次提出门限 GARCH(TGARCH)模型，以测度收益率冲击对波动可能存在的非对称影响，如下式所示。

$$R_t = \mu + aR_{t-1} + \varepsilon_t \tag{5.1}$$

$where\ \varepsilon_t \mid \Phi_{t-1} \sim N(0,\ h_t)$

$$h_t = \omega + \alpha\varepsilon_{t-1}^2 + \beta h_{t-1} + \gamma I_{t-1}^- \varepsilon_{t-1}^2 \tag{5.2}$$

方程(5.1)为均值方程，R_t 为市场从第 $t-1$ 日至第 t 日的每日收益率，Φ_{t-1}为第 $t-1$ 日的市场信息集，方程(5.2)为条件方差方程。该模型假定正负残差 ε_t 对条件方差的冲击存在非对称性，对条件方差 h_t 的正和负冲击是不同的。I_{t-1}^- 为示性函数，当 $\varepsilon_t < 0$ 时，该值取 1，否则为 0。当 γ 为零时，TGARCH 模型退化为普通 GARCH 模型。

Nelson(1991)提出了刻画收益率冲击对波动影响非对称效应的另一种 GARCH 模型，为 Exponential GARCH(EGARCH)模型，具体模型形式如下：

$$R_t = \mu + aR_{t-1} + \varepsilon_t \tag{5.3}$$

$$\ln h_t = \omega + \alpha \ln h_{t-1} + \gamma\left(\frac{|\varepsilon_{t-1}|}{\sqrt{h_{t-1}}} - \sqrt{\frac{2}{\pi}}\right) + \beta\left(\frac{\varepsilon_{t-1}}{\sqrt{h_{t-1}}}\right) \tag{5.4}$$

相关参数的解读同 TGARCH 模型类似，γ 项仍为测定非对称效应的参数。EGARCH 模型相较于普通 GARCH 模型和 TGARCH 模型，其优势在于自动保证条件方差为正。下文我们将普通 GARCH 模型，TGARCH 模型以及 EGARCH 模型分别作为动态条件相关(DCC)模型框架下的单元 GARCH 模型，估计 DCC 模型的动态相关系数。

二、动态条件相关系数(DCC-GARCH)模型

标准 GARCH 模型未考虑资产间的相关性(协方差)是否发生变化。本部分采用 Engle(2002)提出的 Dynamic Conditional Correlation 模型，通过采用不同形式的单元 GARCH 模型，考察金融市场变量间波动溢出及其动态相关性，从而进一步分析市场间波动效果溢出效应。Engle(2002)的两

元 DCC 模型可简要表述如下：

假定收益率向量 r_t 服从 $r_t \sim N(\mu, H_t)$ 分布，设定条件协方差矩阵服从 $H_t = D_t R_t D_t$ 形式。其中 D_t 为对角元素为收益率序列标准差的对角矩阵，R_t 为各收益率序列经单元 GARCH 模型拟合后得到的标准化残差的条件相关矩阵。DCC 模型的估计过程可分为两步：第一步，使用单元 GARCH 模型得到各收益率序列的条件方差 $q_{1,t}$ 和 $q_{2,t}$；第二步，设定条件相关矩阵为如下形式：

$$R_t = diag\ (Q_t)^{-1/2} Q_t diag\ (Q_t)^{-1/2} \tag{5.5}$$

其中 Q_t 具备如下形式：

$$q_{12,t} = \bar{\rho}_{12,t}(1-\theta_1-\theta_2) + \theta_1 z_{1,t-1} z_{2,t-1} + \theta_2 q_{12,t-1} \tag{5.6}$$

$z_{1,t-1}$ 和 $z_{2,t-1}$ 分别为从两个单元 GARCH 模型中得到的各收益率序列的标准化残差，$\bar{\rho}_{12,t}$ 为两标准化残差的无条件相关系数。由此我们可得到条件相关系数如下所示：

$$\rho_{12,t} = \frac{q_{12,t}}{\sqrt{q_{11,t} q_{22,t}}} \tag{5.7}$$

Cappiello et al.(2006)基于 DCC 模型和 GJR - GARCH 模型，通过在单元 GARCH 模型波动方程中加入非对称项，提出了 ADCC 模型的架构。非对称项也可被视为杠杆效应项，可用来测度这样一种常见的现象：金融资产价格下跌对波动的强化作用大于金融资产价格上升对波动的强化作用。这也可被解读为坏消息比好消息对市场的冲击更大。ADCC 模型中，动态 Q_t 变为如下形式：

$$\begin{aligned} Q_t = & (\bar{Q} - A'\bar{Q}A - B'\bar{Q}B - G'\bar{Q}^- G) + A' z_{t-1} z'_{t-1} A \\ & + B' Q_{t-1} B + G' z_t^- z_t'^- G \end{aligned} \tag{5.8}$$

其中 A,B 和 G 为 $n \times n$ 参数矩阵，z_t^- 为以零为门限的标准化残差序列。当其小于零时取 z_t，大于零时取零。$\bar{Q}$ 和 $\bar{Q}^-$ 分别为 z_t 和 z_t^- 的无条件相关系数矩阵。

三、GO-GARCH 模型

Van der Weide(2002)所提出的 GO-GARCH 模型将收益率 r_t 设定为条件均值 c_t 和误差项 ε_t 的方程。则包含 AR(1)项的均值方程可表达为：

$$r_t = c_t + r_{t-1} + \varepsilon_t \tag{5.9}$$

GO-GARCH 模型将 ε_t 投射到一系列不可观测的独立因子 f_t 上。

$$\varepsilon_t = Af_t \tag{5.10}$$

其中混合矩阵 A 可分解为无条件协方差矩阵 $\sum$ 和正交(旋转)矩阵 U。

$$\mathrm{A} = \sum{}^{1/2}\mathrm{U} \tag{5.11}$$

混合矩阵 A 的行代表资产,列代表因子(f_t)。因子可进一步表示如下：

$$f_t = H_t^{1/2} z_t \tag{5.12}$$

随机变量 z_t 具有 $E(Z_{it})=0, E(Z_{it}^2)=1$ 的特征。因子的条件方差 h_{it} 可用 GARCH 模型进行拟合,因子的无条件分布满足 $E(f_t)=0$ 以及 $E(f_t f_t')=I$。综合以上各式,我们可以得到：

$$r_t = c_t + r_{t-1} + AH_t^{1/2} z_t \tag{5.13}$$

ε_t 的条件协方差矩阵为：

$$\sum{}_t = AH_tA' \tag{5.14}$$

GO-GARCH 模型有两个关键假设：第一,混合矩阵 A 时不变;第二,H_t 为对角矩阵。OGARCH 模型要求 A 必须为正交矩阵,在 GOGARCH 模型的最初设定中,Van der Weide(2002)使用一步最大似然估计法同时估计旋转矩阵 U 和模型的其他动态特征,但该方法对许多金融资产序列来说无法实现。旋转矩阵 U 也可使用非线性最小二乘法或矩估计法得到(Van der Weide，2006;Boswijk and Van der Weide，2011)。现今,独立因子分析法(ICA)(Broda and Paolella，2009;Zhang and Chan，2009)被用来估计 U，这也是本研究估计 U 所使用的方法。

需要特别指出的是,在基准 DCC 模型和 GO - GARCH 模型中,第一步估计采用了均值方程只有常数项,方差方程为 GARCH(1，1)形式的单元 GARCH 模型。第二步估计动态相关系数时假定残差序列服从多元正态分布。为考察均值方程是否需要加入滞后项以及残差序列是否一定服从正态分布的问题,表 5 - 4 列出了 DCC 模型第一步估计中均值方程加入和不加入一阶滞后项,第二步估计采用多元正态分布还是多元 t 分布进行估计时的信息准则和最大似然函数值。由表 4 - 4 可见,信息准则和最大似然函数值均表明均值方程加入一阶滞后项以及采用多元 t 分布所得到的拟合效果最好。因此,本书在 DCC,ADCC 以及 GO - GARCH 模型均值方程中均加入一阶滞后项。考虑到股市收益率序列的非正态性,DCC 和 ADCC 模型均采用多元 t 分布进行拟合,GO - GARCH 模型则采用多元仿射消极逆高斯(MANIG)分布进行估计。

表 5 - 4 动态相关系数模型的四种设定

	DCC	DCC	DCC	DCC
AR(1)	否	是	否	是
Distribution	多元正态分布	多元正态分布	多元 t 分布	多元 t 分布
AIC	4.626 3	4.623 3	4.437 7	4.433 8
BIC	4.645 5	4.645 8	4.458 0	4.457 5
Shibata	4.626 3	4.623 2	4.437 7	4.433 8
Hannan-Quinn	4.633 0	4.631 1	4.444 8	4.442 0
Log Likelihood	−13 709.3	−13 697.2	−13 148.7	−13 134.1
No. of observations	5 934	5 934	5 934	5 934

第三节 实证结果解读

一、无外生变量的动态相关系数模型实证结果

使用经汇率调整过的三大股指数据，DCC 和 ADCC 相关模型的估计结果展示在表 5－5 中。上证综指和标普 500 股指日收益率均值方程中 AR(1) 项系数 a 在每个方程设定中都不显著，但在恒生股指日收益率均值方程中 AR(1)项系数 a 为正且均显著，其值处于 0.059 5 至 0.066 9 之间，表明恒生股指日收益率可由前一日自身股指收益率来解释。

表 5－5 不同形式的动态相关系数模型估计结果

	DCC－GARCH	DCC－TGARCH	DCC－EGARCH	ADCC－GARCH	ADCC－TGARCH	ADCC－EGARCH
μ_{SSEC}	0.012 0 (0.008 7)	0.005 3 (0.008 4)	0.000 6 (0.009 4)	0.012 0 (0.008 7)	0.005 3 (0.008 4)	0.000 6 (0.009 4)
a_{SSEC}	0.013 0 (0.016 0)	0.014 9 (0.016 0)	0.023 4 (0.017 3)	0.013 0 (0.016 0)	0.014 9 (0.016 0)	0.023 4 (0.017 3)
ω_{SSEC}	0.004 2 (0.003 1)	0.004 4 (0.002 8)	0.007 6** (0.003 4)	0.004 2 (0.003 1)	0.004 4 (0.002 8)	0.007 6** (0.003 4)
α_{SSEC}	0.075 7*** (0.020 6)	0.058 5*** (0.015 2)	−0.019 6** (0.009 4)	0.075 7*** (0.020 6)	0.058 5*** (0.015 2)	−0.019 6** (0.009 3)
β_{SSEC}	0.923 3*** (0.024 1)	0.922 7*** (0.020 9)	0.991 7*** (0.001 3)	0.923 3*** (0.024 1)	0.922 7*** (0.020 9)	0.991 7*** (0.001 3)
γ_{SSEC}		0.034 4** (0.014 3)	0.154 5*** (0.027 4)		0.034 4** (0.014 3)	0.154 5*** (0.027 4)
μ_{HSI}	0.021 3*** (0.006 9)	0.009 3 (0.007 0)	0.006 3 (0.005 3)	0.021 3*** (0.006 9)	0.009 3 (0.007 0)	0.006 3 (0.005 3)
a_{HSI}	0.059 5*** (0.013 6)	0.065 1*** (0.013 5)	0.066 9*** (0.010 7)	0.059 5*** (0.013 6)	0.065 1*** (0.013 5)	0.066 9*** (0.010 7)

续　表

	DCC-GARCH	DCC-TGARCH	DCC-EGARCH	ADCC-GARCH	ADCC-TGARCH	ADCC-EGARCH
ω_{HSI}	0.003 6*** (0.001 1)	0.005 1*** (0.001 3)	0.014 0*** (0.003 5)	0.003 6*** (0.001 1)	0.005 1*** (0.001 3)	0.014 0*** (0.003 5)
α_{HSI}	0.072 8*** (0.010 6)	0.025 3*** (0.006 1)	−0.066 6*** (0.009 0)	0.072 8*** (0.010 6)	0.025 3*** (0.006 1)	−0.066 6*** (0.009 0)
β_{HSI}	0.919 2*** (0.011 6)	0.917 5*** (0.011 7)	0.983 4*** (0.003 1)	0.919 2*** (0.011 6)	0.917 5*** (0.011 7)	0.983 4*** (0.003 1)
γ_{HSI}		0.086 7*** (0.016 4)	0.140 2*** (0.013 4)		0.086 7*** (0.016 4)	0.140 2*** (0.013 4)
μ_{SP500}	0.024 1*** (0.004 4)	0.010 0** (0.004 5)	0.010 0 (0.006 2)	0.024 1*** (0.004 4)	0.010 0** (0.004 5)	0.010 0 (0.006 2)
a_{SP500}	−0.015 2 (0.013 7)	−0.006 2 (0.014 0)	−0.008 6 (0.016 5)	−0.015 2 (0.013 7)	−0.006 2 (0.014 0)	−0.008 6 (0.016 5)
ω_{SP500}	0.003 2*** (0.000 8)	0.003 7*** (0.000 8)	−0.038 1** (0.016 5)	0.003 2*** (0.000 8)	0.003 7*** (0.000 8)	−0.038 1** (0.016 5)
α_{SP500}	0.096 3*** (0.012 6)	0.000 0 (0.008 9)	−0.130 6*** (0.011 0)	0.096 3*** (0.012 6)	0.000 0 (0.008 9)	−0.130 6*** (0.011 0)
β_{SP500}	0.890 7*** (0.013 2)	0.898 4*** (0.014 8)	0.976 8*** (0.010 8)	0.890 7*** (0.013 2)	0.898 4*** (0.014 8)	0.976 8*** (0.010 8)
γ_{SP500}		0.165 6*** (0.022 6)	0.127 4*** (0.047 6)		0.165 6*** (0.022 6)	0.127 4*** (0.047 6)
θ_1	0.003 9*** (0.000 8)	0.003 8*** (0.000 7)	0.003 8*** (0.000 7)	0.003 9*** (0.000 8)	0.003 8*** (0.000 7)	0.003 8*** (0.000 7)
θ_2	0.995 7*** (0.000 9)	0.995 9*** (0.000 8)	0.995 9*** (0.000 8)	0.995 7*** (0.001 0)	0.995 9*** (0.000 8)	0.995 9*** (0.000 8)
θ_3				0.000 0 (0.000 3)	0.000 0 (0.000 3)	0.000 0 (0.000 3)
λ	6.829 2*** (0.311 9)	7.234 9*** (0.348 3)	7.292 1*** (0.350 0)	6.829 7*** (0.317 5)	7.234 8*** (0.355 6)	7.292 0*** (0.356 1)
AIC	4.258 0	4.224 1	4.211 5	4.258 3	4.224 4	4.211 8

续 表

	DCC - GARCH	DCC - TGARCH	DCC - EGARCH	ADCC - GARCH	ADCC - TGARCH	ADCC - EGARCH
BIC	4.281 6	4.251 1	4.238 5	4.283 1	4.252 6	4.240 0
Shibata	4.258 0	4.224 1	4.211 5	4.258 3	4.224 4	4.211 8
H - Q	4.266 2	4.233 5	4.220 9	4.266 9	4.234 2	4.221 6
LL	−12 635.94	−12 532.17	−12 494.69	−12 635.94	−12 532.17	−12 494.69
Nobs	5 945	5 945	5 945	5 945	5 945	5 945

注：图形参数(The Shape parameter(λ))等于自由度(the degrees of freedom),“LL”代表对数似然函数,括号内为标准差,以下皆同,不再赘述。

对于上证综指和恒生股指日收益率,除使用 EGARCH 模型作为单变量 GARCH 模型进行拟合时 α 为负外,其余各种情况下 α 均为正且显著,表明上证综指和恒生股指日收益率波动具有较强的短期持续性,同时也说明使用 EGARCH 模型作为单变量 GARCH 模型进行拟合不适合。参数 β 也均为正且显著,并且比 α 大,意味着两股指日收益率波动具有较强的长期持续性,且长期持续性比短期持续性力度更强。α 和 β 显著为正表明中国内地和香港股市日收益率波动具有较强的波动集聚特征。两种指数的非对称项 γ 也显著为正,且使用 EGARCH 模型作为单变量 GARCH 模型进行拟合时的 γ 值要大于使用 TGARCH 模型作为单变量 GARCH 模型进行拟合时的 γ 值。这表明对于上证综指和恒生股指日收益率,负向冲击比正向冲击能更大程度的引发市场波动,且在 EGARCH 模型下该非对称效应比在 TGARCH 模型下更为强烈。对于标普 500 股指日收益率,参数 α 在 DCC - GARCH 和 ADCC - GARCH 模型中均显著为正,在 DCC - TGARCH 和 ADCC - TGARCH 模型中不显著,在 DCC - EGARCH 和 ADCC - EGARCH 模型中均显著为负。β 在各模型设定下均显著为正,并且比 α 大,意味着标普 500 股指收益率波动具有较强的长期和短期持续性,且长期持续性比短期持续性要强。显著为正的 α 和 β 参数表明美国股市日收益率波动也具有较强的波动集聚特征。标普 500 指数非对称项 γ 也同样显著为正，意味着负向冲击（残差）对标普 500 指数日收益率波动（条件方差）的影响相较于正向冲击更强。与上证综指和恒生股指日收益率不同的是，标普 500 指数使用 TGARCH 模型作为单变量 GARCH 模型进行拟合时，其 γ 值要大于使用 EGARCH 模型作为单变量 GARCH 模型进行拟合时的 γ 值。这表明对于标普 500 股指日收益率，TGARCH 模型对残差冲击非对称效应的捕捉能力比 EGARCH 模型更强。

对于各模型，θ_1 和 θ_2 系数估计值皆为正，且在 1%显著性水平上显著。θ_1 和 θ_2 系数之和均小于 1，表明使用各模型进行估计时，该系统动态条件相关系数具有均值回复（mean-reverting）的特征。

形状参数 λ 等于自由度（the degrees of freedom），随着自由度逐渐趋于无穷，t 分布逐渐趋于正态分布。表 5－5 中形状参数 λ 均在 1%水平上显著，表明本书使用多元 t 分布进行拟合是合理的。此外，无论从 AIC，SBC，Shibata，H－Q 信息准则还是从最大似然函数值来看，使用 ADCC－EGARCH 模型拟合效果最好[①]，但在表 5－5 中使用该模型估计出的 α 系数为负，且上证综指的估计结果不满足稳定性条件 $\alpha+(\gamma/2)+\beta<1$，意味着使用 EGARCH 模型作为单变量 GARCH 模型进行拟合所得估计结果不稳定。若忽略标普 500 股指估计结果中 α 不显著，ADCC－TGARCH 模型的拟合效果为次好，且每个估计结果均满足稳定性条件 $\alpha+(\gamma/2)+\beta<1$。

二、含外生变量的动态相关系数模型实证结果

美国当地时间 2014 年 10 月 29 日（北京时间 2014 年 10 月 30 日凌晨），美联储宣布退出持续近 6 年的量化宽松货币政策，全球流动性因此被收紧，资本纷纷从新兴市场国家回流美国，美联储加息预期增强。美联储退出量

① 作者使用 R 软件中的 rmgarch 软件包（Ghalanos，2014）进行估计。

化宽松货币政策的举动对全球金融市场产生了不可忽视的影响。为此，本研究考虑加入退出量化宽松虚拟变量，在 2014 年 10 月 30 日前，该虚拟变量取 0，2014 年 10 月 30 日后该虚拟变量取 1；美国当地时间 2015 年 12 月 16 日（北京时间 2015 年 12 月 17 日凌晨），美联储宣布将联邦基金目标利率从此前的 0—0.25%零下限提升至 0.25%—0.5%的利率区间，世界金融市场由此经历了一番剧烈波动。为考察美联储不同政策周期对股市联动性的影响，本书考虑加入美联储加息周期虚拟变量，美联储处于加息周期时，该虚拟变量取 1，否则，该虚拟变量取 0；此外，QFII 执行日之后，中国股市对外开放程度明显增强。因此，本书也考虑纳入 QFII 执行日虚拟变量。在 2003 年 7 月 9 日前该虚拟变量取 0，2003 年 7 月 9 日后该虚拟变量取 1。

综合以上分析，为考虑不同市场间日收益率的均值溢出和波动溢出效应，下文均值方程将采用 VAR 模型形式，并且在均值方程、方差方程和相关系数方程中加入宏观经济因子和虚拟变量，以探求美国货币政策冲击和美国宏观经济运行状况对中美股市联动的影响。模型的具体形式可表达如下：

$$r_{it}=\mu_i+a_i\sum_{k=1}^{p}r_{i,t-k}+b_ix_{t-l}+c_iPD_t+\varepsilon_{it},\ (i=1,\ 2) \tag{5.15}$$

$$\varepsilon_{it}\mid I_{t-1}\sim N(0,\ H_t) \tag{5.16}$$

$$h_{ij,t}=\omega+\alpha\varepsilon_{ij,t-1}^2+\beta h_{ij,t-1}+\gamma\cdot I\cdot\varepsilon_{ij,t-1}^2+\delta x_{t-l}+\lambda PD_t \quad (i=j\ \text{or}\ i\neq j) \tag{5.17}$$

$$q_{12,t}=\bar{\rho}_{12,t}(1-\theta_1-\theta_2)+\theta_1 z_{1,t-1}z_{2,t-1}+\theta_2 q_{12,t-1}+\theta_3 z_{1,t-1}^{-}z_{2,t-1}^{-}+\zeta x_{t-l}+\kappa PD_t \tag{5.18}$$

$$\ln l=-\frac{TN}{2}\ln 2\pi-\frac{1}{2}\sum_{t=1}^{T}(\ln|H_t|+\varepsilon_t'H_t^{-1}\varepsilon_t) \tag{5.19}$$

式(5.19)为相应的似然函数。r_{it} 为中国内地，香港地区以及美国股市日收益率三维向量($t=1, 2, 3, \cdots, T$)，x_{t-l} 为可能影响到三大股市走势的宏观经济因素，k 和 l 分别为股指日收益率和宏观经济变量的滞后期，本研究将其均设定为 1。PD_t 为美联储退出量化宽松货币政策(QE_t)，历次加息周期(RH_t)以及中国执行 QFII($QFII_t$)的日期虚拟变量。对于 x_t，宏观经济因素包括美国货币政策冲击 MPS_t，美国国内宏观经济运行状况指标，波动率指数 VIX_t，波动率指数日变动率 $DVIX_t$ 以及人民币兑美元日收益率 FX_t。美国货币政策冲击变量的构建依前文所述，美国国内宏观经济运行状况指标则使用美国 10 年期和 3 个月国债收益率利差 $Spread_t$ 来衡量，该利差一向被视为预测美国国内经济走势的优良指标。

为节省空间，表 5－6 仅列出方差方程和相关系数方程对应参数的估计值。如表 5－6 所示，本书分别在均值方程、方差方程和相关系数方程中加入美国货币政策和经济变量，以考察宏观经济因素对中美股市联动性的影响。各参数估计结果显示，加入美国货币政策冲击变量后，参数并无显著变化，显著性变动也较小。若依次加入其他宏观经济变量组合，则 γ 略有降低(残差冲击的杠杆效应减弱)，θ_1 变大，θ_2 下降，对数似然估计值上升，估计结果无显著变化。值得注意的是，加入方程中的各外生变量均不显著。由此可以推断，各宏观经济变量对三大股指日收益率波动性以及相关关系的影响较弱。

表 5－6 加入外生变量和虚拟变量的 ADCC－TGARCH 模型估计结果

均值方程	MPS_t	MPS_t $Spread_t$	MPS_t $QFII_t$	MPS_t FX_t	MPS_t RH_t	MPS_t QE_t
方差方程	MPS_t	MPS_t $Spread_t$	MPS_t $QFII_t$	MPS_t FX_t	MPS_t RH_t	MPS_t QE_t
相关系数方程	MPS_t	MPS_t $Spread_t$	MPS_t $DVIX_t$	MPS_t $DVIX_t$	MPS_t $DVIX_t$	MPS_t $DVIX_t$
ω_{SSEC}	0.004 2 (0.002 6)	0.004 4 (0.003 0)	0.004 2* (0.002 5)	0.004 2 (0.002 7)	0.004 2* (0.002 5)	0.004 2 (0.002 6)
α_{SSEC}	0.058 7*** (0.015 5)	0.059 9*** (0.016 3)	0.058 7*** (0.015 3)	0.058 7*** (0.016 2)	0.058 7*** (0.015 8)	0.058 7*** (0.015 3)

续 表

均值方程	MPS_t	MPS_t $Spread_t$	MPS_t $QFII_t$	MPS_t FX_t	MPS_t RH_t	MPS_t QE_t
方差方程	MPS_t	MPS_t $Spread_t$	MPS_t $QFII_t$	MPS_t FX_t	MPS_t RH_t	MPS_t QE_t
相关系数方程	MPS_t	MPS_t $Spread_t$	MPS_t $DVIX_t$	MPS_t $DVIX_t$	MPS_t $DVIX_t$	MPS_t $DVIX_t$
β_{SSEC}	0.924 0*** (0.020 7)	0.923 0*** (0.021 2)	0.924 3*** (0.020 7)	0.924 3*** (0.021 1)	0.924 3*** (0.021 2)	0.924 3*** (0.021 0)
γ_{SSEC}	0.030 3** (0.013 8)	0.030 1** (0.014 5)	0.030 0** (0.013 8)	0.030 0** (0.013 7)	0.030 0** (0.013 7)	0.030 0** (0.014 1)
MPS_{SSEC}	0.000 0 (0.000 5)	0.000 0 (0.000 6)	0.000 0 (0.000 5)	0.000 0 (0.000 5)	0.000 0 (0.000 6)	0.000 0 (0.000 5)
$QFII_t$ / RH_t / QE_t		0.000 0 (0.000 7)	0.000 0 (0.001 8)	0.000 0 (0.152 0)	0.000 0 (0.002 2)	0.000 0 (0.003 3)
ω_{HSI}	0.004 8*** (0.001 2)	0.004 8*** (0.001 5)	0.004 6*** (0.001 4)	0.004 6*** (0.001 4)	0.004 6*** (0.001 3)	0.004 6*** (0.001 4)
α_{HSI}	0.027 1*** (0.006 8)	0.027 3*** (0.006 9)	0.030 7*** (0.008 0)	0.030 7*** (0.007 9)	0.030 7*** (0.008 3)	0.030 7*** (0.007 8)
β_{HSI}	0.918 2*** (0.012 2)	0.918 0*** (0.012 2)	0.919 2*** (0.013 6)	0.919 2*** (0.013 7)	0.919 2*** (0.014 2)	0.919 2*** (0.013 5)
γ_{HSI}	0.079 4*** (0.015 2)	0.079 8*** (0.015 2)	0.072 0*** (0.015 7)	0.072 0*** (0.015 7)	0.072 0*** (0.015 9)	0.072 0*** (0.015 7)
MPS_{HSI}	0.000 0 (0.000 3)	0.000 0 (0.000 4)	0.000 0 (0.000 4)	0.000 0 (0.000 4)	0.000 0 (0.000 4)	0.000 0 (0.000 3)
$QFII_t$ / RH_t / QE_t		0.000 0 (0.000 5)	0.000 0 (0.001 0)	0.000 0 (0.040 7)	0.000 0 (0.001 2)	0.000 0 (0.001 5)
ω_{SP500}	0.003 5*** (0.000 7)	0.003 5*** (0.000 9)	0.003 5*** (0.000 6)	0.003 5*** (0.000 6)	0.003 5*** (0.000 6)	0.003 5*** (0.000 7)
α_{SP500}	0.000 0 (0.008 1)	0.000 0 (0.008 0)	0.000 0 (0.008 9)	0.000 0 (0.007 9)	0.000 0 (0.008 5)	0.000 0*** (0.007 8)

续 表

均值方程	MPS_t	MPS_t $Spread_t$	MPS_t $QFII_t$	MPS_t FX_t	MPS_t RH_t	MPS_t QE_t
方差方程	MPS_t	MPS_t $Spread_t$	MPS_t $QFII_t$	MPS_t FX_t	MPS_t RH_t	MPS_t QE_t
相关系数方程	MPS_t	MPS_t $Spread_t$	MPS_t $DVIX_t$	MPS_t $DVIX_t$	MPS_t $DVIX_t$	MPS_t $DVIX_t$
β_{SP500}	0.896 2*** (0.013 0)	0.896 5*** (0.013 1)	0.894 7*** (0.014 0)	0.894 7*** (0.013 2)	0.894 7*** (0.013 9)	0.894 7*** (0.012 8)
γ_{SP500}	0.164 0*** (0.020 2)	0.164 1*** (0.020 2)	0.167 8*** (0.020 1)	0.167 8*** (0.020 7)	0.167 8*** (0.020 5)	0.167 8*** (0.020 5)
MPS_{SP500}	0.000 0 (0.000 2)	0.000 0 (0.000 3)	0.000 0 (0.002 5)	0.000 0 (0.000 2)	0.000 0 (0.000 2)	0.000 0 (0.000 2)
$QFII_t$ / RH_t / QE_t		0.000 0 (0.000 3)	0.000 0 (0.000 7)	0.000 0 (0.028 1)	0.000 0 (0.000 8)	0.000 0 (0.001 2)
θ_1	0.004 0*** (0.000 8)	0.004 0*** (0.000 9)	0.004 1*** (0.000 9)	0.004 1*** (0.000 9)	0.004 1*** (0.000 9)	0.004 1*** (0.000 9)
θ_2	0.995 7*** (0.001 0)	0.995 7*** (0.001 0)	0.995 6*** (0.001 1)	0.995 6*** (0.001 1)	0.995 6*** (0.001 1)	0.995 6*** (0.001 1)
θ_3	0.000 0 (0.000 3)	0.000 0 (0.000 3)	0.000 0 (0.000 3)	0.000 0 (0.000 3)	0.000 0 (0.000 3)	0.000 0 (0.003 3)
λ	7.180 8*** (0.346 9)	7.083 6*** (0.334 9)	7.073 6*** (0.330 6)	7.073 5*** (0.331 8)	7.073 7*** (0.330 5)	7.073 6*** (0.332 8)
AIC	4.192 9	4.192 4	4.164 1	4.164 1	4.164 1	4.164 1
BIC	4.234 5	4.240 8	4.212 5	4.212 5	4.212 5	4.212 5
Shibata	4.192 8	4.192 3	4.164 0	4.164 0	4.164 0	4.164 0
H-Q	4.207 3	4.209 2	4.180 9	4.180 9	4.180 9	4.180 9
LL	−12 426.27	−12 418.89	−12 334.78	−12 334.78	−12 334.79	−12 334.78
Nobs	5 945	5 945	5 945	5 945	5 945	5 945

注："均值方程""方差方程""相关系数方程"各行分别表示在对应方程中加入的外生变量。"H-Q"代表 Hannan-Quinn 准则，每个参数估计值下方的括号内为标准差，***，** 和 * 分别表示参数估计值在 1%，5%和 10%的显著性水平下显著。

三、GO－GARCH 模型实证结果

对于GO－GARCH 模型，表 5－7 汇报了旋转矩阵 U，混合矩阵 A 以及参数估计值。因 $U^TU=I$，所以旋转矩阵是正交矩阵。因 GO－GARCH 模型是对因子进行估计，所以估计结果中没有列出参数的标准差。由表 5－7 可知，对每个因子而言，波动的短期持续性比长期持续性要小得多（$\alpha<\beta$），这和 DCC 以及 ADCC 模型估计结果是一致的。单元 GARCH 模型为 EGARCH 模型时，根据参数 $\alpha>0$ 的要求以及稳定性条件 $\alpha+(\gamma/2)+\beta<1$，模型估计结果较不稳定，这一点和前文一致。

表 5－7　GO－GARCH 模型估计结果

	GARCH			TGARCH			EGARCH		
旋转矩阵 U									
	U(1)	U(2)	U(3)	U(1)	U(2)	U(3)	U(1)	U(2)	U(3)
U(1)	−0.829 8	0.512 0	0.223 0	0.213 0	−0.829 7	0.516 0	−0.508 0	0.231 0	0.829 8
U(2)	−0.550 2	−0.683 0	−0.480 0	−0.468 0	−0.550 3	−0.691	0.676 0	−0.490 0	0.550 3
U(3)	−0.093 2	−0.521 0	0.848 0	0.858 0	−0.093 9	−0.506	0.533	0.841 0	0.092 7
混合矩阵 A									
	A(1)	A(2)	A(3)	A(1)	A(2)	A(3)	A(1)	A(2)	A(3)
A(1)	−0.820 7	0.154 0	0.031 4	0.028 2	−0.820 6	0.155 0	−0.153 3	0.034 0	0.820 7
A(2)	−0.026 6	0.661 2	0.176 3	0.164 5	−0.026 3	0.664 3	−0.658 6	0.186 0	0.026 7
A(3)	−0.007 9	0.081 7	0.491 9	0.490 3	−0.008 1	0.090 5	−0.074 5	0.493 0	0.007 7
GO－GARCH 模型参数估计									
	F1	F2	F3	F1	F2	F3	F1	F2	F3
c	0.011 3	0.004 7	0.011 1	0.011 3	0.004 7	0.011 1	0.011 3	0.004 7	0.011 1
σ	0.835 6	0.684 9	0.498 7	0.835 6	0.684 9	0.498 7	0.835 6	0.684 9	0.498 7
ω	0.016 5	0.009 3	0.006 3	0.011 6	0.017 8	0.008 5	−0.005 1	−0.011 1	−0.011 3

续　表

	GARCH			TGARCH			EGARCH		
α	0.112 1	0.103 4	0.066 4	0.000 0	0.140 7	0.031 3	0.055 6	−0.142 8	−0.026 9
β	0.873 9	0.889 7	0.927 0	0.898 1	0.868 8	0.924 0	0.987 4	0.979 2	0.976 4
γ				0.177 5	−0.050 6	0.069 1	0.138 8	0.144 5	0.228 2
Skew	0.058 2	−0.186 5	0.075 6	−0.223 2	0.054 8	−0.069 9	0.072 4	−0.222 8	−0.056 5
Shape	0.806 8	2.360 1	2.023 3	2.812 2	0.808 2	2.213 1	2.262 4	2.737 2	0.827 7
LL	−12 679			−12 561			−12 522		

注：该表所得估计结果基于 MANIG 分布。

由以上估计结果，本书绘制出根据无外生变量的 ADCC－GARCH 族模型所估计的动态条件相关系数以及由 GO－GARCH 族模型所估计的条件相关系数走势图。由图 5－2 可见，ADCC－GARCH 族模型中，不同单变量 GARCH 模型所估计出的动态条件相关系数具有高度一致性。在 GO－GARCH 族模型中，由不同单变量 GARCH 模型所估计出的条件相关系数走势也非常接近。但 ADCC－GARCH 族模型与 GO－GARCH 族模型的条件相关系数走势却存在差异。

A.上证综指和恒生指数日收益率间条件相关系数图

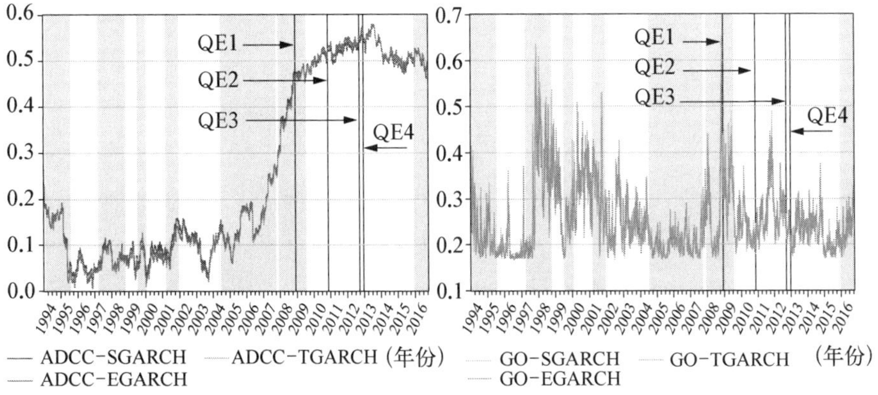

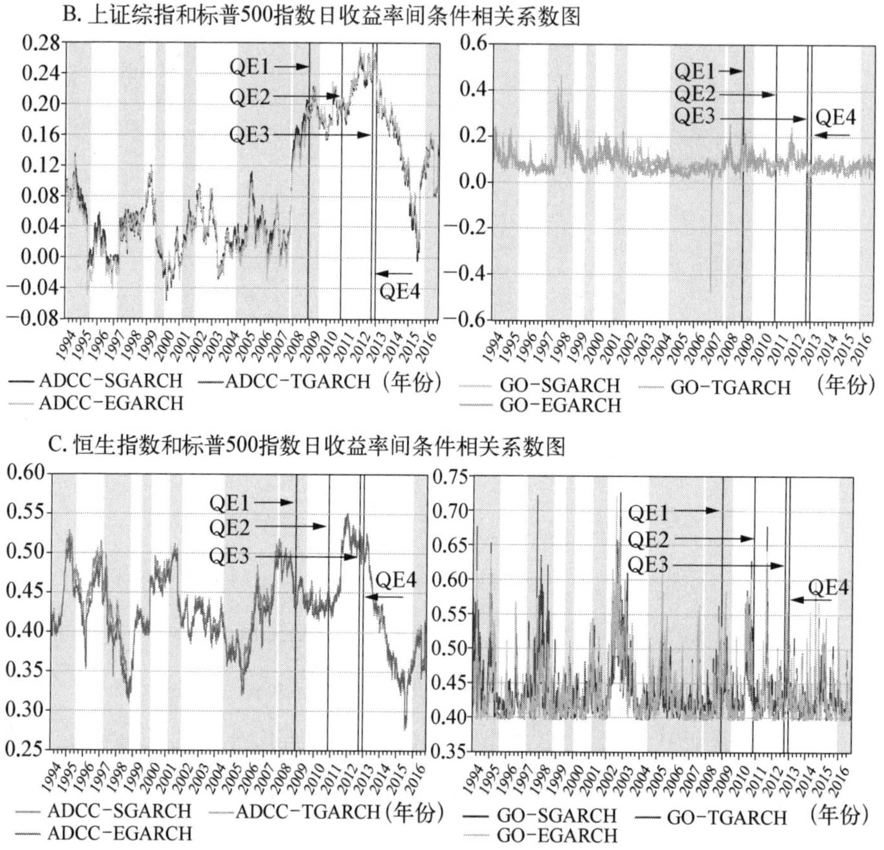

图 5-2 上证综指、恒生指数和标普 500 指数日收益率条件相关系数

注：图中 2001 年 3 月至 2001 年 11 月，2007 年 12 月至 2009 年 6 月的阴影部分为 NBER 经济周期测定委员会所定义的经济衰退期其余阴影部分为美联储加息区间。四条竖线依次代表美联储推出第一、二、三和四轮量化宽松货币政策的时间点。

ADCC-GARCH 族模型的动态条件相关系数波动性较大，上证综指和恒生指数日收益率间的动态条件相关系数从 2007 年金融危机爆发后便一路上升，从危机前的 0—0.2 水平左右震荡上升至 0.5—0.6 水平。可见，2008 年金融危机爆发后，内地股市对外开放程度上升，宏观基本面因子对内地和香港的经济和资本市场有着趋同的显著影响。受类似基础经济变量影响的内地和香港经济自然表现出类似或同步的经济水平变动，由此两市场间产生关联性，内地和香港股市的联动性大大增强。

金融危机爆发前，上证综指和标普500指数日收益率间的动态相关系数在－0.04—0.12震荡，相关性较弱，2007年12月—2012年10月，两者的动态条件相关系数迅速上升，从0一路飙升至0.28，可见金融危机的爆发使得中美两国股市处于同一宏观经济大环境中，投资者心理和市场情绪因素趋同。鉴于投资者通常不可能获取市场上的全部信息，因此投资者倾向于跟随其他市场的投资行为，追踪其他市场的动态，当美国投资者面临危机抛售本国股票时，中国投资者在恐慌情绪下也纷纷抛售股票，中美股市间的风险传染加强。从美联储退出量化宽松货币政策至2015年12月美联储进入加息通道前，两市的相关系数迅速下降至零左右，可见两国投资者对美联储货币政策调整的反应和解读差异较大，反映到资产价格上，即表现为两市相关性迅速下跌至零。随后，国内市场逐步消化了美联储货币政策即将调整的信息，两市在美联储加息这一共同事件的刺激下，投资者行为趋同，两市间的动态相关系数随之上升，达至0.16。2015年12月美联储加息尘埃落定后，中美股市受各自国内经济基本面和市场环境、制度所影响，两市间联动性下跌，动态相关系数又从0.16回落至0.08。投资者可抓住两市收益率相关关系为负的特定时刻，持有两市股票，从而获益。

恒生指数和标普500指数日收益率间的动态条件相关系数在金融危机爆发前主要在0.325—0.525的区间内上下波动，且在2007年金融危机爆发前夕呈现出一路上升的态势。金融危机的爆发反倒使两市联动性有所下降，该下跌趋势直至美联储开始执行第二轮量化宽松货币政策时才结束。由此展现出港股和内地股市面对外在冲击时的差异化反应模式。恒生指数和标普500指数日收益率相关系数于第二轮量化宽松货币政策期间飙升至0.55，随着美联储开启第三轮量化宽松货币政策再次下跌，并在美联储步入加息通道前达到最低点(0.275)。这可能是由于美联储在短时间内接连变更量化宽松货币政策，美国国内资金流动性变动剧烈，股市相较港股而言自然展现出不一样的变动特征。随着美联储2015年12月进入加息周期，两市间的联动性在短暂回升后再次下跌。

以上实证结果一方面验证了 Ito et al.(1994)关于市场间存在交叉传染的观点[①],即中美股市相关性在金融危机爆发和美联储执行量化宽松货币政策(特别是前两轮量化宽松货币政策)期间得到了加强,中美股市间传染效应存在。此外,我们也发现,美联储处在加息周期时,中美股市间的动态相关系数呈下跌的态势,尤其在美国当地时间 2015 年 12 月 16 日,美联储时隔 7 年再次进入加息通道后,上证综指和标普 500 指数日收益率条件相关系数迅速从高于 0.16 的水平滑落至 0.08,表明美联储货币政策的调整对中美股市联动有着不可忽视的影响。可能的原因在于,美联储加息往往意味着国际资本、"热钱"回流美国,美元指数上升,人民币汇率贬值预期强烈,中国资本市场面临着资金迅速撤离,流动性大幅下降的局面,中美股市间的相关性自然迅速降低。

GO－GARCH 模型的条件相关系数波动则相对小很多,上证综指和恒生指数日收益率相关系数在大多数时期处在 0.2—0.3 的水平。在 1997—1998 年东南亚金融危机,2008 年全球金融危机以及第二轮至第三轮量化宽松货币政策执行期间,两市相关系数上升至 0.6 或以上,验证了李成等(2010)以及杨雪莱和张宏志(2012)关于市场间交叉传染的论点,表明金融危机所带来的市场传染效应使得内地和香港股市的相依性有所上升;对上证综指和标普 500 指数日收益率而言,除了在 1997—1998 年亚洲金融危机,2007—2008 年金融危机以及 2011—2012 年欧债危机期间两市的条件相关系数越过了 0.2 水平,其余绝大多数时候两市相关系数均维持在略高于零的低位水平;恒生指数和标普 500 指数日收益率间的条件相关系数波

① 一种观点认为,不同金融市场间之所以存在溢出效应,源于不同市场内有着相似或者相同属性的基本因素。对投资者而言,有关 A 市场基本因素的信息有助于其在 B 市场进行投资。该理论表达了信息是逐步在不同市场间进行传导的,投资者对信息的处理非有效;另一种观点认为,即便市场之间不存在相同或者相似的基本因素,传染效应也会引发市场间的溢出效应。Ito et al.(1994)最早提出以上两个观点用以分析不同国家股市间的溢出效应。Ebrahim(2000)将该理论拓展至对汇率和货币市场间的溢出效应分析。

动性比前两者要大，且与 ADCC 模型的结论类似，恒生指数和标普 500 指数日收益率间相关性也强于其他两者(恒生指数和标普 500 指数日收益率相关系数平均大约在 0.5 左右)，尤其强于上证综指和标普 500 指数日收益率间的相关性。可见，香港股市相对于内地股市，与美国股市的关联性更强，对外界冲击的反应更为灵敏。2015 年 12 月美联储货币政策的中性化(在这里货币政策中性化指基准利率从极低利率水平向常规利率水平变动)使得两者间相关性有下降的趋势。由以上分析可以看出，美联储每轮加息周期以及美联储执行新一轮量化宽松货币政策所带来的美元回流、汇率波动以及市场预期调整，对中美股市的相依性都会产生一定程度的影响。因此我们可得出结论，美联储货币政策调整对中美股市的相关性以及投资者的投资策略制定都有着不可忽视的影响。

表 5 - 8　不同模型所估条件相关系数的相关系数

	SSEC/HSI	SSEC/SP500	HSI/SP500
ADCC - SGARCH - GO - SGARCH	−0.051 4 (0.000 1)	0.043 1 (0.000 9)	0.045 8 (0.000 4)
ADCC - TGARCH - GO - TGARCH	−0.054 2 (0.000 0)	0.006 3 (0.624 9)	−0.022 5 (0.082 8)
ADCC - EGARCH - GO - EGARCH	−0.033 2 (0.010 5)	0.020 5 (0.114 7)	0.013 7 (0.291 4)

注：括号内为 P 值。

参考 Basher and Sadorsky(2016)，本书于表 5 - 8 中给出不同模型所估条件相关系数的相关系数。对于每一对股指日收益率，ADCC 族模型和 GO - GARCH 族模型所估计出的条件相关系数间的相关性非常弱，其中相对而言最高的是 ADCC - SGARCH 和 GO - SGARCH 模型所估条件相关系数的相关性(0.045 8)。另一种进一步探究该问题的方法是绘制“信息冲击相关系数曲面”(news impact correlation surface)。鉴于各冲击对因子产生各自独立的影响，而信息冲击曲面是各因子独立信息冲击曲面的结合，结合混合矩阵 A,可构造潜在资产因子曲面方程的动态效果。鉴于本书重点考察对象是上证综指和标普 500 股指日收益率间的联动性,因此我们绘制出不同模型框架下 SSEC/SP500 的条件相关系数曲面图。

在 ADCC－SGARCH 模型框架下(图 5－3a),从 z－1 坐标轴(SSEC)来看,上证综指和标普 500 指数的条件相关系数曲面从 0.3 下降至－0.3。与之相对,从 z－2 坐标轴(SP500)来看,条件相关系数曲面从－0.3 逐步上升至近 0.6。因此,不同冲击对上证综指和标普 500 指数日收益率间的相关性有着非对称的影响。在 ADCC－TGARCH 模型框架下,条件相关系数曲面表现出相似的形态和特征(图 5－3b)。

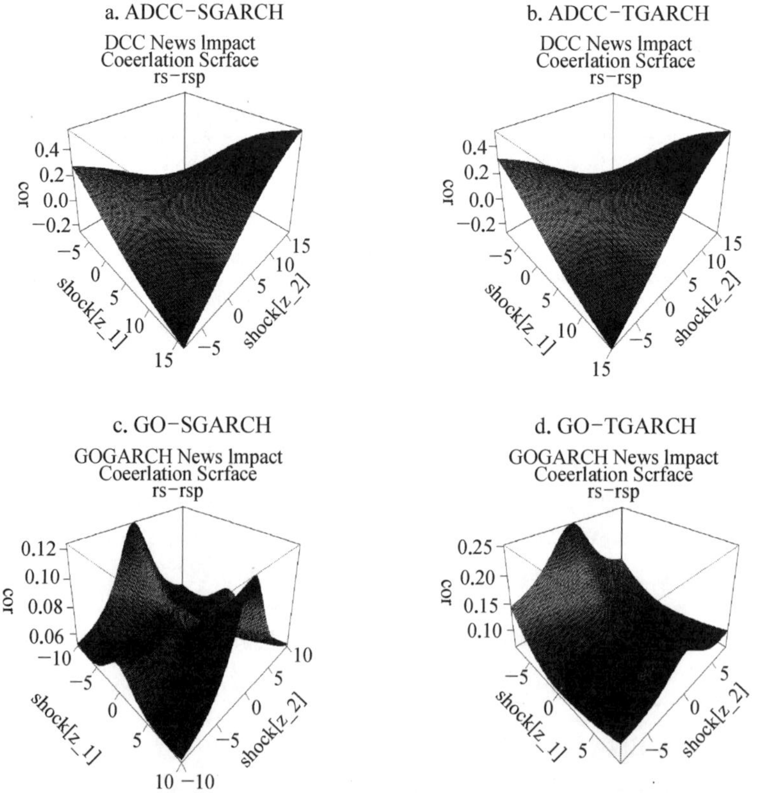

图 5－3 上证综指和标普 500 指数日收益率的信息冲击相关系数曲面

注:rs 代表上证综证的日收益率,rsp 代表标普 500 指数的日收益率。

在 GO-GARCH 模型框架下，条件相关系数曲面的形态发生了巨大变化。在 ADCC 模型框架下，曲面呈现出凸的特征，但在 GO-GARCH 模型框架下，整个曲面更多表现出凹的特征。由 GO-SGARCH 模型所得条件相关系数曲面可知，从 f-1 坐标轴来看，因子 1 和因子 2 的相关系数从 0.04 上升至 0.06，随后又降至 0.04。从 f-2 坐标轴来看，外来冲击使两者相关性从 0.04 上升至 0.14，随后又降低至 0.04。由 GO-TGARCH 模型所得条件相关系数曲面与之有一定区别。从 f-1 坐标轴来看，因子 1 和因子 2 的相关系数从 0.14 降至 0.05，随后又缓慢升至 0.10。从 f-2 坐标轴来看，外来冲击使两者相关性从 0.10 升至 0.15，随后又下降至 0.10。相较于 ADCC 模型，GO-GARCH 模型的信息冲击相关系数曲面对称性更强，无明确方向(零附近)的冲击使两市间相关性上升。这是因为在 GO-GARCH 框架下，冲击是附属于因子的，而 GO-GARCH 模型的因子都是正交的。

四、套期保值/对冲避险

假定投资者同时持有期货和现货的头寸，则投资者所持期货和现货头寸的资产组合收益可表示为：

$$R_{H,t}=R_{S,t}-\gamma_t R_{F,t} \tag{5.20}$$

其中 $R_{H,t}$ 为套期保值资产组合的收益率，$R_{S,t}$ 为投资者所持现货头寸的收益，$R_{F,t}$ 为投资者所持期货头寸的收益，γ_t 为套期保值比率。若投资者持有现货头寸的多头，则套期保值比率就是投资者需要卖出的期货合约的数量。基于 $t-1$ 时期信息集的套期保值资产组合条件方差(波动率)则可表示为：

$$\begin{aligned}\operatorname{var}(R_{H,t}\mid I_{t-1})=&\operatorname{var}(R_{S,t}\mid I_{t-1})-2\gamma_t\operatorname{cov}(R_{F,t},R_{S,t}\mid I_{t-1})\\&+\gamma_t^2\operatorname{var}(R_{F,t}\mid I_{t-1})\end{aligned} \tag{5.21}$$

最优套期保值比率(OHRs)为能使套期保值资产组合条件方差(波动率)最小的 γ_t。基于 $t-1$ 时期信息集的最优套期保值比率可通过 5.21 式对 γ_t 求偏导,并令表达式为零来求得(Baillie and Myers, 1991)。

$$\gamma_t^* \mid I_{t-1} = \frac{\text{cov}(R_{S,t}, R_{F,t} \mid I_{t-1})}{\text{var}(R_{F,t} \mid I_{t-1})} \tag{5.22}$$

通过 GARCH 模型估计出的条件波动率可用来计算最优套期保值比率(Kroner and Sultan, 1993)。若投资者持有某种资产(比如资产 i)的多头,可使用另一种资产(比如资产 j)的空头来对冲,则期现价格间的最优套期保值比率为:

$$\gamma_t^* \mid I_{t-1} = \frac{h_{SF,t}}{h_{F,t}} \tag{5.23}$$

其中 $h_{SF,t}$ 为期现价格收益率的条件协方差,$h_{F,t}$ 为期货合约收益率的条件方差。样本外套期保值比率可通过滑动窗口分析法得出。在 t 时期预测向前一期($t+1$ 期)的条件波动率。预测的条件波动率可用来构建向前一期($t+1$ 期)的套期保值比率,而套期保值比率预测值则可用来构建套期保值资产组合。本书将滑动窗口的长度设定为 2 802 个观测值,得到向前 1 000 步的套期保值比率。

A. 最优套期保值比率:SSEC/HSI

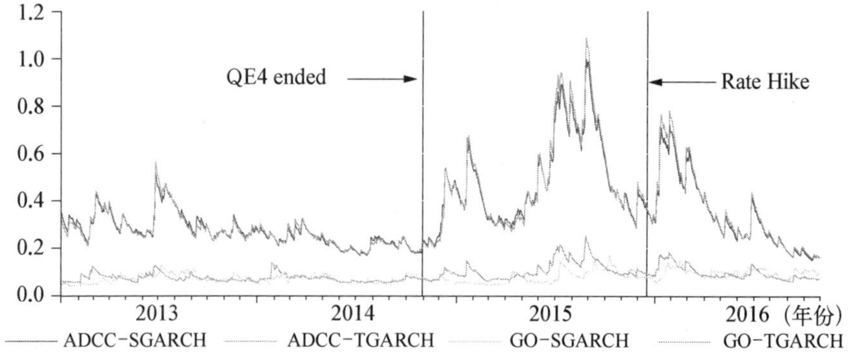

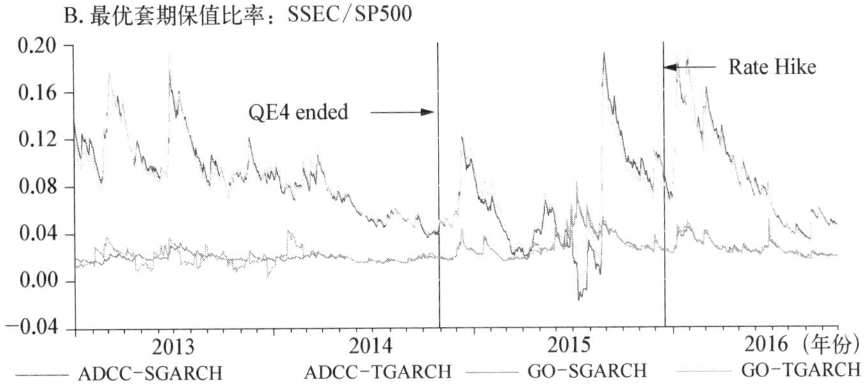

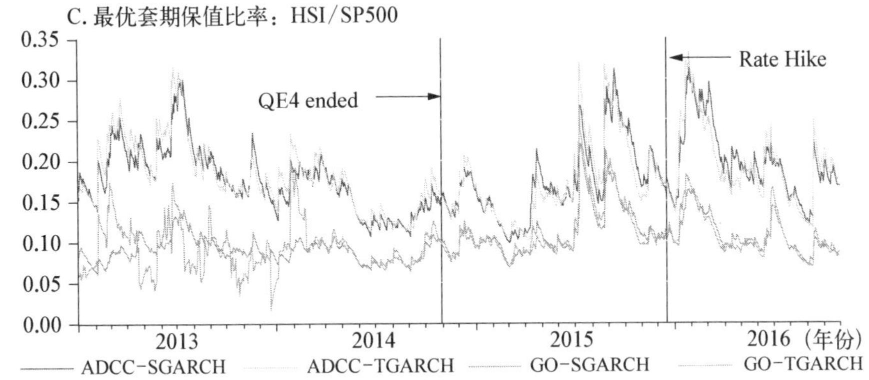

图 5－4　向前一步滑动最优套期保值比率

图 5－4 展示了上证综指和恒生指数、上证综指和标普 500 指数以及恒生指数和标普 500 指数间向前一步最优套期保值比率。由图 5－4 可见，ADCC－SGARCH 和 ADCC－TGARCH 模型所产生的最优套期保值比率走势非常接近，而 GO－SGARCH 和 GO－TGARCH 模型的最优套期保值比率走势也较为接近。与此同时，GO－SGARCH 和 GO－TGARCH 模型的 OHR 波动较小，而 ADCC－SGARCH 和 ADCC－TGARCH 模型的波动较大。从图 5－4 的 A，B 和 C 三组图形中可以发现，在美联储退出量化宽松货币政策后至美联储进入加息通道前这一段时期，即从 2014 年年末至 2015 年年初，以及 2015 年下半年至 2016 年年初，三组数据的向前一步最优套期保值比率出现了 3 次峰值。2015 年 12 月美联储进入加息通道后的半

年内,3 组数据的向前一步最优套期保值比率经历了较大幅度的上涨。可见在美联储退出宽松型货币政策,货币政策从紧的情况下,投资者均应加大对美股的持有以实现最优的套期保值比率。这与前文对中美股市相关系数在美联储退出量化宽松货币政策以及美联储进入加息通道期间大幅下降,从而有利于投资者配置美股的结论是一致的。

表 5-9 汇报了根据不同模型形式计算得出的最优套期保值比率间的相关系数。SSEC/SP500 该对数列所对应的各相关系数较低,ADCC-SGARCH 和 ADCC-TGARCH 模型间的相关系数值接近于 1。这和图 5-4 所示的情形是一致的。

表 5-9 不同模型所估最优套期保值比率的相关系数

	SSEC/HSI	SSEC/SP500	HSI/SP500
ADCC-SGARCH-GO-SGARCH	0.294 6 (0.000 0)	0.127 8 (0.000 1)	0.748 2 (0.000 0)
ADCC-TGARCH-GO-TGARCH	0.905 4 (0.000 0)	0.150 1 (0.000 0)	0.703 2 (0.000 0)
ADCC-SGARCH-ADCC-TGARCH	0.996 9 (0.000 0)	0.990 3 (0.000 0)	0.940 4 (0.000 0)

注:括号内为 P 值。

第四节 小 结

本章通过综合运用 DCC-GARCH 族模型以及 GO-GARCH 族模型考察了中国上证综指,恒生指数以及美国标普 500 指数间的动态相关关系。研究发现,不同的模型架构得出的结论存在一定的差异性,且不同股市因所处市场环境,运作机制等的不同,对外来冲击的反应各有差别,但总体而言,1998 年亚洲金融危机,2008 年金融危机以及 2010 年欧债危机期间,各市场间的联动性有所上升。美联储退出量化宽松货币政策以及进入每轮加息通道后，中美股市间的相关系数会出现大幅下降。以上结果表明，金融危机的爆发会使得市场间风险传递和传染大为增强，而美联储紧缩性货币政策使资本大幅流回美国，人民币贬值预期增强，中国股市流动性大幅下降，从而导致中美股市和中美资产价格走势的背离。从市场投资者的角度而言，美联储货币政策中性化，中美股市相关性转负，亦即中美资产价格走势背离时期，是取得最优套期保值比率，获取收益的良机。

第六章
美联储货币政策对中国金融期货市场的溢出效应

第一节　利差和金融期货间的交叉相关关系

为进一步推进中国期货市场的发展，上海金融期货交易所先后于2010年4月16日推出了沪深300股指期货，2013年9月6日重启了5年期国债期货，2015年3月20日又重启了10年期国债期货，并于2015年4月16日推出了上证50和中证500股指期货。相关期货品种的陆续推出不仅加快了中国金融期货市场的发展，为现货提供了新的价格发现渠道，也为中国投资者增添了新的投资途径和标的。

期货市场相对于现货市场而言，可以起到价格发现、对冲价格风险，套期保值等作用，期货价格是对期货合约到期日现货价格的无偏估计。通常而言，期货市场对信息的反应速度较现货市场快，这通常可从股指期货和标的现货间的关系上看出。期现套利是指投资者在期货市场上买进被低估的现货（期货），同时卖出被高估的期货（现货），在期现货价格回归到合理水平时，对两笔头寸进行平仓的一种套利行为。已有关于金融期货市场的研究，过去主要集中在期现货套期保值、期现货间收益率和波动溢出，期货能否发现、引导和稳定现货价格等方面(Turnovsky，1983;Ross，1989;庞贞燕和刘磊,2013),较少涉及美国货币政策变动以及美国宏观经济走势对发展中国家金融期货市场的溢出效应。本章为进一步考察美联储货币政策对中国金融市场的溢出效应,选取对信息冲击更为敏感的金融期货市场作为研究对象,使用前沿的金融物理学方法——多重分型去趋势交叉相关关系分析法(MF-DCCA)以及新发展的混频抽样模型(MIDAS)考察美联储货币政策和中国股指期货以及国债期货日收益率间的交叉相关关系(短期波动)以及美国货币政策调整对中国金融期货市场长期波动的影响和预测效力。试图以新的视角和角度考察中国金融资产收益和美联储货币政策调整间的变动关系。

一、数据选取及模型构建

(一) 变量选择

对于美国货币政策而言,美联储可直接影响的变量为联邦基金利率,作为隔夜拆借利率的一种,联邦基金利率反映了银行间资金的余缺和银行间短期资金拆借的成本,是美国短期利率的代表。美国3个月国债收益率与有效联邦基金利率(effective federal funds rate)走势十分接近,常被用来作为货币政策的代理变量(Yang and Hamori，2014;Asgharian et al.，2015)。由利率期限结构理论可知,市场中长期利率在很大程度上取决于市场对于基准利率未来走向的预期,更进一步而言,取决于市场对于未来货币政策走向的预期,当下的货币政策(基准利率水平)则对其影响很小。因此,美国10年期国债和3个月国债收益率之差一方面反映了市场对美国未来货币政策走向以及美国国内宏观经济走势的预期;另一方面也间接与美国消费者对中国出口商品的需求以及美元汇率相关联,并进一步影响中国国内长期固定资产投资、企业资金需求、股市和债市的走势。因此,在参考Bernanke and Blinder(1992)的基础上,本书选取美国10年期国债和3个月

国债日收益率之差 $TBspread_t$ 作为美联储货币政策代理变量之一。

与此同时，中美利差对国际资本在两国间的流动有着巨大的影响，中美利差的变动必然会影响到中国资产价格、利率水平以及股市的波动。由利率平价理论可知，中美利差对人民币汇率变动有着不可忽视的影响，而汇率的变动又会进一步影响国际资本流向、国内资产价格、对外贸易、国际收支乃至国内的宏观经济运行状况。因此，本书同时使用中美利差 $USCNspread_t$ 作为中美货币政策代理变量，研究中美利差与中国金融期货收益率间的交叉相关关系。

前文已有所提及，美国 3 个月国债收益率作为美国短期利率的代表性变量，被诸多文献采用为联邦基金利率的替代变量（如 Sun et al.，2017），同样的，本书使用美国 3 个月国债收益率作为美国联邦基金利率和短期利率的替代变量。上海银行间同业拆放利率（Shibor）是由具有较高信用等级的银行所报同业拆出利率的算术平均值，在一定程度上反映了市场对利率走势的预期，是相对市场化的利率。已有研究表明，Shibor 和国内银行间拆借利率、回购利率等有关利率间存在较强的关联性，其基准利率属性随着利率市场化的推进而逐步增强（方意和方明，2012），因此，本书采用同样为 3 个月期限的 Shibor - 3M 作为中国市场化短期利率的代表。将 Shibor - 3M 和美国 3 个月国债收益率之差作为中美利差 $USCNspread_t$ 的代理变量。从另一个角度而言，美国短期国债是被认为最安全，完全零违约风险的证券，而 Shibor 利率报价行都是信用等级较高的大银行，违约风险很低，两者之差有些类似于 TED 利差（泰德价差），一定程度上反映了中美两国金融市场的风险状况。在美国，当风险较高时，投资者会出售资产并购买相对安全的美国短期国债，从而拉低美国短期国债收益率。在中国，当风险加强或市场流动性告急时，银行间拆借利率会迅速走高，Shibor 利率会上升。在该情况下，中美利差 $USCNspread_t$ 会被拉大。因此，该利差的上升意味着市场间风险的加剧和借贷意向的走低，选择该变量也就从风险测度和市场情绪的角度对影响股指期货和国债期货的又一因素进行考察。

(二) 数据选取和初步统计分析

考虑数据的可得性和代表性，本研究选取了 2010 年 4 月 16 日—2016 年 10 月 31 日间沪深 300 股指期货，2013 年 9 月 6 日—2016 年 10 月 31 日间 5 年期国债期货作为中国金融期货市场的代表性金融期货品种，两种期货皆选取连续合约每日收盘价作为研究对象，数据均来源于 Wind 金融数据库。图 6-1 展示了沪深 300 股指期货、5 年期国债期货连续合约每日收盘价、每日收益率以及中美利差和美国长短期国债利差走势图。表 6-1 展示了各期货每日收益率、两种货币政策代理变量每日数据的描述性统计结

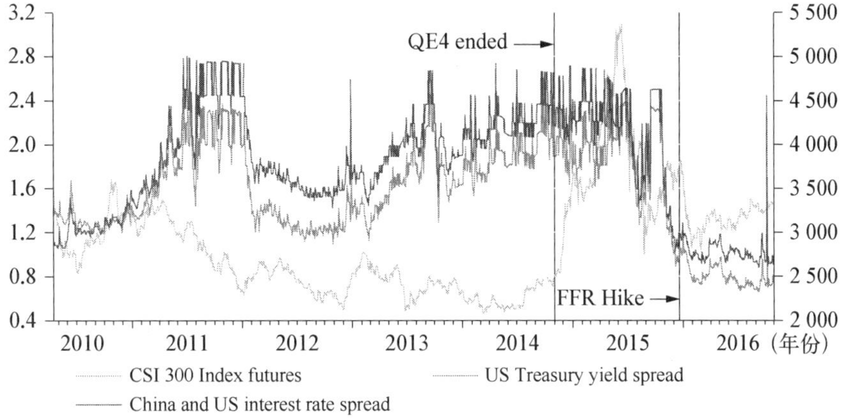

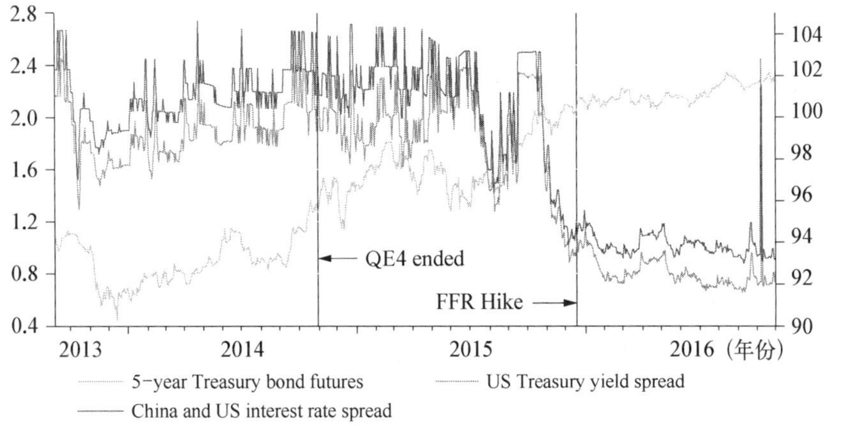

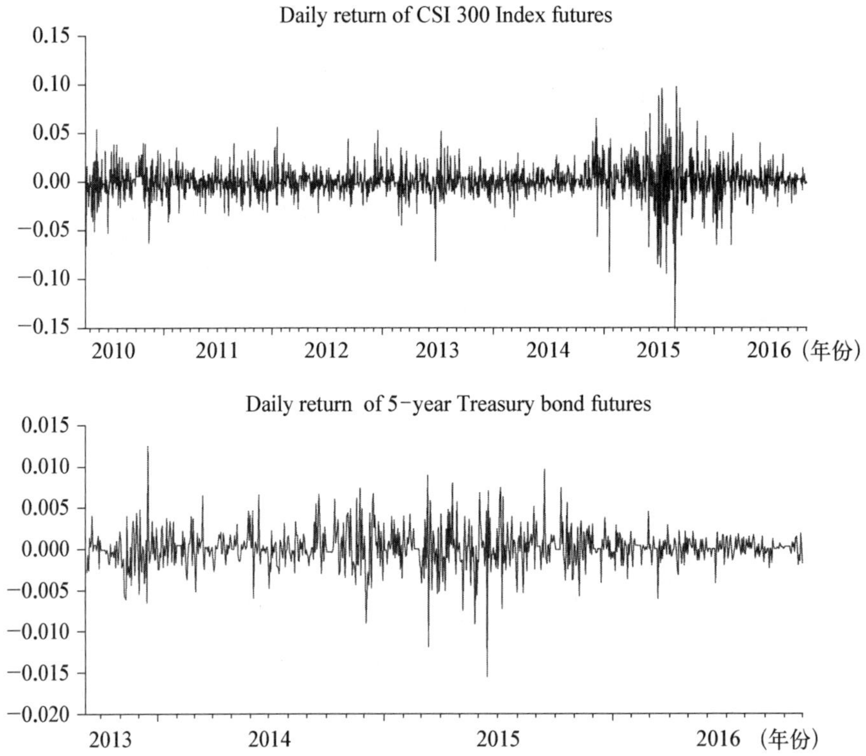

图 6-1　金融资产价格及收益率时间序列

注：第一和第二行分别为沪深 300 股指期货、5 年期国债期货每日收盘价和中美利差、美国长短期国债利差的时间序列走势图。"FFR Hike"代表 2015 年 12 月美联储的加息时点；第三、四行为沪深 300 股指期货和 5 年期国债期货每日收益率图示。

果，其中期货每日收益率采用$r_{i,t}=\log(P_{i,t})-\log(P_{i,t-1})$计算，$P_{i,t}$ 和 $P_{i,t-1}$ 分别为第 t 日和第 $t-1$ 日对应期货 i 的收盘价。

图 6-1 显示，无论是沪深 300 股指期货和 5 年期国债期货每日收盘价序列，还是中美利差和美国长短期国债利差，其波动均较为剧烈。在美联储退出量化宽松货币政策至开启新一轮加息周期的时间段内，沪深 300 股指期货日收盘价波幅明显大于其余时间段的波幅，而 5 年期国债期货日收盘价在 2014 年以后呈现出波动中逐步上升的趋势。中美利差和美国长短期国债利差走势大体一致，但不同利差间存在一定的差值，两利差在美联储退

表 6-1 样本数据描述性统计结果

	均 值	最大值	最小值	方 差	偏 度	峰 度	JB 检验	ADF 检验
A：沪深 300 股指期货(2010 年 4 月 16 日—2016 年 10 月 31 日)								
IF300	−0.000 0	0.097 4	−0.151 7	0.017 2	−0.594 9	12.593 5	6 642.773***	−40.841 1***
B：中美利差和美国长短期国债利差(2010 年 4 月 16 日—2016 年 10 月 31 日)								
$USCNspread_t$	1.810 2	2.802 6	0.876 3	0.510 7	−0.069 1	2.005 0	71.772 9***	−2.425 3
$TBspread_t$	1.566 0	2.494 2	0.656 0	0.455 4	−0.091 8	2.222 1	45.434 6***	−2.539 3
C：5 年期国债期货(2013 年 9 月 6 日—2016 年 10 月 31 日)								
TF5	0.000 1	0.012 5	−0.015 6	0.002 4	−0.170 4	8.301 8	965.534 5***	−29.987 9***
D：中美利差和美国长短期国债利差(2013 年 9 月 6 日—2016 年 10 月 31 日)								
$USCNspread_t$	1.835 0	2.740 4	0.876 3	0.578 3	−0.446 1	1.671 2	87.735 1***	−1.619 0
$TBspread_t$	1.588 7	2.465 4	0.656 0	0.553 1	−0.428 5	1.786 3	75.609 6***	−1.740 8

注：沪深 300 股指期货和 5 年期国债期货均为日收益率数据，“JB 检验”代表 Jarque - Bera 检验，用于测定时间序列的分布特征，原假设为该时间序列遵循正态分布。“ADF 检验”代表 ADF 单位根检验，用于测定时间序列的平稳性，原假设为时间序列含有单位根。 ***，**，* 分别表示在 1%，5%，10%的显著性水平下显著。

出量化宽松货币政策后波动幅度明显加大，但利差本身自 QE4 结束后呈现逐步下行的态势。从两期货日收益率图的纵坐标刻度可以看出，沪深 300 股指期货和 5 年期国债期货日收益率波动幅度均不太大，其中沪深 300 股指期货日收益率在 2015 年下半年波幅加大，而 5 年期国债期货日收益率的波动幅度在 2015 年也有所增大。

由表 6－1 可知，沪深 300 股指期货和 5 年期国债期货日收益率均值皆接近于 0，偏度均不为 0，峰度都远远大于 3，且 JB 检验结果也证实两序列都不服从正态分布，ADF 检验结果表明两时间序列均在 1％显著性水平下拒绝含有单位根的原假设，即两序列均为平稳序列。对于中美利差和美国 10 年期和 3 个月国债日收益率利差而言，两序列偏度均不为 0，但峰度均小于 3，不服从正态分布且序列不平稳。总体而言，沪深 300 股指期货和 5 年期国债期货日收益率序列均呈现出有偏、尖峰、厚尾的非正态分布特征。

为初步定性的检验中国金融期货和中美利差以及美国 10 年期和 3 个月国债日收益率利差间是否存在交叉相关关系，我们采用 Podobnik et al.(2009)所提出的交叉相关检验法进行检验。该检验和 Ljung－Box 检验有一定的类似性(Ljung and Box，1978)。Ma et al.(2013)使用该方法检验了 WTI 原油和 BRIC 股市间的交叉相关关系，Pal et al.(2014)同样使用该检验分析了原油、黄金和汇率间的交叉相关关系。

具有相等时间长度的两序列 $x(i)$ 和 $y(i)$ 的交叉相关检验量 $Q_{cc}(m)$ 如式(6.1)所示。

$$Q_{cc}(m)=N^2\sum_{i=1}^{m}\frac{c_i^2}{N-i} \tag{6.1}$$

交叉相关方程如式(5.2)所示。

$$c_i=\frac{\sum_{k=i+1}^{N}x_k y_{k-i}}{\sqrt{\sum_{k=1}^{N}x_k^2\sum_{k=1}^{N}y_k^2}} \tag{6.2}$$

统计量 $Q_{cc}(m)$ 服从自由度为 m 的 $\chi^2(m)$ 卡方分布。若交叉相关统计量 $Q_{cc}(m)$ 大于 $\chi^2(m)$ 分布的临界值，则前 m 个交叉相关系数等于零的原假设被拒绝，也即两序列间存在交叉相关关系。图 6－2 绘制了各对时间序列间的交叉相关统计量，在 5%显著性水平上的 $Q_{cc}(m)$ 统计量的临界值如图中直线所示。因样本数据量所限，对股指期货和两大利差，其统计量的自由度 m 取 0 到 1 000，对国债期货和两大利差，其统计量的自由度 m 取 0 到 800。

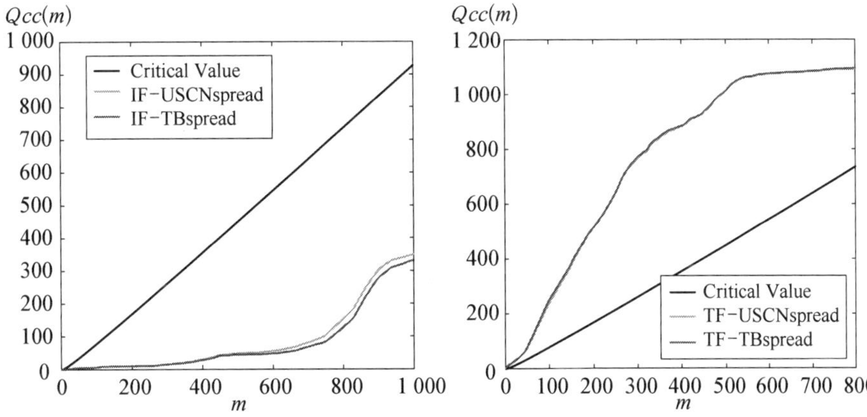

图 6－2　交叉相关性检验统计量 $Q_{cc}(m)$

由图中可清晰地看到，对于股指期货日收益率和美国货币政策代理变量，其交叉相关系数 $Q_{cc}(m)$ 低于临界值，而对于国债期货日收益率和美国货币政策代理变量，其交叉相关系数 $Q_{cc}(m)$ 高于临界值，意味着第二对时间序列间有着统计上显著的交叉相关关系。

为进一步考察每对变量间的交叉相关关系，本研究接下来进一步计算 ρ_{DCCA} 系数(Zebende，2011)。该系数为去趋势协方差 F^2_{DCCA} 与两个去趋势方差 F_{DFA} 乘积的比值(关于 F_{DCCA} 和 F_{DFA} 的计算方法，下文将有阐述)。Sun et al.(2017)采用此系数检验了美国货币政策，美元指数和 WTI 原油价格间的交叉相关系。

$$\rho_{DCCA}=\frac{F_{DCCA}^{2}(s)}{F_{DFA1}(s)F_{DFA2}(s)} \tag{6.3}$$

ρ_{DCCA} 的取值范围为−1 至 1。当 $\rho_{DCCA}=0$ 时，两序列间不存在交叉相关关系。当 $\rho_{DCCA}=-1$ 时，两序列间的交叉相关关系是完全反持续的。$\rho_{DCCA}=1$ 则表明两序列间的交叉相关关系是完全持续的。表 6－2 汇报了不同时间窗口长度 $s(s=8，16，32，64，128，256)$ 下 ρ_{DCCA} 的取值。

表 6－2　不同时间窗口 s 对应的 ρ_{DCCA} 系数

Size(s)	8	16	32	64	128	256
IF－USCNspread	0.018 6 (0.442 5)	0.034 0 (0.160 3)	0.006 1 (0.801 2)	0.038 5 (0.111 8)	0.187 4 (0.000 0)	0.107 1 (0.000 0)
IF－TBspread	−0.034 0 (0.160 3)	−0.028 9 (0.232 7)	−0.005 6 (0.817 2)	0.047 2 (0.051 2)	0.149 2 (0.000 0)	0.026 4 (0.275 7)
TF－USCNspread	−0.101 3 (0.003 6)	−0.054 2 (0.120 5)	0.081 7 (0.019 1)	0.179 7 (0.000 0)	0.207 2 (0.000 0)	0.262 1 (0.000 0)
TF－TBspread	0.028 9 (0.408 0)	0.013 0 (0.709 8)	0.052 3 (0.134 1)	0.140 4 (0.000 0)	0.160 5 (0.000 0)	0.218 2 (0.000 0)

注：括号内为 P 值。

对于每对时间序列，均存在在 10％显著性水平下显著的 ρ_{DCCA} 系数。显著的 ρ_{DCCA} 系数之取值均落于(−1，1)区间内，且没有零值，表明各对时间序列间存在交叉相关关系。

(三) 模型构建

为进一步量化序列间的交叉相关关系，以下将简要阐明多重分型去趋势交叉相关分析(MF－DCCA)算法的步骤。假设存在两个时间序列 $x(i)$ 和 $y(i)$ $(i=1，2，\cdots，N)$，N 是时间序列的长度。

第一步，构建两个时间序列均值离差的累积和。

$$X(i)=\sum_{k=1}^{i}(x(k)-\bar{x}),\ Y(i)=\sum_{k=1}^{i}(y(k)-\bar{y}) \tag{6.4}$$

$\bar{x}$ 和 $\bar{y}$ 分别代表两时间序列 $x(i)$ 和 $y(i)$ 的均值。

第二步，将两时间序列 $X(i)$ 和 $Y(i)$ 各自均值离差的累积和序列切分成 $N_s=\text{int}[N/s]$ 块互不重叠的部分或时间窗口。鉴于 N 并不一定是时间块 s 的整数倍，为将未包含在时间窗口中的序列末端数值也加以考虑以保证信息的完整性，我们将序列 $X(i)$ 和 $Y(i)$ 从末端到首端重新进行一次切分。这样我们就得到了 $2N_s$ 个互不重叠的时间窗口。

第三步，为得到每个时间窗口 ξ 中两序列的去趋势协方差，我们在每个时间窗口中采用 m 阶多项式构建两序列各自的局部趋势。

对于 $\xi=1,\ 2,\ \cdots,\ N_s$，每个时间窗口 ξ 中两序列的去趋势协方差可表示为如下形式：

$$F^2(s,\ \xi)=\frac{1}{s}\sum_{j=1}^{s}\left|X_{(\xi-1)s+j}(j)-X_\xi(j)\right|\ \left|Y_{(\xi-1)s+j}(j)-Y_\xi(j)\right| \tag{6.5}$$

对于 $\xi=N_s+1,\ N_s+2,\ \cdots,\ 2N_s$，每个时间窗口 ξ 中两序列的去趋势协方差可表示为：

$$F^2(s,\ \xi)=\frac{1}{s}\sum_{j=1}^{s}\left|X_{N-(\xi-N_s)s+j}(j)-X_\xi(j)\right|\ \left|Y_{N-(\xi-N_s)s+j}(j)-Y_\xi(j)\right| \tag{6.6}$$

$X_\xi(j)$ 和 $Y_\xi(j)$ 分别代表在每个时间窗口 ξ 中所拟合的 $X(i)$ 和 $Y(i)$ 的 m 阶多项式。

第四步，将所有时间窗口 ξ 中的去趋势协方差经如下处理，我们可得到如下 q 阶波动方程：

$$F_q(s)=\left\{\frac{1}{2N_s}\sum_{\xi=1}^{2N_s}\left[F^2(s,\ \xi)\right]^{q/2}\right\}^{1/q}\quad q\neq 0 \tag{6.7}$$

$$F_0(s)=\exp\left\{\frac{1}{4N_s}\sum_{\xi=1}^{2N_s}\ln\left[F^2(s,\xi)\right]\right\}\quad q=0 \tag{6.8}$$

$q=2$ 时，MF - DCCA 退化为 DCCA。q 在一定程度上反映了波动的大小，$q<0$ 时为小型波动，$q>0$ 时代表大型波动。

第五步，标度指数（scaling exponent）$H_{xy}(q)$ 可用来衡量时间序列波动的标度行为特征（scaling behavior）[①]。当 q 取不同值时，标度指数 $H_{xy}(q)$ 可通过最小二乘法，计算 $F_q(s)$ 和 s 对数图的斜率得到。相应的幂律表达式如下：

$$F_q(s)\sim s^{Hxy(q)} \tag{6.9}$$

对于不同取值的 q，当 $H_{xy}(q)>0.5$ 时，两时间序列间的交叉相关关系是持续（persistent）的，换言之，从统计意义上而言，一个序列值的增加会使得另一个序列的数值也增加。若 $H_{xy}(q)<0.5$，两时间序列间的交叉相关关系是反持续（anti-persistent）的，这意味着从统计的角度而言，一个序列值的增加会使得另一个序列的数值降低，两序列表现出交叉均值回复的特征。若 $H_{xy}(q)=0.5$，则两序列间不存在交叉相关关系，亦即一个序列值的变动对另一个序列值不会造成统计意义上的任何影响，若两序列为金融时间序列，则该情况表明此时资产价格不可被预测，市场效率最高。

作为广义的交叉相关指数，标度指数 $H_{xy}(q)$ 传达了幂律关系的存在。当 $H_{xy}(q)$ 的取值独立于 q 时，两时间序列间的交叉相关关系有单重分型特征，否则有多重分型特征。当 $x(i)$ 和 $y(i)$ 是同一序列时，MF - DCCA 退化为 MF - DFA，当 $q=2$ 时，MF - DCCA 退化为 DCCA，且交叉相关指数 $H_{xy}(q)$ 与赫斯特指数 H 类似。

第六步，Renyi 指数 $\tau_{xy}(q)$ 可用来刻画多重分型本质（Zhou，2008）。

---

① 标度指数（scaling exponent），亦称交叉相关指数 $H_{xy}(q)$，即指式（5.9）中时间窗口 s 的幂，该指数衡量了时间序列波动方程 $F_q(s)$ 的标度行为特征（scaling behavior）。

$$\tau_{xy}(q) = qH_{xy}(q) - 1 \tag{6.10}$$

若 $\tau_{xy}(q)$ 和 q 间存在线性关系，则两时间序列间的交叉相关关系是单重分型的，否则则为多重分型。

第七步，通过勒让德变换（Legendre transformation），时间序列的奇异性（the singularity content）可从分形谱（multifractal spectra）$f_{xy}(\alpha)$ 得到。

$$\alpha_{xy}(q) = H_{xy}(q) + qH'_{xy}(q) \tag{6.11}$$

$$f_{xy}(\alpha) = q(\alpha_{xy} - H_{xy}(q)) + 1 \tag{6.12}$$

$H'_{xy}(q)$ 是标度指数 $H_{xy}(q)$ 的一阶导数。α 为赫尔德指数（Hölder exponent）或奇异力度（singularity strength），描绘了时间序列的奇异性和单重分型特征。分形谱的宽度决定了多重分型的力度（the strength of the multifractality），可通过 $\Delta\alpha_{xy} = \max(\alpha_{xy}) - \min(\alpha_{xy})$ 求得。分形谱越宽，多重分型的力度越强。

为进一步考察时间序列的多重分型程度（degree of the multifractality），有以下 ΔH（Yuan et al., 2009, 2012）。

$$\Delta H = H_{\max}(q) - H_{\min}(q) \tag{6.13}$$

ΔH 越大，代表多重分型程度越高，市场波动程度也越高，反之则反。

二、实证结果分析

（一）标度性分析

波动方程 $F_q(s)$ 与时间窗口 s（$8 < s < N/4$）的对数图展示在图 6-3 中，q 取值为 -10 到 10，m 取值为 3。从图中可以看到，对于不同的 q 值，所有的曲线在特定时间段内均表现出线性特征，表明每对序列间存在幂律关系。随着时间窗口 s 的增加，各曲线的性状均在某个特定时点（该特定时点被 Podobnik et al.(2009)称作“crossover”）发生了突变。该突变点将序列间

的交叉相关关系划分为长期和短期两部分。在突变点之前（亦即短期内），线条（亦即对数图的斜率）呈现出线性特征（直线，亦即存在幂律关系），在突变点之后（亦即长期内），线条（亦即对数图的斜率）呈现出非线性（曲线）特征。

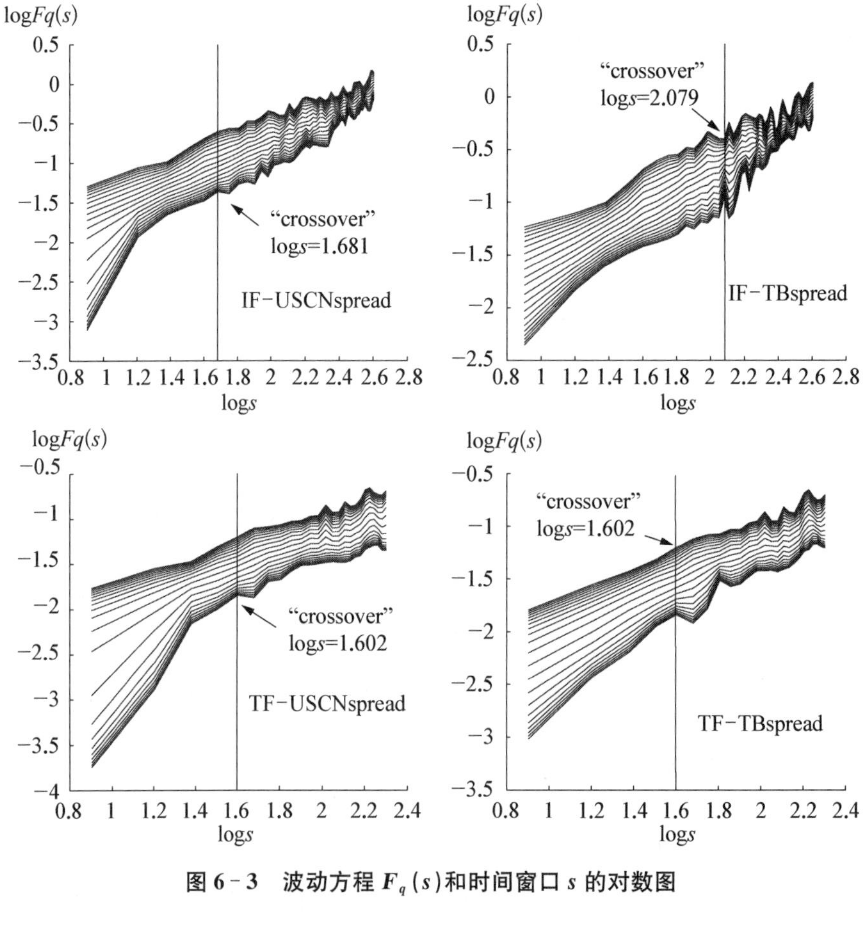

图 6-3 波动方程 $F_q(s)$和时间窗口 s 的对数图

沪深 300 股指期货和中美利差的突变点出现在 $\log(S^*)=1.681$（48 天）处，沪深 300 股指期货和美国长短期国债利差的突变点落于 $\log(S^*)=2.079$（120 天）处，5 年期国债期货和中美利差的突变点发生在 $\log(S^*)=1.602$（40 天）处，5 年期国债期货和美国长短期国债利差的突变点处于

$\log(S^*)=1.602$(40 天)处。为进一步展示全样本时期(用 s 表示),短期(用 $s<s^*$ 表示)和长期(用 $s>s^*$ 表示)内 q 取不同值时的交叉相关指数,我们分别计算出 $q=-10$, -9, …, 9, 10 时的标度指数(交叉相关指数),相应的结果汇报在表 6-3 中。

由表 6-3 可知,当 $q=2$ 时, $H_{xy}(q)$ 在 4 种情境下皆大于 0.5,表明各对序列间交叉相关关系具有较强的持续性。亦即中美利差或者美国长短期国债收益率之差增加,将会导致沪深 300 股指期货和 5 年期国债期货日收益率的上升,中美利差或者美国长短期国债收益率之差下降,将会导致沪深 300 股指期货和 5 年期国债期货日收益率的下跌。在样本期内,中国利率高于美国利率,美国 10 年期国债收益率高于 3 个月国债收益率,由此,从资本流动的角度分析,中美利差的缩小意味着美国货币政策的中性化和美国经济的恢复,美元指数上升,国际资本回流美国。中国股指期货和国债期货市场的资金量因此而缩小,相应资产价格因此下跌,金融期货的价格变动率也因此回落;从汇率调整和市场预期的角度而言,中美利差的缩小会引发人民币贬值的预期,投资者倾向于减持人民币资产,从而导致国内金融期货价格以及价格变动率的下跌。

美国长短期国债收益率之差通常被看作是美国国内宏观经济走向的先行指标,长短期国债利差的扩大意味着美国国内经济形势向好。从中美贸易的角度分析,美国经济形势的好转带动了美国消费者对中国出口产品的需求,从而促进了中国对外贸易相关企业的生产与出口,提振了市场对国内经济的信心。国内资本周转加快,资本市场利多增强,股指期货上扬;从投资者情绪的角度分析,美国经济恢复,美股上扬,带动了中国市场的乐观情绪,投资者倾向于投资风险较大的金融期货,金融期货的价格及变动率得以走高;此外,美国长短期国债收益率利差的扩大引导投资者预期美联储加息,国内投资者对中国央行加息(或不降息)的预期随之升温,国债期货受追捧。

表 6 - 3　中美利差、美国长短期国债利差和中国股指期货、国债期货间的交叉相关指数

q	IF - USCNspread			IF - TBspread			TF - USCNspread			TF - TBspread		
	S	$s<s^*$	$s>s^*$	s	$s<s^*$	$s>s^*$	s	$s<s^*$	$s>s^*$	s	$s<s^*$	$s>s^*$
−10	1.346 3	2.318 7	1.371 2	1.242 6	1.001 7	1.609 1	1.414 9	3.034 4	0.745 9	1.197 3	1.412 2	1.009 5
−9	1.336 9	2.296 1	1.360 4	1.233 9	0.996 1	1.596 3	1.404 1	3.017 8	0.738 1	1.187 4	1.397 7	1.000 3
−8	1.325 4	2.266 5	1.347 6	1.223 5	0.990 0	1.580 6	1.390 8	2.995 7	0.729 3	1.175 4	1.380 5	0.989 6
−7	1.311 4	2.226 2	1.332 1	1.210 7	0.983 3	1.561 1	1.374 2	2.965 1	0.719 6	1.160 6	1.359 7	0.977 1
−6	1.293 8	2.169 5	1.313 2	1.194 8	0.976 1	1.536 3	1.352 5	2.920 6	0.709 1	1.141 6	1.334 5	0.962 5
−5	1.270 9	2.085 9	1.289 9	1.174 8	0.968 3	1.503 6	1.323 0	2.851 4	0.698 7	1.141 5	1.304 0	0.945 3
−4	1.240 0	1.955 0	1.261 6	1.149 8	0.960 7	1.459 9	1.279 8	2.735 0	0.690 8	1.084 2	1.267 5	0.924 9
−3	1.196 0	1.738 0	1.228 4	1.120 2	0.955 3	1.402 3	1.210 6	2.516 7	0.691 0	1.043 2	1.223 9	0.901 7
−2	1.133 8	1.394 8	1.192 0	1.087 8	0.953 4	1.332 0	1.090 5	2.058 7	0.708 6	0.996 7	1.170 6	0.878 5
−1	1.074 9	1.090 7	1.154 6	1.054 2	0.952 7	1.256 5	0.929 7	1.331 7	0.748 8	0.948 8	1.101 0	0.858 6
0	1.036 8	1.006 8	1.107 8	1.015 3	0.948 0	1.175 3	0.878 5	1.068 1	0.792 9	0.902 3	1.005 6	0.837 3
1	1.007 5	0.950 8	1.069 6	0.983 5	0.944 6	1.108 5	0.849 7	0.918 7	0.825 1	0.868 6	0.942 8	0.820 7
2	0.973 0	0.934 3	1.015 9	0.946 0	0.938 6	1.036 7	0.838 7	0.855 4	0.827 8	0.844 6	0.890 8	0.800 7
3	0.936 7	0.919 9	0.959 5	0.910 1	0.931 4	0.971 1	0.829 3	0.815 1	0.815 5	0.828 6	0.857 2	0.783 4

续　表

q	IF - USCNspread			IF - TBspread			TF - USCNspread			TF - TBspread		
	S	$s<s^*$	$s>s^*$	s	$s<s^*$	$s>s^*$	s	$s<s^*$	$s>s^*$	s	$s<s^*$	$s>s^*$
4	0.903 0	0.904 3	0.908 6	0.879 0	0.922 8	0.916 4	0.820 6	0.788 2	0.799 1	0.816 9	0.833 7	0.770 0
5	0.874 7	0.888 5	0.867 2	0.853 9	0.913 5	0.873 6	0.812 3	0.768 8	0.783 6	0.807 6	0.814 9	0.760 1
6	0.852 2	0.873 6	0.835 4	0.834 3	0.904 4	0.841 2	0.804 6	0.753 7	0.770 6	0.799 6	0.798 2	0.752 7
7	0.834 4	0.860 2	0.811 11	0.819 0	0.896 0	0.816 5	0.797 5	0.741 4	0.760 1	0.792 4	0.782 5	0.747 0
8	0.820 4	0.848 5	0.792 5	0.806 9	0.888 6	0.797 4	0.791 1	0.731 3	0.751 8	0.785 9	0.767 9	0.742 5
9	0.809 1	0.838 2	0.778 0	0.797 2	0.882 0	0.782 4	0.785 4	0.722 8	0.745 0	0.785 8	0.754 3	0.738 7
10	0.799 8	0.829 2	0.766 4	0.789 1	0.876 1	0.770 4	0.780 3	0.715 6	0.739 5	0.774 8	0.741 9	0.735 5
Δh	0.546 5	1.489 5	0.604 8	0.453 5	0.125 6	0.838 7	0.634 6	2.318 8	0.006 4	0.422 5	0.670 3	0.274 0

注：Δh 代表多重分型程度，表中所有交叉相关指数的 P 值均为 0.000 0。

从表 6-3 中我们同时可以看到，总体而言，随着 q 的增加，四对序列的 $H_{xy}(q)$ 单调减少，但仍在 0.5 以上，表明四对序列间的交叉相关关系具有多重分型特征，且无论是大波动（$q>0$）还是小波动（$q<0$），四对序列间的交叉相关关系都具有持续性，一个序列的上升伴随着另一个序列的增加，这与图 6-1 中所展示的 2015 年股指期货和国债期货日收益率的上升与两大利差高企相伴随的现实一致。此外，突变点（crossover）将样本区间划分为长期和短期，表 6-3 同时列出了全样本，长期和短期内各对时间序列间的交叉相关系数。由表 6-3 可见，各对时间序列的长期和短期交叉相关指数有差别，且从表 6-3 最后一行多重分型程度 Δh 的取值可以看到，全样本以及短期内，期货日收益率和中美利差间的多重分型程度要大于期货日收益率和美国长短期国债利差间的多重分型程度，表明中美利差的波动性强于美国长短期国债利差的波动性。长期内，期货日收益率和中美利差间的多重分型程度小于期货日收益率和美国长短期国债利差间的多重分型程度，表明长期内中美利差的波动性弱于美国长短期国债利差的波动性。与此同时，除股指期货日收益率和美国长短期国债利差，各对时间序列短期内的多重分型程度均大于长期内的多重分型程度，意味着短期内序列的波动程度比长期内要强。

（二）多重分型分析

在“模型构建”小节中，若 $x(i)$ 和 $y(i)$ 代表相同的序列，则 MF-DCCA 退化为 MF-DFA，交叉相关系数 $H_{xy}(q)$ 变为通常意义上的赫斯特指数 $H_{xx}(q)$ 或 $H_{yy}(q)$。为方便起见，我们使用 $H(q)$ 代替 $H_{xx}(q)$ 或 $H_{yy}(q)$。因赫斯特提出的经典赫斯特指数可用来检验一组时间序列的特性，我们可类似的定义当 $H(q)>0.5$ 时，与 q 相关的波动是持续的，具有长期记忆性。当 $H(q)<0.5$ 时，与 q 相关的波动是反持续的，具有均值回复的特征。当 $H(q)=0.5$ 时，与 q 相关的波动表现出随机游走的行为特征。

对于使用二项式构造出来的两个时间序列，Zhou(2008)发现以下等式成立。

$$H_{xy}(q)=[H_{xx}(q)+H_{yy}(q)]/2 \tag{6.14}$$

运用MF-DFA方法，我们可计算出各单独序列自身的标度指数以及两序列的平均标度指数。图6-4给出了各对序列间的交叉相关指数，各序列自身的标度指数以及两序列的平均标度指数。由图6-4可以看出，对于 $-10<q<10$，中美利差以及美国长短期国债利差序列自身的标度指数几乎都在1以上，表明两大利差波动是持续的，具有较强的长期记忆性和可预测性。对于沪深300股指期货日收益率，当 $q<3$ 时，小型波动具有持续性

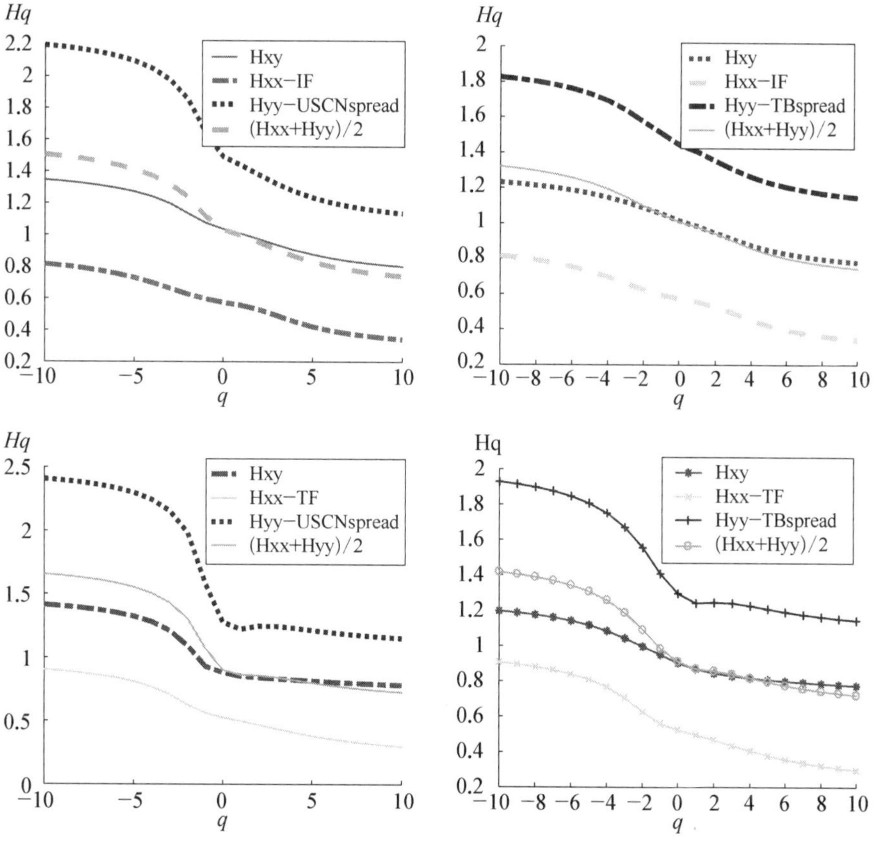

图6-4　交叉相关指数

注：沪深300股指期货，5年期国债期货，中美利差以及美国长短期国债利差序列间 $H_{xy}(q)$ 和 q 的非线性关系。其中 H_{xx}-TF和 H_{yy}-USCNspread使用MF-DFA进行估计，代表相应序列的标度指数；H_{xy} 使用MF-DCCA估计，代表各对序列间的交叉相关指数；绿线则为两标度指数的平均数。

和长期记忆性，当 $q>3$ 时，大型波动具有反持续性和均值回复的特性。对于 5 年期国债期货，当 $q<0$，小型波动具有持续性和长期记忆性，当 $q>0$ 时，大型波动具有反持续性和均值回复的特性。交叉相关指数和平均标度指数均在 0.5 以上，表明各对序列间的交叉相关关系具有持续性，也表明中国金融期货市场还远非有效市场。当 $q<0$，平均标度指数大于交叉相关指数，当 $q>0$，平均标度指数小于交叉相关指数。即当市场波动程度较小时，序列间的交叉相关关系弱于各序列自身的波动，当市场波动程度较大时，序列间的交叉相关关系增强，大于各序列自身的波动。换言之，在市场波动较小时，中国金融期货市场的波动主要由自身引致，而非受两大利差的影响；市场波动较大时，金融期货市场的波动主要受两大利差的影响，金融期货市场自身的波动所起到的作用减弱。因此，我们可以做出这样的推断，当中国金融期货市场波动加大时，市场自我调节降低波动的能力十分有限，此时，通过货币政策（利率变动）对市场宏观基本面进行调节，将有助于降低金融期货市场的波动。因此，美国货币政策和宏观经济运行状况对中国金融市场有着不可忽视的影响。

图 6－5 中，左图为当 $S<S^*$ 时，沪深 300 股指期货和美国长短期国

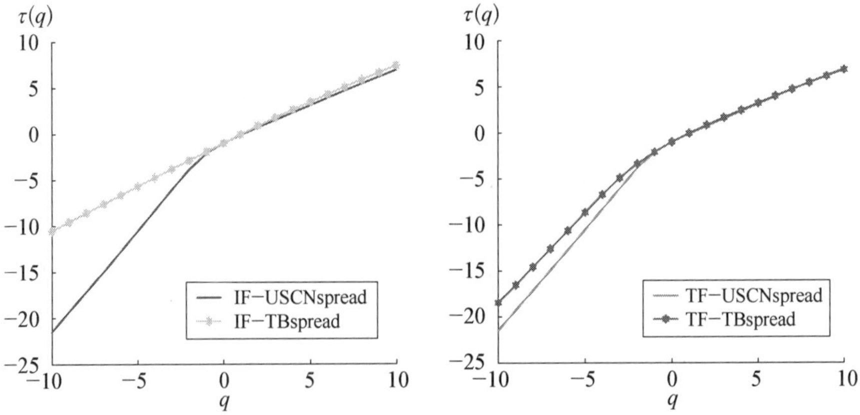

图 6－5 $S<S^*$ 时 $\tau(q)$ 和 q 的短期关系

债利差以及中美利差间$\tau(q)$和q的短期关系。右图为当$S<S^*$时，5年期国债期货和美国长短期国债利差以及中美利差间$\tau(q)$和q的短期关系。尽管线条弯曲程度各不相同，但$\tau(q)$和q间呈现出非线性关系，意味着当$S<S^*$时，沪深300股指期货、5年期国债期货日收益率和美国长短期国债利差、中美利差间的交叉相关关系均呈现出多重分型的特征。

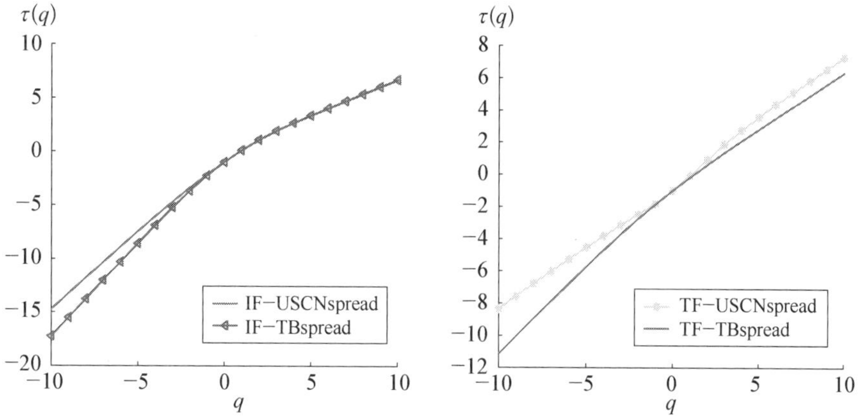

图 6－6　$S>S^*$时$\tau(q)$和q的长期关系

由图6－6可见，左图为当$S>S^*$时，沪深300股指期货和美国长短期国债利差以及中美利差间$\tau(q)$和q的长期关系。右图为当$S>S^*$时，5年期国债期货和美国长短期国债利差以及中美利差间$\tau(q)$和q的长期关系。与此类似，尽管各线条弯曲程度各不相同，但$\tau(q)$和q均表现为非线性关系，意味着当$S>S^*$时，沪深300股指期货、5年期国债期货日收益率和美国长短期国债利差、中美利差间的交叉相关关系均呈现出多重分型的特征。

(三) 多重分型来源

根据方程式(6.11)和(6.12)，可作出各序列自身以及各对序列的多

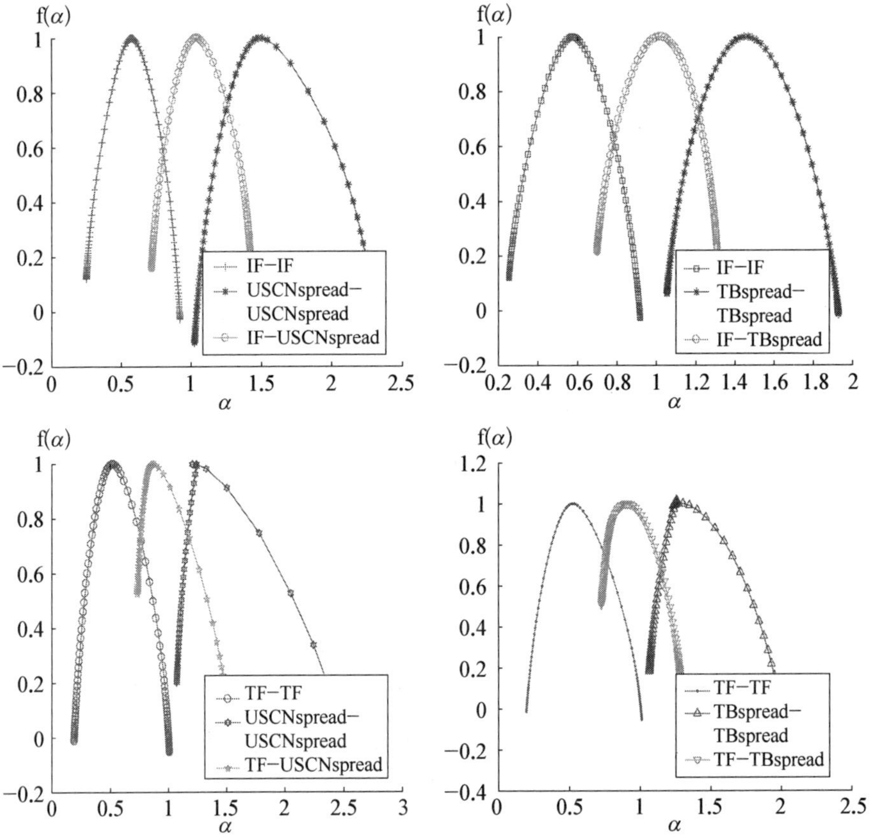

图 6-7 各对序列的多重分形谱 $f(\boldsymbol{\alpha})$

重分形谱 $f(\alpha)$，时间窗口为 $8<s<N/4$。若多重分形谱 $f(\alpha)$ 为一个点，则对应各序列自身或者各对序列间的交叉相关关系呈现单重分型特征，否则则为多重分型特征。从图 6-7 中可以看出，各序列自身以及各对序列间的多重分型谱皆不为点，因此，各序列自身以及各对序列间的交叉相关关系存在多重分型的特征。同时，根据式(6.11)及其解读可以看出，分形谱的宽度决定了多重分型力度的大小，分形谱越宽，多重分型力度越大。分形谱的宽度可由 $\Delta\alpha_{xy}=\max(\alpha_{xy})-\min(\alpha_{xy})$ 计算得到。

表 6-4 单一序列以及各对序列的多重分型谱宽度 Δα

Δα	Original	Shuffle	Surrogate
IF - USCNspread	0.716 4	0.151 8	0.618 0
IF - IF	0.664 5	0.252 4	1.406 2
USCNspread - USCNspread	1.276 1	0.162 6	0.838 7
IF - TBspread	0.609 0	0.106 5	0.686 8
TBspread - TBspread	0.875 5	0.266 6	0.965 4
TF - USCNspread	0.780 3	0.336 8	0.789 3
TF - TF	0.817 3	0.187 3	0.947 2
USCNspread - USCNspread	1.445 5	0.787 6	1.074 4
TF - TBspread	0.560 9	0.345 6	0.820 9
TBspread - TBspread	0.985 5	0.675 8	1.374 2

表 6-4 进一步给出了各序列自身以及各对序列的分形谱宽度。由表 6-4 可见，原始序列的分型谱宽度大于打乱顺序后的序列（Shuffle 列，意为保持原序列分布不变，但序列元素间的前后排序，亦即相关关系发生改变）的分型谱宽度，即原始序列的多重分型程度大于分布不变，但自身相关关系发生改变的 Shuffle 序列。这表明改变或消除序列的相关关系会降低其多重分型程度。但对于代理序列（Surrogate 列，序列元素相对大小排序不变，即维持原序列前后元素相对关系，但序列经变换，其分布变为正态分布）而言，其分型谱宽度通常大于原序列分型谱宽度，即改变原始序列的分布而不改变其相关关系，代理（Surrogate）序列的多重分型程度不会降低，反会增加。这表明，对于各时间序列自身以及各对序列而言，序列的长程相依性而非厚尾分布是序列存在多重分型的重要原因。

（四）滑动窗口分析

时间序列中存在的结构性断点或区制转移使得传统的线性静态分析不再适用于研究金融市场的动态特征。从 Cajueiro and Tabak（2004）开始，滑动窗口分析被广泛地应用于探测金融变量的时变特征以及重大事件和冲击对金融变量的影响。如 Ma et al.(2013)运用滑动窗口分析法考察了伊拉克战争和全球金融危机对原油以及金砖国家股票市场的效率和风险的影响。Wang et al.(2011)发现宏观告示效应对黄金市场的多重分型度有影响。Liu and Wan(2011)发现极端事件能够影响原油期现货市场间的非对称超越相关系数以及交叉相关系数。

大量文献已经证实不同时间序列间交叉相关关系存在时变特征,通过设定不同长度的滑动窗口可以满足研究时变交叉相关关系的需求。Cajueiro and Tabak(2004)将滑动窗口的长度设定为长达数年之久,以此来研究权益市场的长期相关性。Wang et al.(2010)将滑动窗口的长度设为250个交易日,以此来研究中国A、B股市场的交叉相关关系。滑动窗口分析法对窗口大小的选择有着较为严格的要求,Grech and Mazur(2004)认为局部赫斯特指数对窗口长度的选择有较强的依赖性,若窗口长度过长,则所估指数很可能会丢失局部性特征,且无法展现外部事件对市场短期动态的影响。与此同时,时间序列所特有的季节性和周期性也会弱化指数的局部性,导致所估指数有偏。从另一个角度而言,若滑动窗口长度过短,时间序列的短期噪声将会掩盖时间序列的短期趋势。在极端的情况下,过短的时间窗口所估计出的局部赫斯特指数的剧烈变动将使得观测和分析无以为继。

为考察中国金融期货市场和中美利差以及美国长短期国债利差间交叉相关关系的动态特征,考虑到本书的样本长度(1 707 和 822),并参考 Wang et al.(2010)和 Ruan et al.(2016)的做法,我们将滑动窗口的长度设定为250个交易日。具体步骤如下:每序列取最初250个交易日的数据,其次,将 q 设定为2,并计算两序列间交叉相关指数 $H_{xy}(2)$。随后,我们将窗口向前滑动一天,重复以上过程,一直进行到时间序列结束。图6-8绘制了交叉相关指数序列 $H_{xy}(2)$。

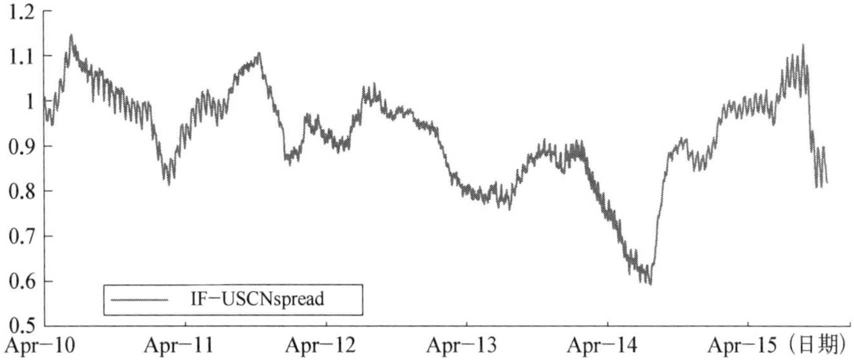
1.2
1.1
1
0.9
0.8
0.7
0.6
0.5
IF−USCNspread
Apr−10
Apr−11
Apr−12
Apr−13
Apr−14
Apr−15
(日期)

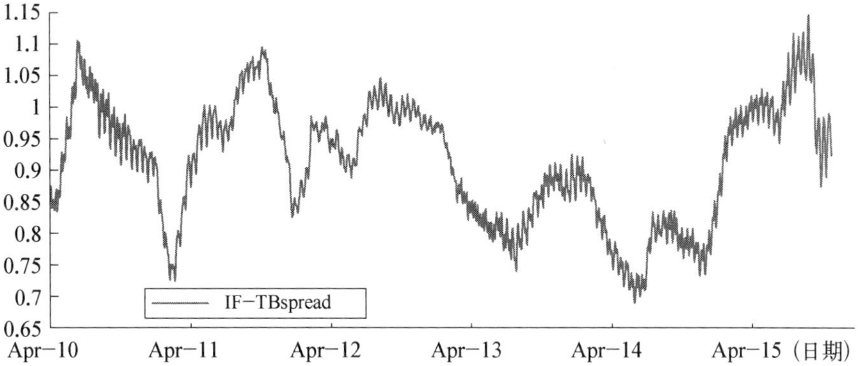
1.15
1.1
1.05
1
0.95
0.9
0.85
0.8
0.75
0.7
0.65
IF−TBspread
Apr−10
Apr−11
Apr−12
Apr−13
Apr−14
Apr−15
(日期)

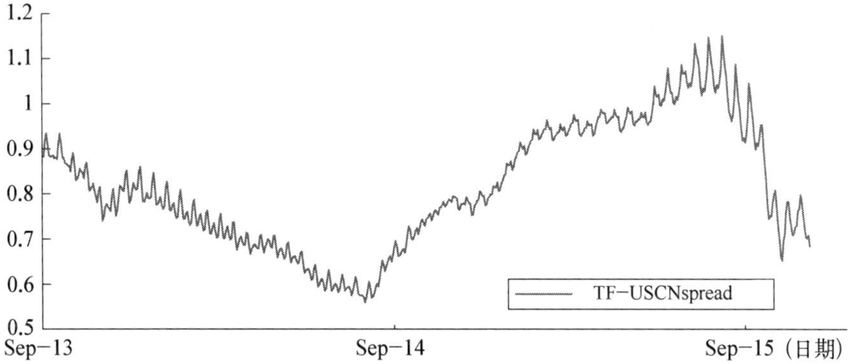
1.2
1.1
1
0.9
0.8
0.7
0.6
0.5
TF−USCNspread
Sep−13
Sep−14
Sep−15
(日期)

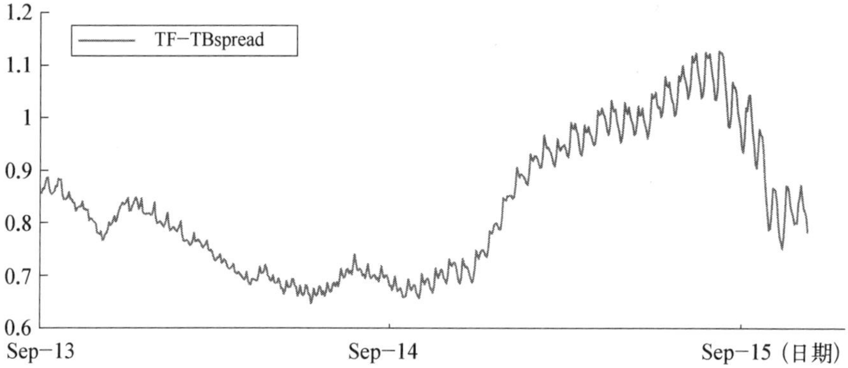

图 6 - 8　交叉相关指数 $H_{xy}(2)$ 的动态演进

从图 6 - 8 中我们可以看到，每对时间序列间的交叉相关指数在 0.5 水平线以上波动剧烈，表明中国金融期货市场和两大利差间的交叉相关关系在样本期内是持续的，这与表 6 - 3 中 $q=2$ 时交叉相关指数皆大于 0.5 是一致的，亦即两大利差的上涨会导致中国金融期货日收益率的上升，两大利差的下跌会导致中国金融期货日收益率的下滑。2014 年 8 月份美联储造势退出量化宽松货币政策期间，交叉相关指数下挫，在 2015 年底美联储开启加息通道后又呈现出下跌的趋势，向 0.5 靠近，表明市场效率有所提升。可见美联储货币政策的变动对金融期货市场和两大利差间的交叉相关关系有着不可忽视的影响。美联储退出量化宽松货币政策以及开启加息通道，均会缩小中美利差和美国长短期国债利差，提振美元指数。在此情况下，人民币贬值预期强烈，投资者倾向于减持人民币资产，国际资本加速流出中国，资金量和流动性的下跌使中国金融期货市场投资热度下滑，资产价格及相应变动率均呈现下降的趋势。

总结以上分析过程可以发现，中国金融期货日收益率和两大利差间存在交叉相关关系，且该交叉相关关系具有多重分型特征和持续性。当市场波动较小时，波动主要由市场自身引起，当市场波动较大时，波动则主要由两大利差引致，这意味着中国金融期货市场对利差冲击的反应较强。运用滑动窗口分析法，我们也可发现，中国金融期货日收益率和两大利差间的交叉相关关系受美联储货币政策变动的影响。鉴于交叉相关关系是对序列局部(短期)波动的一种刻画，我们在此基础上进一步提出以下问题：两大利差乃至其他美国政策和经济变量对中国金融期货市场的长期波动是否有影响？美国政策和经济变量又是否可以预测中国金融期货市场的长期波动？带着这样的问题，我们进入下一节的研究。

第二节　中国金融期货长期波动的可预测性

对经济金融变量进行预测对于制定货币政策以及金融投资决策具有十分重要的意义。对资产价格波动率进行预测是风险管理，资产定价，资产配置研究的核心问题，也是现代金融学研究的基础性问题，如 Ferson and Korajczyk(1995)以及 Ferson and Harvey(1999)研究了资产组合收益率的可预测性。大量文献已经证明，股市波动率可通过不同的计量经济学模型和不同的经济金融变量进行预测(Engle et al., 2013)，而针对经济变量对金融资产价格波动预测能力的研究正随着金融资产波动和风险的日益加大而变得越来越重要。Paye(2012), Corradi et al.(2013)以及 Engle et al.(2013)的研究均表明经济变量对美国股市波动具有较强的预测能力。Amendola et al.(2014)考察了美联储货币政策对原油期货价格(COFP)的影响，研究发现实际联邦基金利率(EFFR)和原油期货长期波动间存在逆向的关系，即美联储宽松型货币政策往往伴随着原油期货波动的加大。通过将样本以 2007 年 10 月为界划分为危机前和危机后两个部分，研究发现美联储货币政策对原油期货波动的影响在危机后更为显著。Conrad et al.(2014)研究发现，宏观经济指标可以解释美国股市和原油期货的长期波动率以及两市间的相关性。

但在很多情况下，预测者往往会遇到数据频率不一致的问题：宏观经济变量通常为月度数据（如就业率、失业率、物价指数以及工业增加值等）或者季度数据（如国内生产总值 GDP），金融变量往往为日度数据（利率，资产价格）或者频率更高的日内数据。实践表明，将高频数据通过不同的加总方法得到低频数据以进行回归估计所得到的结果差异性较大，估计结果的优劣在模型的简约性（避免过度拟合）和灵活性（允许不同时间跨度）之间此消彼长。为解决这一问题，Ghysels et al.（2004）提出了混频抽样数据（MIDAS）模型，该模型可将混合频率的数据放入同一方程中进行回归。Engle et al.（2013）在 MIDAS 框架内提出的 GARCH－MIDAS 模型，将时间序列条件波动分解为长期成分和短期成分，同时也解决了宏观经济变量预测金融资产波动率时数据频率不一致的问题。

伴随着中国经济总量的强大、中美经贸关系和金融关系的“辅车相依”，以及人民币国际化和影响力的日益彰显，中国金融市场不可避免地受到美国的影响。Rapach et al.（2013）发现美国经济变量对中国股市有显著的预测效应。鉴于考察美国政策和经济变量对他国金融资产收益率预测能力的研究相对较少，分析美国政策和经济变量对日益开放的发展中国家——中国的金融资产收益率的影响和预测作用具有十分重要的意义。在众多政策变量中，公认的和美联储货币政策紧密相连的变量有联邦基金利率，美联储货币政策报告，褐皮书以及美联储主席证词等（Bernanke and Kuttner，2005；Armesto et al.，2010；Rosa，2011）。我们因此提出这样的疑问：这些变量是否对中国金融市场有影响并可预测中国金融市场的波动？

鉴于期货市场相较现货市场对信息的反应更为灵敏，以及 GARCH－MIDAS 模型可将低频的美国宏观数据和高频的中国金融期货日收益率数据放入统一研究框架的特性，承接上一节的研究，本部分将进一步考察美国政策和经济变量对中国股指期货和国债期货市场的作用点和预测能力。将多个美国经济金融指标作为外生变量加入模型长期波动方程中，本书试图测度美国政策和经济变量对中国金融期货市场长期波动的影响和预测效果。

一、变量选择和模型概述

在参考 Armesto et al.(2010)以及 Conrad et al.(2014)等文献的基础上，本书将宏观经济变量划分为两大类：第一类测定了当前经济形势，第二类则为前瞻性指标。第一类指标包括工业生产值(IP)，非农就业(NFP)，中美利差，美国长短期国债利差，美国联邦基金期货隐含利率以及美国经济政策不确定性指数(EPU)等，前瞻性指标则包括先行指数(LI)。先行指数由费城联储发布，基于经济领先变量如住房许可，失业，保险索赔，ISM 制造业配送时间以及期限利差预测美国未来 6 个月 coincident index 的增长率。前瞻性指标可反映市场参与者对未来经济发展的预期。

经过多轮尝试和反复试验，本书选取 Shibor - 3M 和美国 3 个月国债收益率之差作为中美利差的代理变量，美国 10 年和 3 个月国债收益率之差作为美国长短期国债利差的代表性变量，美国联邦基金期货隐含利率以及隐含利率变动率(一阶差分)作为市场对美联储货币政策的预期变量，美国 3 个月国债收益率以及 3 个月国债收益率日变动率(一阶差分)作为美国短期利率指标，美国经济政策不确定性(Economic Policy Uncertainty)指数 EPU 作为美国经济政策不确定指标，波动率指数日变动率(一阶差分)作为市场风险指标，美国经济先行指数“LI”代表美国国内宏观经济预期指标。此外，为尽数考虑不同政策和经济变量所包含的信息并研究他们的综合效果，我们使用主成分分析法从各变量中提取主要成分进行分析。该方法的优势在于可大大降低参数个数并提高模型的计算和估计效率。以上数据均为月度数据。为节省空间，此处不再给出以上各政策和经济变量的描述性统计分析结果。

在介绍 GARCH - MIDAS 模型前，我们先简要介绍 Ghysels et al.(2004)提出的混频数据抽样模型(Mi(xed)Da(ta)S(ampling)approach，缩写为 MIDAS 模型)，该模型可巧妙实现在同一模型中处理和估计不同频率数据的问题。MIDAS 模型形式如下：

$$Y_t = \alpha + \beta \sum_{k=0}^{k\max} \Gamma(k,\ \theta) X_{t-k/m}^{(m)} + \varepsilon_t \tag{6.15}$$

α 为截距项，β 为斜率，ε_t 则被设定为零均值且方差为 σ^2 的独立同分布序列 $\varepsilon_t \sim i.i.d.(0,\ \sigma^2)$。$X_{t-k/m}^{(m)}$ 中的滞后项 $t-k/m$ 为时间单位 $t-1$ 和 t 之间的时间片段。更具体而言，若 t 代表的是月度数据的时间刻度，而美国某政策或经济变量为周度数据，则 $m=4$。若联邦基金目标利率在月度 t 第二周公布，则 $X_{t-2/4}^{(4)}$ 代表联邦基金目标利率的宣布日期。若当月无其他政策或经济变量宣布，则我们将 $X_{t-k/4}^{(4)}$，$k=1$，3 或 4 设定为零。参数 k 代表美国政策或经济变量和月度 t 最末期之间的时间区间，而 $k^{\max}$ 则代表整个时间汇报期(如月度 t)的相对频率更高的数据频率的时间刻度(在本例中为 4)。当 $k > k^{\max}$ 时，变量 X_t 对 Y_t 的影响可忽略不计。权重 $\Gamma(k,\ \theta)$ 由 k 和 n 维超参数向量 θ 决定。$\Gamma(k,\ \theta)$ 具有数种形式，如无限制 MIDAS 多项式(U - MIDAS)，正规化 beta 概率密度函数，正规化指数 Almon 滞后项多项式，P 阶 Almon 滞后项多项式，步函数等。

其中由 Foroni, Marcellino and Schumacher(2015)提出的无限制 MIDAS(U - MIDAS)多项式意为可在无限制的条件下对单个参数进行简单回归估计，且当 m 取值较小时，仍可进行有效估计。U - MIDAS 是步函数的一种特殊情形。

正规化 beta 概率密度函数为：

$$c_i^{u,\ nz} = c(i;\theta = [\theta_1,\ \theta_2,\ \theta_3]) = \frac{x_i^{\theta_1 - 1}(1 - x_i)^{\theta_2 - 1}}{\sum_{i=1}^{N} x_i^{\theta_1 - 1}(1 - x_i)^{\theta_2 - 1}} + \theta_3 \tag{6.16}$$

$$c_i^{r,nz}=c(i;\theta=[1,\theta_2,\theta_3])$$

$$c_i^{u,z}=c(i;\theta=[\theta_1,\theta_2,0])$$

$$c_i^{r,z}=c(i;\theta=[1,\theta_2,0])$$

$where\ x_i=i/(N+1)$

正规化指数 Almon 滞后项多项式为：

$$c_i^u=c(i;\theta=[\theta_1,\theta_2])=\frac{e^{\theta_1 i+\theta_2 i^2}}{\sum_{i=1}^{N}e^{\theta_1 i+\theta_2 i^2}} \tag{6.17}$$

$$c_i^r=c(i;\theta=[\theta_1,0]) \tag{6.18}$$

P 阶 Almon 滞后项多项式(未正规化,单个权重之和不等于 1)为：

$$b_h c(i;\theta=[\theta_0,\cdots,\theta_P])=\sum_{p=0}^{P}\theta_p i^p \tag{6.19}$$

这也可写为以下矩阵形式：

$$\begin{bmatrix}c_0\\c_1\\c_2\\\vdots\\c_N\end{bmatrix}=\begin{bmatrix}1&0&0&0&0\\1&1&1&\cdots&1\\1&2&2^2&\cdots&2^P\\\vdots&\vdots&\vdots&\vdots&\vdots\\1&N&N^2&\cdots&N^P\end{bmatrix}\begin{bmatrix}\theta_0\\\theta_1\\\theta_2\\\vdots\\\theta_P\end{bmatrix} \tag{6.20}$$

步函数形式为：

$$b_h c(i;\theta=[\theta_1,\cdots,\theta_p])=\theta_1 I_{i\in[\alpha_0,\alpha_1]}+\sum_{p=2}^{P}\theta_p I_{i\in(\alpha_{p-1},\alpha_p]}$$

$$\alpha_0=1<\alpha_1<\cdots<\alpha_P=N \tag{6.21}$$

$$I_{i\in(\alpha_{p-1},\alpha_p]}=\begin{cases}1,\ \alpha_{p-1}\leqslant i\leqslant\alpha_p\\0,\ otherwise\end{cases}$$

通过将 Engle and Lee(1999)提出的成分 GARCH 模型和 Ghysels et al.(2004)提出的 MIDAS 框架相结合,GARCH – MIDAS 模型可将条件方差分解为长期和短期成分,经平滑后的金融资产已实现波动率或低频数据通过长期成分对金融资产收益率的条件方差产生影响。GARCH – MIDAS 模型框架使我们可将日度金融资产数据和频率相对较低的宏观经济变量相连接,以研究宏观经济变量对金融市场波动的影响。

和 Engle et al.(2013)的研究有所区别,本书主要聚焦于考察美国政策和经济变量对中国股指期货市场波动的预测能力,并检验相对于无外生变量的基准模型,加入外生经济变量是否可以提高 GARCH – MIDAS 模型的预测能力。

正式的 GARCH – MIDAS 模型如下所示:

$$r_{i,t}=\mu+\sqrt{\tau_t g_{i,t}}\varepsilon_{i,t} \qquad \forall i=1,2,\cdots,N_t \tag{6.22}$$

$$\varepsilon_{i,t}\mid\Phi_{i-1,t}\sim N(0,1)$$

$$\sigma_{it}^2=\tau_t\cdot g_{i,t}$$

N_t 为月度 t 所包含的交易天数,$\Phi_{i-1,t}$ 为截至月度 t 第 i 天的市场信息集。动态条件方差的短期成分 $g_{i,t}$ 服从(日度)GARCH(1,1)过程:

$$g_{i,t}=(1-\alpha-\beta)+\alpha\frac{(r_{i-1,t}-\mu)^2}{\tau_t}+\beta g_{i-1,t} \tag{6.23}$$

动态条件方差的长期成分 τ_t 等于经 MIDAS 回归后平滑的金融资产已实现波动率或外生经济变量:

$$\tau_t=m+\theta\sum_{k=1}^{K}\varphi_k(w_1,w_2)X_{t-k} \tag{6.24}$$

X_t 既可为外生经济变量,也可为已实现波动率。当 X_t 为已实现波动率时,$RV_t=\sum_{i=1}^{N_t}r_{i,t}^2$。其中 K 为对已实现波动率或经济变量进行平滑的时期数。τ_t 在固定时间区间内是恒定不变的(当使用滑动窗口分析法时，τ_t 在每个时期内均变化)。

经过多次尝试，本研究权重函数使用以下 Beta 滞后多项式来表示：

$$\varphi_k(w)=\frac{(k/K)^{w_1-1}(1-k/K)^{w_2-1}}{\sum_{j=1}^{K}(j/K)^{w_1-1}(1-j/K)^{w_2-1}} \tag{6.25}$$

需要注意的是，在本书的非线性设定中，只能根据 θ 正负推断宏观经济变量对长期波动成分的影响，不能根据其大小判断经济变量对长期波动成分影响的边际效应。本书设定 $\omega_1=1$ 以保证权重函数呈衰减趋势。$\omega_2>1$ 且 ω_2 的大小可用来判定权重函数衰减的速度，ω_2 越大，权重函数衰减的越快。一般而言，$\varphi_k(\omega_i)$ 非负且总和为一。

二、模型估计和实证结果

需要注意的是，估计 GARCH - MIDAS 模型需要对外生变量选择 MIDAS 滞后期。参考 Conrad et al.(2014)以及 Turhan et al.(2014)的做法，本研究将长期波动的估计时间窗口设定为 22 天，即一个月的交易日天数，MIDAS 滞后期定为 3 年。图 6 - 9 展示了由未加入外生变量的 GARCH - MIDAS 模型估计出的沪深 300 股指期货日收益率的总条件波动和长期波动成分。该期货在 2015 年上半年经历了大幅波动(图中 2015.5 指 2015 年 5 月份，以下皆同)，长期波动成分小于总条件波动。鉴于总条件波动为长期波动和短期波动之积，以上结论表明中国金融期货市场的剧烈波动多由短期波动所造成，股市现货市场行情大涨伴随着期货市场的剧烈波动。由图 6 - 10，加入外生变量后，沪深 300 股指期货日收益率的长期波动成分平缓了许多，在 0.1—0.3，更符合实际状况。使用滑动窗口法估计所得的长期波动成分比使用固定窗口法估计所得的长期波动成分更加光滑。

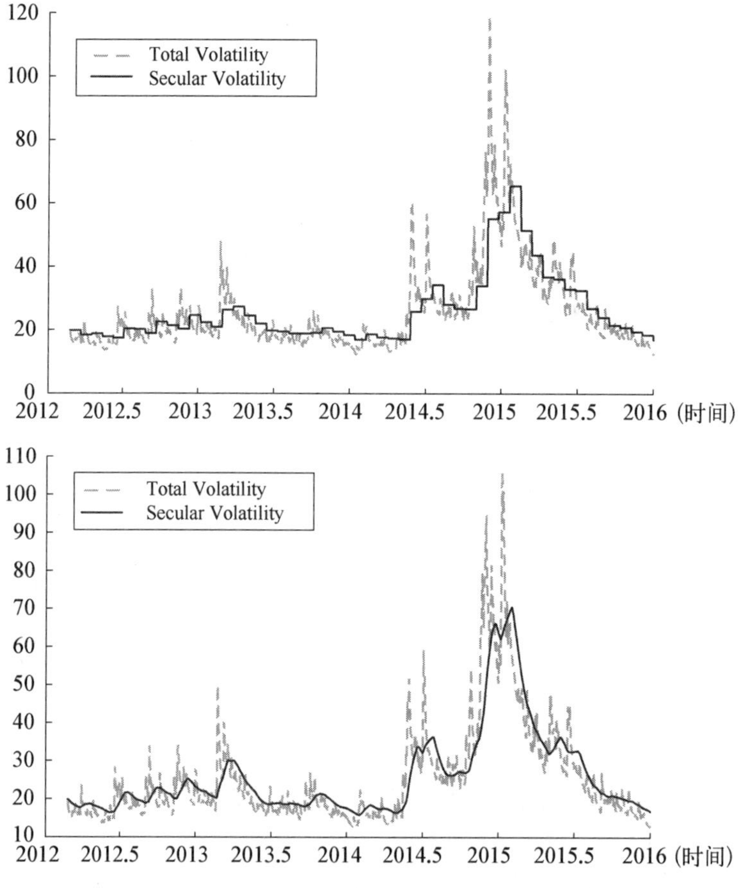

图 6-9　沪深 300 股指期货日收益率总条件波动和长期波动成分

（上图固定窗口法，下图滑动窗口法）

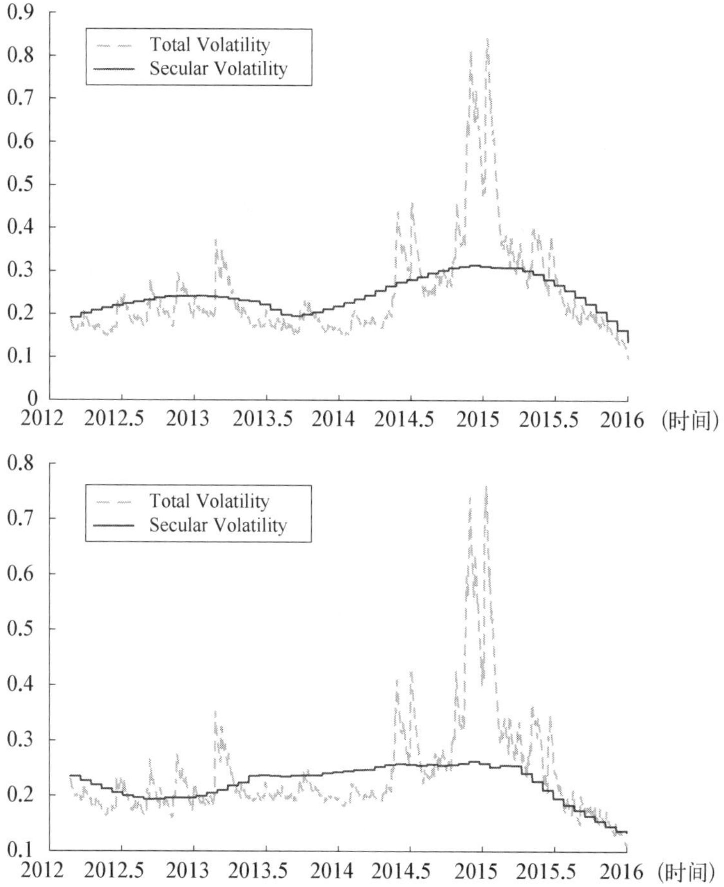

图 6－10　加入中美利差(上图)和美国长短期国债利差(下图)变量后沪深 300 股指期货日收益率的总条件波动和长期波动成分(固定窗口法)

表 6-5 GARCH-MIDAS-X 模型：沪深 300 股指期货

	μ	α	β	θ	ω	m	LogL	AIC	BIC	RMSE
Panel A：基准模型										
RV Fixed	0.048 4 (−0.037 4)	0.111 5*** (−0.016 3)	0.780 9*** (−0.036 9)	0.183 3*** (0.009 5)	15..7 900*** (3.234 9)	0.789 7*** (0.078 0)	−2 140.28	4 292.56	4 325.29	9.310 0
RV Rolling	0.045 5 (0.037 7)	0.121 0*** (0.018 2)	0.727 7*** (0.045 2)	0.189 1*** (0.008 9)	23.508 0*** (4.985 3)	0.747 5*** (0.073 8)	−2 139.63	4 291.26	4 323.98	9.228 0
Panel B：当前经济形势指标										
中美利差	0.000 5 (0.000 4)	0.057 6*** (0.007 3)	0.915.2*** (0.008 5)	0.000 6*** (0.000 1)	1.001 0*** (0.028 6)	−0.001 0*** (0.000 2)	3 393.05	−6 774.10	−6 741.37	0.000 9
美国长短期国债利差	0.000 5 (0.000 4)	0.050 3*** (0.006 5)	0.900 6*** (0.010 0)	0.000 2*** (0.000 0)	5.000 1*** (1.485 8)	−0.000 1 (0.000 0)	3 367.73	−6 723.46	−6 690.73	0.000 9
FFF IR	0.052 4** (0.024 4)	0.069 2*** (0.005 4)	0.930 8*** (0.004 6)	0.118 8*** (0.834 5)	5.000 4 (67.557 0)	0.404 4** (0.169 3)	−2 607.01	5 226.02	5 258.75	9.422 0
FFF DIR	0.031 8 (0.032 9)	0.052 9*** (0.005 4)	0.934 3*** (0.005 5)	−374.700 0** (132.610 0)	1.061 9* (0.585 0)	2.301 4*** (0.286 7)	−2 583.80	5 179.59	5 212.32	9.363 0
TB3	0.033 1 (0.025 3)	0.071 2*** (0.005 5)	0.928 8*** (0.004 9)	0.104 9 (0.422 0)	5.000 1 (27.518 0)	0.095 3 (0.067 4)	−2 160.68	4 333.35	4 366.08	9.437 0

续　表

	μ	α	β	θ	ω	m	LogL	AIC	BIC	RMSE
DTB3	0.049 7** (0.025 3)	0.072 1*** (0.005 2)	0.927 9*** (0.004 3)	0.100 9 (66.123 0)	5.000 1 (3 554.100 0)	0.163 0* (0.088 6)	−2 159.26	4 330.53	4 363.25	9.441 0
EPU	0.052 3 (0.036 0)	0.059 3*** (0.006 1)	0.930 1*** (0.005 9)	0.007 3 (0.006 6)	4.626 3 (8.146 4)	1.465 4* (0.765 9)	−2 144.97	4 301.93	4 334.66	9.365 0
DVIX	0.077 6* (0.040 7)	0.061 3*** (0.005 6)	0.937 7*** (0.005 5)	−1.909 1* (1.213 8)	3.255 6*** (0.845 0)	38.992 0 (24.417 0)	−1 869.57	3 751.14	3 783.87	9.547 0
Panel C：经济先行指标										
LI	0.081 4** (0.039 6)	0.061 9*** (0.006 6)	0.936 4*** (0.006 4)	60.667 0* (35.722 0)	1.736 4*** (0.228 6)	−88.021 0* (52.486 0)	−1 865.82	3 743.65	3 776.37	9.542 0
PC	0.076 9* (0.039 9)	0.058 0*** (0.006 6)	0.933 0*** (0.006 7)	1.152 8** (0.565 9)	1.037 7* (0.620 5)	−0.217 3 (1.682 5)	−1 868.19	3 748.39	3 781.12	9.382 0

注：“RV Fixed”指长期波动成分 τ_t 在每一期内取值固定，“RV Rolling”指运用滑动窗口法，长期波动成分 τ_t 在每一期内变动；“中美利差”为美国 3 个月国债日收益率与 Shibor - 3M 间的对数差，“美国长短期国债利差”指美国 10 年国债日收益率与 3 个月国债日收益率的对数差；“FFF IR”为联邦基金期货隐含利率，代表市场对联邦基金目标利率的预期，“FFF DIR”为联邦基金期货隐含利率日变动率，代表市场对联邦基金目标利率变动的预期；“TB3”为美国 3 个月国债日收益率，代表美国联邦基金利率走势，“DTB3”为美国 3 个月国债日收益率变动率；“EPU”为美国经济政策不确定性(Economic Policy Uncertainty)，来源于 http：//www.policyuncertainty.com/index.html；“DVIX”为芝加哥期权期货交易所(CBOE)市场波动性指数 VIX 指数日变动率(一阶差分)；“LI”为美国经济先行指数；“PC”代表对各变量进行主成分分析后得到的主成分因子。“LogL”代表对数似然函数。圆括号内为对应估计值的标准差。

从表 6 - 5 的对数似然函数和信息准则可以看出，加入中美利差和美国长短期国债利差外生变量后，沪深 300 股指期货模型拟合的效果更好，预测的均方根误差(RMSE)也明显降低至 1 以下。在加入不同外生变量的情况下，参数 α 和 β 的估计值均在 1%显著性水平下显著，β 取值落于 0.7—1，而 α 取值落于 0—0.15，表明沪深 300 股指期货日收益率序列的短期波动具有较强的集聚性和持续性，且 GARCH 型波动比 ARCH 型波动持续性更强。未加入外生变量时，θ 项在 0.18—0.19，加入外生变量后，θ 值迅速减小至 0.001 以下，但仍在 1%显著性水平下显著，表明中美利差和美国长短期国债收益率对股指期货日收益率波动有显著影响，加大了股指期货日收益率的长期波动。权重系数 ω 在加入外生变量后迅速降低，表明加入外生变量后，权重函数衰减速度变慢。以上两点均可解释加入外生变量后图 6 - 10 中长期波动成分大幅下降的原因。

本书同时使用联邦基金期货隐含利率 FFF IR，联邦基金期货隐含利率每日变动率 FFF DIR，美国经济政策不确定性指数 EPU，波动率指数变动率 DVIX 和宏观经济变量主成分因子 PC 作为外生宏观变量，放入长期波动率方程中进行估计。估计结果表明，除联邦基金期货隐含利率每日变动率 DIR 和波动率指数变动率 DVIX 能显著降低股指期货长期波动率，主成分因子 PC 能显著提高股指期货长期波动率外，其余各变量对股指期货日收益率的长期波动均无显著作用。联邦基金期货隐含利率每日变动率 DIR，波动率指数变动率 DVIX 以及主成分因子 PC 对股指期货日收益率的预测作用较差，RMSE 均超过 9，对应模型的拟合效果也不如以中美利差和美国长短期国债利差作为外生变量的模型的拟合效果。我们可以作出这样的推断，美国货币政策变动对中国金融市场的溢出效应并非直接通过联邦基金利率的变动而实现，而是经由对其他宏观变量的调节，如中美间资本流动，汇率变动(中美利差引致)，以及对美国本土宏观经济动态的调整(美国长短期国债利差引致)，从而进一步影响中美贸易，中国外汇占款，金融市场流动性而实现的。为验证美国货币政策变动对中国金融市场溢出效应的传导渠道，本书进一步采用 GARCH - MIDAS 模型验证发现，当外生变量为美国国内经济先行指标 LI 时，LI 对股指期货的长期波动有显著的促进作用，尽管模型拟合效果并不如外生变量为中美利差或美国长短期国债利差时模型的拟合效果好。这表明，美国经济复苏的前景会在一定程度上刺激中国国内股指期货的交易。从贸易的角度而言，美国经济复苏会提振美国对中国出口品的需求，从而促进中国相关产业的发展，带动国内实体经济和投资的活跃度，从而拉动金融期货市场的交易量和波动程度；从资本流动的角度而言，美国经济繁荣会带来本国股市大涨，国际资本在国家间加速流动，从而带动中国股指期货交易的波动程度；从信号传递、市场预期的角度而言，美国经济回暖会提振中国投资者对国内市场的信心，投资者倾向于将资金投向风险较大的股票现货和期货市场，从而加大了期货市场的波动性。

综合以上分析，外生变量的加入对模型系数的影响较大，中美利差和美国长短期国债收益率利差（美国国内宏观经济形势）对中国股指期货日收益率波动的强化影响不可忽视。在样本期内，中美利差的缩小和美国长短期国债收益率利差的扩大表明美国经济正处于恢复期。从实体经济发展的角度而言，美国经济复苏会提振中美两国间贸易，这在一定程度上会促进中国相关产业的发展，带动国内实体经济和投资的活跃度，从而拉动金融期货市场的交易量和波动程度；从资本流动的角度而言，美国经济繁荣会带来美元升值，国际资本的回流以及美国本土股市的上涨，国际资本在国家间加速流动。受资金面变动的影响，中国股指期货交易的波动程度也必然有所加强；从信号传递、市场预期的角度而言，美国经济回暖会提振中国投资者对国内市场的信心，投资者倾向于将资金投向风险较大的股票现货和期货市场，从而加大了期货市场的长期波动性。

表 6-6 GARCH-MIDAS-X 模型：5 年期国债期货

	μ	α	β	θ	ω	m	LogL	AIC	BIC	RMSE
Panel A：基准模型										
RV Fixed	0.001 1 (0.008 1)	0.010 6 (0.025 6)	0.891 7** (0.378 1)	0.138 3*** (0.016 5)	10.211 0** (4.433 5)	0.076 6*** (0.008 7)	179.057 0	−346.114 0	−317.692 0	0.152 2
RV Rolling	0.000 9 (0.008 1)	0.006 8 (0.025 3)	0.889 4 (0.598 1)	0.136 3*** (0.015 7)	10.577 0** (4.606 5)	0.077 8*** (0.008 4)	178.597 0	−345.193 0	−316.772 0	0.152 2
Panel B：当前经济形势指标										
中美利差	0.006 0 (0.006 8)	0.064 7** (0.029 2)	0.125 3 (0.433 6)	0.065 4*** (0.004 5)	6.621 4*** (0.778 6)	−0.057 2*** (0.004 9)	110.503 0	−209.005	−180.584	0.145 6
国债利差	0.007 6 (0.006 5)	0.023 2* (0.013 7)	0.865 5*** (0.096 0)	0.068 5*** (0.004 3)	9.012 5*** (1.311 2)	−0.044 4*** (0.003 6)	109.190 0	−206.379	−177.957	0.146 5
FFF IR	0.005 6 (0.007 7)	0.040 1*** (0.004 5)	0.959 4*** (0.004 6)	0.044 4 (0.330 7)	4.707 8 (51.193)	0.082 1** (0.041 4)	91.458 80	−170.918	−142.496	0.149 5
FFF DIR	0.001 1 (0.010 3)	0.010 8 (0.038 0)	0.910 4* (0.539 5)	1.603 0 (16.107)	2.483 9 (30.905)	0.008 3 (0.006 4)	118.804 0	−225.609 0	−197.187 0	0.156 3
TB3	0.006 7 (0.007 6)	0.043 3*** (0.008 1)	0.944 5*** (0.011 8)	−0.217 3*** (0.046 9)	2.853 4 (1.981 5)	0.082 4*** (0.015 4)	93.134 8	−174.27	−145.848	0.146 9

续　表

	μ	α	β	θ	ω	m	LogL	AIC	BIC	RMSE
DTB3	0.002 4 (0.008 6)	0.000 0 (0.059 0)	0.783 8 (1 985.200 0)	31.010 0 (32.674 0)	3.934 5 (3.455 3)	−0.012 8 (0.022 5)	125.458 0	−238.917 0	−210.495 0	0.157 4
EPU	0.005 2 (0.007 6)	0.040 1*** (0.004 6)	0.959 2*** (0.004 9)	0.000 4 (0.000 7)	15.61 (50.941)	0.065 3 (0.047 3)	91.658 3	−171.317	−142.895	0.149 5
DVIX	0.002 7 (0.010 3)	0.035 4 (0.055 5)	0.900 0*** (0.175 4)	−0.045 5 (0.074 4)	22.811 0 (33.719 0)	0.011 4*** (0.002 8)	118.172 0	−224.344 0	−195.922	0.156 3
Panel C：经济先行指标										
LI	−0.001 2 (0.010 2)	0.017 5 (0.048 6)	0.873 6 (0.553 4)	0.011 9 (0.025 4)	29.109 0 (176.630 0)	−0.004 9 (0.032 8)	117.879 0	−223.757 0	−195.336 0	0.155 7
PC	−0.000 2 (0.010 3)	0.015 2 (0.048 5)	0.855 1 (0.727 9)	−0.009 0 (0.018 8)	6.990 5 (53.496 0)	0.015 5** (0.006 5)	118.012 0	−224.025 0	−195.603 0	0.159 9

注：“RV Fixed”指长期波动成分 τ_t 在每一期内取值固定，“RV Rolling”指运用滑动窗口法，长期波动成分 τ_t 在每一期内变动；“中美利差”为美国 3 个月国债日收益率与 Shibor - 3M 间的对数差，“国债利差”指美国 10 年国债日收益率与 3 个月国债日收益率的对数差；“FFF IR”为联邦基金期货隐含利率，代表市场对联邦基金目标利率的预期，“FFF DIR”为联邦基金期货隐含利率日变动率，代表市场对联邦基金目标利率预期的变动；“TB3”为美国 3 个月国债日收益率，代表美国联邦基金利率走势，“DTB3”为美国 3 个月国债日收益率变动率；“EPU”为美国经济政策不确定性(Economic Policy Uncertainty)，来源于 http：//www.policyuncertainty.com/index.html；“DVIX”为芝加哥期权期货交易所(CBOE)市场波动性指数 VIX 指数日变动率(一阶差分)；“LI”为美国经济先行指数；“PC”代表对各变量进行主成分分析后得到的主成分因子。“LogL”代表对数似然函数。圆括号内为对应估计值的标准差。

由表 6 - 6 可以看到，对于 5 年期国债期货日收益率序列，当不加入外生变量时，无论使用固定窗口法还是滑动窗口法进行估计，参数 α 和 β 的估计值均未能同时显著。在加入美国国债利差，联邦基金期货隐含利率，美国 3 个月国债收益率以及美国经济政策不确定性指数的情况下，参数 α 和 β 的估计值均显著，β 取值落于 0.86—0.96，而 α 取值落于 0.02—0.045，表明 5 年期国债期货日收益率序列的短期波动具有较强的集聚性和持续性，且 GARCH 型波动比 ARCH 型波动持续性更强。但加入联邦基金期货隐含利率，美国 3 个月国债收益率以及美国经济政策不确定性指数外生变量时，参数 θ 或权重系数 ω 至少有一个不显著。加入主成分因子 PC 作为外生变量时，参数 α，β，θ 或权重系数 ω 的估计值均不显著。只有在加入美国国债利差作为外生变量的情况下，参数 α，β，θ 和权重系数 ω 皆显著且模型拟合的效果更好，预测的均方根误差有所降低。

由此可见，只有加入美国长短期国债利差变量的模型拟合是完备和正确的，美国长短期国债利差的扩大会加大中国 5 年期国债期货日收益率的长期波动。作为美国宏观经济走势的预测性指标，美国长短期国债利差的扩大表明美国国内经济形势向好，美元升值，国际资本回流美国。受资金面变动的影响，中国 5 年期国债期货价格必然发生变动；与此同时，美国经济形势的好转带动中国投资者的乐观情绪，投资者倾向于减持国债，看空国债未来走势，资金从国债期货市场的撤离加大了国债期货的长期波动；另外，美国长短期国债利差的扩大会引起中国国债收益率水平的变动，从而对国债期货的交易产生影响，加大了中国国债期货市场的长期波动程度；最后，美国经济形势的好转以及美元的升值会通过大宗商品价格的波动，国际贸易，国际收支，通货膨胀，生产成本等渠道对国际资本流动和他国货币供应量、外汇储备、社会投融资规模等产生影响，并最终影响到国内金融期货市场的交易和波动。为节省空间，此处未给出国债期货日收益率的总条件波动和长期波动成分示意图。

第三节　小　　结

本部分选取了2010年4月16日至2016年10月31日间沪深300股指期货日收益率数据，2013年9月6日至2016年10月31日间5年期国债期货日收益率数据以及相应时间区间内中美利差和美国长短期国债收益率利差数据，运用多重分形去趋势交叉相关系数分析法考察了中国金融期货日收益率和两大利差间的交叉相关关系。实证结果表明，(1) 金融期货日收益率和两大利差间存在交叉相关关系，且该交叉相关关系具有多重分型特征和持续性，即一个变量的上升会导致另一个变量的增加，变量间的交叉相关关系具有长期记忆性；(2) 对于金融期货日收益率序列本身而言，小型波动可持续而大型波动反持续。当市场波动较小时，波动主要由市场自身引起，当市场波动较大时，波动则主要由两大利差引致，这意味着中国金融期货市场对利差冲击的反应较为显著；(3) 全样本以及短期内，期货日收益率和中美利差间的多重分型程度要大于期货日收益率和美国长短期国债利差间的多重分型程度，表明中美利差的波动性强于美国长短期国债利差的波动性。长期内，期货日收益率和中美利差间的多重分型程度小于期货日收益率和美国长短期国债利差间的多重分型程度，表明长期内中美利差的波动性弱于美国长短期国债利差的波动性。与此同时，除股指期货日收益率和美国长短期国债利差，各对时间序列短期内的多重分型程度均大于长期内的多重分型程度，意味着短期内序列的波动程度比长期内要强。各序列自身以及各对时间序列间的多重分型特性主要是由序列的长程相依性引起的，与序列的分布无关；(4) 运用滑动窗口分析法，本书发现中国金融期货日收益率和两大利差间的交叉相关关系受美联储货币政策变动的影响，在美联储退出量化宽松货币政策以及开启加息通道期间，各对时间序列的交叉相关系数均低于样本期的平均水平，在0.5以上低位徘徊，表明各对时间序列间的交叉相关关系仍具有持续性，但市场效率有所增强。

运用新发展的GARCH－MIDAS模型，通过在模型中加入不同的美国政策和经济变量，GARCH－MIDAS－X模型的估计结果表明，美国货币政策变动对中国金融市场的溢出效应并非直接通过联邦基金利率的变动而实现，而是经由对其他宏观变量的调节，如中美间资本流动，汇率变动（中美利差引致），以及对美国本土宏观经济动态的调整（美国长短期国债利差引致），从而进一步影响中美贸易，中国外汇占款，市场流动性而实现的。此外，从信号传递的角度而言，美联储货币政策调整和美国国内经济形势变动均影响着中国投资者的情绪和预期，从而影响中国金融期货市场波动状况。中国投资者根据已有美联储货币政策调整和美国国内经济形势变动的信息调整个人资产配置和组合，因此中国金融期货市场的调整相较美国货币政策和其他经济变量的变动存在滞后，这也是美联储货币政策调整和美国国内经济形势变动对中国金融期货市场波动有预测作用的原因。

第七章
美联储货币政策溢出效应的动态变换和机制转换

由以上章节我们可以看出，中国金融市场间交互关系以及美联储货币政策对中国金融市场的溢出效应在不同时期内有着较大差别。图 7－1 给出了美国联邦基金目标利率和美元指数走势图，表 7－1 给出了美联储自 1994 年开始正式向外界公布其货币政策起的历次加息周期的时长和加息幅度。结合图表我们可以看出，美联储每轮加息周期时长和幅度各不相同，且每次美联储进入加息周期都伴随着美元指数上涨，新兴市场国家的货币贬值和全球金融市场的动荡。第一轮加息从 1994 年 2 月至 1995 年 7 月，其间加息 7 次，基准利率由 3％升至 6％，加息 300 个基点。彼时墨西哥金融危机爆发。第二轮加息周期持续时间最短，仅 1997 年 3 月 25 日加息一次，时值亚洲金融危机爆发。第三轮加息周期则从 1999 年 6 月至 2001 年 1 月，其间 6 次加息，美联储将基准利率由 4.75％增至 6.5％，加息 175 个基点。当时美国互联网泡沫破灭，而 1999 年的巴西货币危机和 2001 年的阿根廷债务危机的爆发都与美联储货币政策调整（加息）有着密切的联系。第四轮加息从 2004 年 6 月至 2007 年 9 月，其间共加息 17 次，基准利率由 1％升至 5.25％，加息 425 个基点。此轮加息戳破了美国国内房地产泡沫，并最终引发了全球性金融危机。第五轮加息周期从 2015 年 12 月 16 日开始，加息伊始即引起了全球金融市场的动荡。由此可见，美联储加息对世界金融市场形成的冲击是巨大的，其对他国的影响随着全球经济环境，各国经济制度的变更和市场开放度而有着不同。鉴于市场普遍预期美联储将继2015年12月进入加息通道后不定期执行加息举措，全面考察美联储货币政策对中国金融市场的时变溢出效应是十分必要的。因此，本章采用中国金融市场三大子市场：股市、债市和汇市数据，从VAR族模型入手，使用时变参数VAR(TVP－VAR)模型，广义VAR(Generalized VAR)模型和马尔科夫转换VAR(MSVAR)模型，试图通过不同的方法和视角研究中国金融市场间时变均值与波动溢出以及美联储货币政策对中国金融市场的动态溢出效应，以全面考察中国金融市场的动态特征以及美联储货币政策变动对中国金融市场的影响。

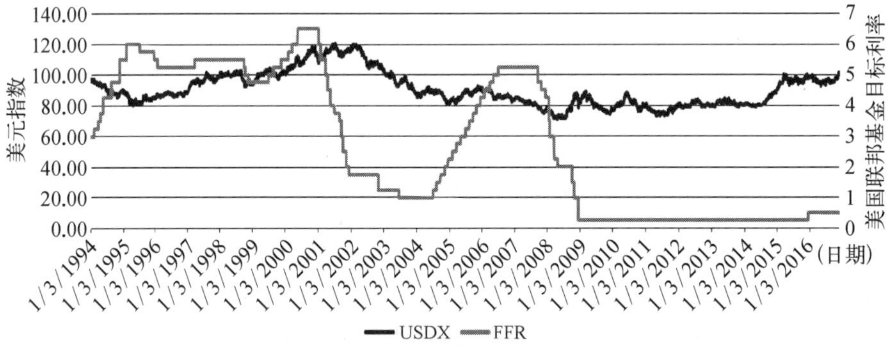

图7－1　美国联邦基金目标利率和美元指数走势

表7－1　1994年至今美联储货币政策紧缩周期中加息幅度和加息时长

最初目标利率水平(%)	第一次升息		整　周　期		加息次数	最终目标利率水平(%)
	时　　间	加息幅度(bps)	时长(月)*	加息幅度(bps)		
3.00	Feb－4－1994	25	13	300	7	6.00
5.25	Mar－25－1997	25	1	25	1	5.50
4.75	Jun－30－1999	25	12	175	6	6.50

续　表

最初目标利率水平（%）	第一次升息		整　周　期		加息次数	最终目标利率水平（%）
	时　间	加息幅度（bps）	时长（月）*	加息幅度（bps）		
1.00	Jun-30-2004	25	25	425	17	5.25
0—0.25	Dec-16-2015	25	—	—	—	—

注：* 代表加息周期中第一次加息至最后一次加息所经历的月份数。—为至今无法确定的数值。

第一节　美联储货币政策对中国金融市场的时变动态溢出效应

一、样本选择和数据初步统计分析

本部分将对中国股票市场、债券市场、外汇市场日收益率以及日波动状况进行考察，并基于国际货币政策溢出效应理论，建立 TVP-VAR 模型，分析美联储货币政策变动对中国金融市场溢出效应的时变特征与结构性变动，并主要从资本流动以及市场情绪和预期两个渠道进行解释。

上证综指作为中国第一支股票指数，是以上海证券交易所挂牌上市的全部股票为计算范围，以发行量为权数进行加权综合所得的股价指数，该指数较为完整地反映了中国股票市场的运作情况。因此本书选取上证综指作为中国股票市场的代表变量；黄玮强、庄新田（2006）认为，相较于银行间债券市场，交易所债券市场能更完整的反映债券市场的运行状况并更好为债券确定价格，因此本书选取上证国债指数作为中国债券市场的代表变量；针对外汇市场，本书则以人民币兑美元汇率作为研究对象。美联储货币政策则采用联邦基金实际利率（effective Federal funds rate，EFFR）作为其代理变量。考虑到数据的可得性，本书的样本期为 2003 年 1 月 2 日至 2016 年 9

月 30 日，每个变量各有 3 587 个观测值，数据均来自 Wind 金融数据库。

表 7－2 给出了三大市场日收益率的描述性统计结果。从表 7－2 中我们可以看出，3 个收益率序列均值皆接近于零，偏度皆不为零，峰度都大于 3。“JB 检验”结果表明三序列均不服从正态分布，“ADF 检验”结果表明三序列均为平稳序列。从方差指标可以看出，股市是三个市场中波动最大的，汇市其次，债市波动最小。

表 7－2 样本数据描述性统计

	均 值	最大值	最小值	方 差	偏 度	峰 度	JB 检验	ADF 检验
SSEC	0.022 9	9.034 3	−9.256 2	1.606 5	−0.494 1	7.491 7	3 160.434***	−58.538 2***
SETBI	0.013 1	1.014 1	−1.382 3	0.095 7	−2.093 6	42.450 4	235 161.7***	−17.229 5***
FX	−0.006 0	1.816 1	−2.018 7	0.115 6	−0.179 9	56.933 5	434 645.9***	−33.707 19***

注：“JB 检验”代表 Jarque-Bera 检验，原假设为被检定时间序列遵循正态分布。“ADF 检验”代表 ADF 单位根检验，原假设为被检定时间序列含有单位根。***，**，* 分别表示在 1%，5%，10%的显著性水平下显著。

二、模型构建

GARCH 族模型和 VAR 族模型间存在诸多类似性，已有对金融资产收益波动率的研究多使用 GARCH 族模型，因 GARCH 族模型可刻画时间序列的波动结构（volatility structure）特征，在存在多个资产价格序列的情况下，亦可得到不同价格序列变动率间的条件相关性信息。但是，GARCH 族模型未能提供描绘有关变量间的波动动态性（volatility dynamics）和结构变动（structural changes）的方法。在诸多情况下，多元 GARCH 模型还存在估计算法无法收敛的问题。Primiceri（2005）以及 Koop et al.（2009）认为，外来冲击并非恒定不变，Koop and Korobilis（2010）曾指出，通过对误差协方差矩阵的适当建模可使多元随机波动率在实证中得到应用。对宏观政策的理解需建立在具有时变系数和误差协方差矩阵的多元 VAR 模型上，亦即变量间的同期相关关系具有时变性，新息存在异方差性。

为此，我们将 VAR 模型系统化，允许随机波动率随时间变化。同时，将脉冲响应方程拓展至波动冲击分析领域，考察不同金融资产收益率间的波动溢出效应。和已有文献相比，本书为美国货币政策与中国金融市场间的风险波动传递研究提供了新的研究视角，评估了独立冲击对中国金融市场波动的影响。

本书所使用 Primiceri(2005)提出的时变系数向量自回归模型(TVP-VAR 模型)多用于宏观经济研究中的价格波动行为分析。与常系数 VAR 模型相比，TVP-VAR 模型无需将样本划分为多个子样本以验证序列可能存在的结构变动(Nakajima et al., 2011)，因时变的模型系数自发表明了转换的具体时点，时变的方差自发捕捉了冲击影响的变动。因此，使用 TVP-VAR 模型可以有效避免分割样本所造成的信息损失以及选择样本分割时点所带来的不确定性。在脉冲响应期内系数不变的假定下，我们可从标准常系数 VAR 模型得到两变量间的脉冲响应函数，在 TVP-VAR 模型框架下，在不同时间点，我们可得到不同的脉冲响应函数。

为更加灵活稳健地测定市场结构可能存在的变动，我们在 Omori et al.(2007)的基础上对 TVP-VAR 模型进行拓展，加入随机波动成分。本部分所使用模型可测定变量间同期相关关系的时变性(这可能是由于宏观变量间结构性动态相关关系的变动所引致)以及新息的异方差性(这可能是由外来冲击的变动或外来冲击对宏观变量影响的变动所导致的(D'Agostino et al., 2013))。

参照 Primiceri(2005)，Omori et al.(2007)和 Nakajima(2011)，允许结构 VAR 模型参数具有时变性，可以得到 TVP-VAR 模型。为此，我们考虑如下结构 VAR 模型：

$$A_t y_t = F_{1,t} y_{t-1} + \cdots + F_{s,t} y_{t-s} + u_t \quad t = s+1, \cdots, n \tag{7.1}$$

y_t 是 $n \times 1$ 向量，代表被观测到的内生变量，A_t，$F_{i,t}$，$i=1, 2, \cdots, s$ 是 $n \times$

n 时变参数矩阵。u_t 是 $n\times 1$ 不可观测的具有异方差的结构性冲击，$u_t\sim N(0,\sum_t,\sum_t)$。不失一般性，我们考虑以下形式：

$$A_t\Omega_t A_t'=\sum_t\sum_t' \tag{7.2}$$

其中 A_t 是下三角矩阵，Ω_t 为方差协方差矩阵。

$$A_t=\begin{bmatrix}1 & 0 & \cdots & 0\\ \alpha_{21,t} & 1 & \ddots & \vdots\\ \vdots & \ddots & \ddots & 0\\ \alpha_{n1,t} & \cdots & \alpha_{nn-1,t} & 1\end{bmatrix} \tag{7.3}$$

$\sum_t$ 是对角矩阵，σ_t 为 $\sum_t$ 的对角线元素。

$$\sum_t=\begin{bmatrix}\sigma_{1,t} & 0 & \cdots & 0\\ 0 & \sigma_{2,t} & \ddots & \vdots\\ \vdots & \ddots & \ddots & 0\\ 0 & \cdots & 0 & \sigma_{n,t}\end{bmatrix} \tag{7.4}$$

该模型的简化式可记为：

$$y_t=B_{1,t}y_{t-1}+\cdots+B_{s,t}y_{t-s}+A_t^{-1}\sum_t\varepsilon_t \tag{7.5}$$

$$V(\varepsilon_t)=I_n$$

其中 $B_{i,t}=A_t^{-1}F_{i,t}$。将等式(7.5)右侧的系数归结到 β_t 中，则可将等式(7.5)写为以下形式：

$$y_t=X_t'\beta_t+A_t^{-1}\sum_t\varepsilon_t$$

$$X_t'=I_s\otimes[y_{t-1}',\cdots,y_{t-s}'] \tag{7.6}$$

β_t 是 $(n^2s\times 1)$ 向量，假设时变参数服从一阶随机游走过程，形式如下：

$$\beta_t = \beta_{t-1} + \nu_t \tag{7.7}$$

$$\alpha_t = \alpha_{t-1} + \zeta_t \tag{7.8}$$

$$\log \sigma_t = \log \sigma_{t-1} + \eta_t \tag{7.9}$$

并且有

$$V = Var\left(\begin{bmatrix} \varepsilon_t \\ v_t \\ \zeta_t \\ \eta_t \end{bmatrix}\right) = \begin{bmatrix} I_n & 0 & 0 & 0 \\ 0 & \boldsymbol{Q} & 0 & 0 \\ 0 & 0 & \boldsymbol{S} & 0 \\ 0 & 0 & 0 & \boldsymbol{W} \end{bmatrix} \tag{7.10}$$

参考 Primiceri(2005)和 Nakajima(2011)的假设，令 $\alpha_t = (\alpha_{21, \cdots, }\alpha_{nn-1})$ 为下三角矩阵 A_t 中非 0 和非 1 的元素按行堆叠形成的向量；令 $h_t = (h_{1t,} \cdots, h_{nt})$，其中 $h_{jt} = \log \sigma_{jt}^2$，$j = 1, \cdots, n$，$t = s+1, \cdots, n$，则：

$$\beta_{s+1} \sim N(\mu_{\beta_0}, \sum\nolimits_{\beta_0})$$

$$\alpha_{s+1} \sim N(\mu_{\alpha_0}, \sum\nolimits_{\alpha_0})$$

$$h_{s+1} \sim N(\mu_{h_0}, \sum\nolimits_{h_0}) \tag{7.11}$$

模型新息的方差协方差矩阵为分块对角矩阵：

$$\begin{pmatrix} \varepsilon_t \\ u_{\beta t} \\ u_{at} \\ u_{ht} \end{pmatrix} \sim N\left(0, \begin{pmatrix} 1 & 0 & 0 & 0 \\ 0 & \sum_\beta & 0 & 0 \\ 0 & 0 & \sum_a & 0 \\ 0 & 0 & 0 & \sum_h \end{pmatrix}\right) \tag{7.12}$$

其中 $\sum_a$ 和 $\sum_h$ 都是对角矩阵。上述假设表明时变参数之间的新息冲击是不相关的。时变参数服从随机游走过程的假定意味着系数可既有暂时的也有永久的变动，在这样的假定之下，时间序列中的渐变或结构性断点等非线性特征也就可以进行估计了。

基于 TVP 回归的状态空间模型促使不同的估计方法得以发展。当波动率恒定不变时，我们可使用估计高斯状态空间模型的标准卡曼滤波对模型进行估计。但当波动为随机时，模型变为非线性状态空间模型，该方法的运用受到了限制。Koop and Korobilis(2010)指出，选择既能表征关键数据特征，同时又能避免过度参数化的模型是经济研究中的关键问题。收缩法可解决过度参数化的问题，因而在初始值选择过程中使用收缩法的贝叶斯方法得到了广泛的应用，贝叶斯推断作为解决过度参数化的方法之一被用于对相关模型进行估计。

本书使用马尔科夫链蒙特卡罗(MCMC)法进行模型估计的首要原因在于 TVP - VAR 模型中包含非线性随机波动状态方程，而该方程的似然函数较难估计。第二个原因在于 MCMC 方法可对状态参数进行推断，可在存在未知参数的情况下对脉冲响应函数进行估计。Primiceri(2005)和 Hauzenberger(2011)认为，基于整个样本数据，MCMC 方法可得到有关系数的平滑估计，该估计比滤波估计更加有效。与 Primiceri(2005)类似，我们首先设定先验概率密度。参照 Koop and Korobilis(2010)对先验值进行设定后，我们可通过 MCMC 算法对待估参数联合后验分布进行估计。MCMC 算法包含以下步骤：

(1) 指定 β, α, h 和 ω 的初始值；

(2) 从 $p(\beta \mid \alpha, h, \sum_{\beta}, y)$ 中抽取 β；

(3) 从 $p(\sum_{\beta} \mid \beta)$ 中抽取 $\sum_{\beta}$。

(4) 从 $p(\alpha \mid \beta, h, \sum_{\alpha}, y)$ 中抽取 α。

(5) 从 $p(\sum_{\alpha} \mid \alpha)$ 抽取 $\sum_{\alpha}$。

(6) 从 $p(h \mid \beta, \alpha, \sum_{h}, y)$ 抽取 h。

(7) 从 $p(\sum_h | h)$ 抽取 $\sum_h$。

(8) 返回第二步，循环。

与 Nakajima(2011)类似，本研究设定 $(\sum_{\beta_t})^{-2} \sim Gamma(40,\ 0.02)$，$(\sum_{\alpha_t})^{-2} \sim Gamma(4,\ 0.02)$ 以及 $(\sum_{h_t})^{-2} \sim Gamma(4,\ 0.02)$。

三、实证结果及分析

由表 7－2 平稳性检验结果可知，各序列均为平稳序列。利用 VAR 模型的信息准则，确定模型滞后阶数为 1 阶。

表 7－3　MCMC 估计结果及诊断

系　数	均　值	标准差	下 95%	上 95%	Geweke	Inef
Sb1	0.010 8	0.001 4	0.015 6	0.021 0	0.942	11.33
Sb2	0.020 8	0.002 1	0.017 2	0.025 3	0.249	8.65
Sa1	0.082 1	0.032 1	0.042 2	0.168 6	0.914	95.39
Sa2	0.051 0	0.011 3	0.034 0	0.077 3	0.309	31.26
Sh1	0.781 8	0.137 0	0.545 9	1.082 3	0.354	70.83
Sh2	0.310 2	0.087 9	0.158 4	0.503 0	0.854	40.40

注："Inef"代表无效因子。无效因子表示为得到不相关样本所需要抽样的次数，即因子值越小反映抽样样本越有效。

表 7－3 展示了使用马尔科夫链蒙特卡罗(MCMC)算法得到的有关估计量：后验均值，标准差，95%置信区间，Geweke 收敛诊断统计量和无效因子。所估参数的后验均值均落于其 95%的置信区间内，无效因子均小于 100，且由 Geweke 统计量可知，我们无法在 1%的显著性水平上拒绝 TVP－VAR 模型估计参数收敛于估计结果后验分布的原假设。因此，我们可以得出以下结论：该模型设定合理，抽样样本足够支持实证研究，利用 MCMC 算法进行估计是有效的。

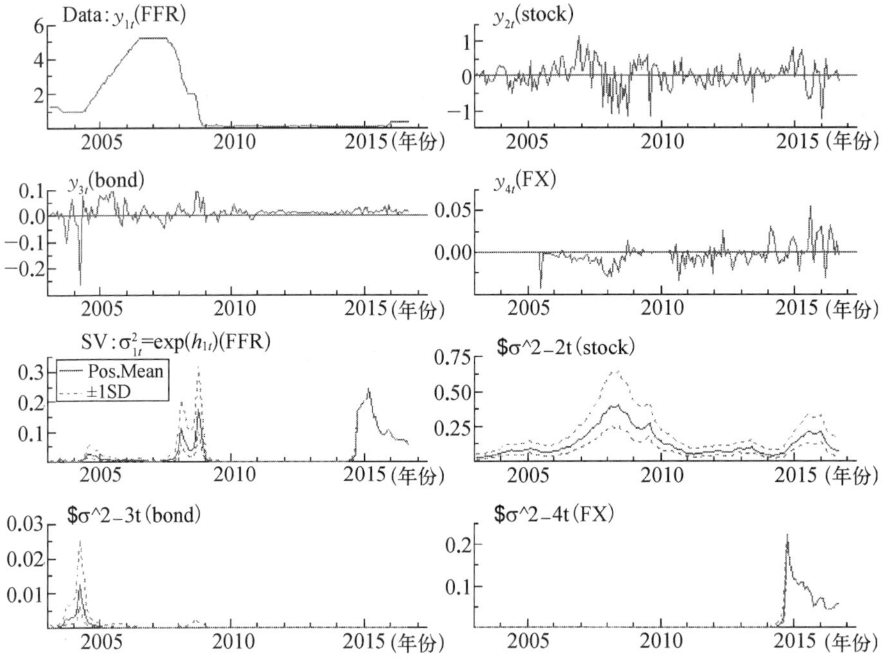

图 7-2　联邦基金利率，中国股市、债市和人民币兑美元收益率及后验波动

图 7-2 展示了样本区间内联邦基金利率，上证综指、国债指数和人民币兑美元收益率，基于后验均值和 95%置信区间的方差以及相关收益率的随机波动率 $\sigma_{it}^2=\exp(h_{it})$。图 7-2 显示四个序列均呈现出不同的波动特征，显著的随机波动率后验估计值表明使用随机波动 TVP-VAR 模型可避免系数的有偏估计。联邦基金利率在 2004 年下半年至 2005 年，2007 年年末至 2009 年年初，2014 年下半年至今出现了三次波动，尤以后两次波动最为剧烈。这与美联储在 2004 年下半年密集加息，从 2007 年下半年至 2008 年将联邦基金目标利率从 5.25%降至零利率下限、2014 年下半年市场加息预期逐步升温相呼应；上证综指收益率在 2008—2009 年，2015—2016 年均出现了波动高峰，表明中国股市与世界金融市场间的联动性在危机期间大幅增强；国债指数收益率只在 2004—2005 年出现了波动峰值，样本其余时间段内其波动几乎为零；人民币兑美元汇率收益率波动在样本期内同

样非常微弱，但从2014年下半年至样本期结束其波动大幅上升。这既与美国联邦基金利率在此时间段内波动加大，美元指数上升有着时间上的一致性，也与中国汇率制度日益健全、人民币兑美元双边波动幅度加大①的事实相一致。由此可见，相较于股市，中国债市和汇市的市场化程度仍相对较低，世界金融市场对中国债市和汇市的信息传导受限，中国债市和汇市与全球金融市场联动性不足。各变量波动特征同时表明，随着经济形势和宏观经济政策的变化，各变量的变动路径中存在内生的结构突变现象。

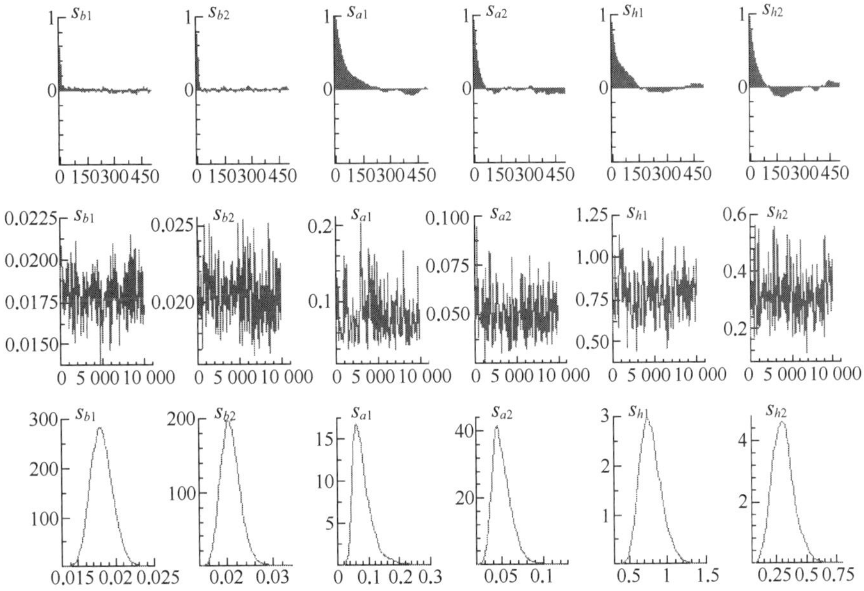

图7-3　MCMC估计结果：样本自相关系数(上)，样本模拟路径(中)以及参数后验密度(下)

图7-3给出了样本自相关系数，样本模拟路径以及参数后验密度。从参数动态模拟路径可以看到抽样样本的自相关系数稳定下降，样本路径显示抽样数据基本平稳，各参数除具有明显波动集聚的特点外，最终都收敛于

① 2015年8月11日，我国央行宣布完善人民币兑美元汇率中间价报价机制(即“新汇改”)。自“新汇改”起，人民币兑美元双边波幅显著加大，人民币兑美元汇率弹性显著增强。

均值。由此可知,通过参数假设条件的 MCMC 抽样本书获得了不相关的有效样本,该结果可支持 TVP - VAR 模型的后续推断。

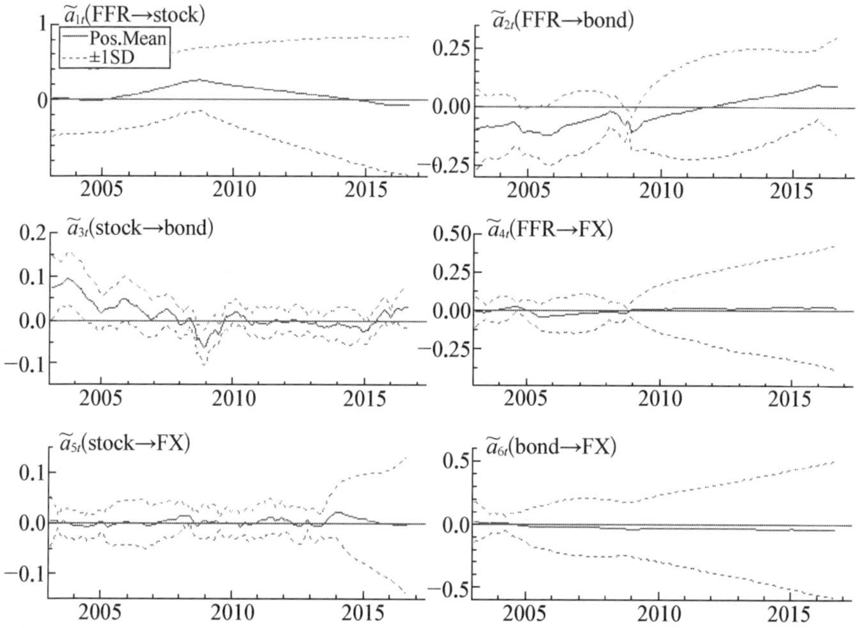

图 7 - 4　同期相关后验估计

图 7 - 4 显示了结构性冲击的同期相关关系。后验均值±1 个标准差的置信区间表明联邦基金利率对上证综指收益率结构性冲击的同期相关关系在绝大多数情况下为正。2005 年前,联邦基金利率对中国股市的影响几乎可以忽略不计,这可能是由于彼时中国股市发展仍处于较为严格的管制之下,市场对外来冲击的反应程度不高。2005 年起至 2014 年下半年,联邦基金利率与上证综指收益率呈现正相关关系,2015 年至今,联邦基金利率与上证综指收益率呈现负相关关系,即美联储加息伴随着中国股市的低迷。造成这一现象可能的原因在于,美联储紧缩性货币政策带来的收入吸收效应抑制了美国对中国出口品的需求,国外需求的下跌使得中国对外贸易连带相关出口企业业绩下滑,企业融资意愿降低,银行信贷缩水,股市低迷。

同时,美联储加息使得资本加速撤离中国,中国金融市场流动性随之下降,资产价格因此有所下跌。

2012 年前,联邦基金利率与中国国债收益率表现为负相关关系,意味着中国债市与外界的关联性较低,受美国利率水平的影响较弱。2012 年后,联邦基金利率与中国国债收益率表现为正相关关系。可能的原因在于,欧债危机的爆发,全球性的量化宽松,美联储加息的冲击以及中国积极推行的市场利率化改革,均使得中国债券市场化程度和对信息的反馈程度逐步提高,与美联储货币政策(利率水平)的联动性也有所加强。联邦基金利率与中国汇市收益率的结构性冲击同期相关关系在样本时间段内都不甚显著。

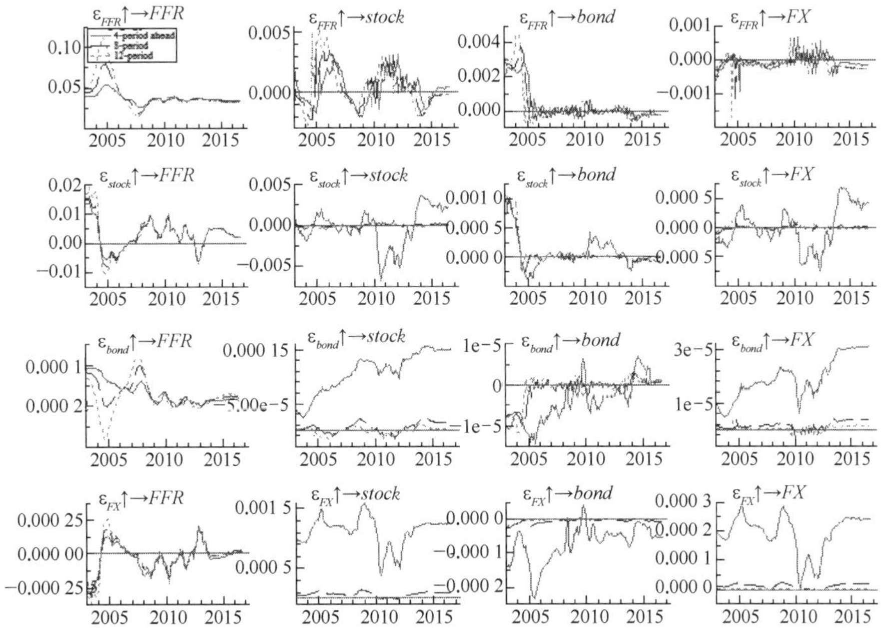

图 7－5　联邦基金利率对中国股债汇市场的等间隔脉冲响应函数

注:实灰线代表滞后 4 期,实黑线代表滞后 8 期,虚线代表滞后 12 期。

通过设定与样本区间内金融资产收益率序列随机波动均值相同大小的冲击并利用每个时间点上的同期相关关系,我们可以得到 TVP－VAR 模型所有时点上各变量在不同滞后期的脉冲响应函数(Alom et al., 2011)。对于等间隔脉冲响应函数,本研究选取了4个月、8个月和12个月3个等时间段作为滞后期;时点脉冲响应函数则选择2008年11月、2014年10月和2015年12月3个时间点,其中2008年11月、2014年10月分别是美联储启动和退出量化宽松货币政策的时点,2015年12月则为自2008年金融危机以来美联储的首次加息时点。自2014年美联储退出量化宽松货币政策后,市场对美联储加息的预期越来越强烈,并引起了全球范围内的金融资产及货币政策的波动,因此本研究以量化宽松货币政策开始和结束以及美联储加息时点为依据,在此3个时点给予正向冲击来测度美联储货币政策调整对中国金融市场的影响。

图7-5第一行等间隔脉冲响应函数显示,联邦基金利率正向冲击对中国股债汇市场的影响随时间而变化,存在渐进的结构变动。每幅图中3个滞后期美联储对中国市场冲击的幅度较为接近。2005年之前,2007—2011年以及2014—2016年,联邦基金利率对上证综指收益率的溢出效应为负,即联邦基金利率的正向冲击会导致中国股市收益率下降。联邦基金利率上升使“热钱”从中国境内流出,市场中资金及流动性的下降导致了中国股票价格和收益率的下跌;2005—2007年,2011—2014年,联邦基金利率对中国股市则呈现出先强后弱的正向冲击,可能的原因在于,2005—2006年美联储密集加息,2011—2014年联邦基金利率均维持在零利率下限,美联储量化宽松货币政策向市场释放了大量流动性。在这两个时间段内中国国内经济形势加速发展,外来冲击以及全球流动性的过剩均刺激国内股市走高;2005年前,一个正向联邦基金利率冲击对中国债市有正向影响,可能的原因在于彼时中国主要实行从紧的货币政策,国内市场利率上行。一个正向联邦基金利率冲击对人民币汇率有负向影响,主要由于联邦基金利率的正向冲击使市场形成美元升值,人民币贬值的预期,投资者减持人民币资产。2005—2014年,该冲击对中国国债和人民币对美元汇率收益率的影响消

失。2014 年后，单位正向利率冲击导致国债和人民币兑美元收益率下降。可见，相较于股市，管制力度更大的债市和汇市对美联储货币政策调整的反应相对有限。

图 7－5 第二行和第三行显示，中国股债汇三市之间的溢出效应较弱，其中以股市对其他两市的溢出效应最强，汇市次之，债市对其他市场的影响最为微弱。其中债市对股市，汇市对股市滞后 4 期的影响为正，而股市对债市和汇市滞后 4 期的影响则正负交替。由此可见，债市和汇市的上行会引导市场形成乐观预期，投资者倾向于将资金转移至风险较大的股市，股市随之上行。反过来，股市大涨会吸引更多的资金流入股市，而非债市或汇市，且债市和汇市的走势相较于股市，与宏观基本面联系更为紧密，因此股市大涨对债市和汇市则没有确定的影响方向。债市对汇市滞后 4 期的影响为正但非常微弱，汇市对债市滞后 4 期的溢出效应在绝大多数情况下皆为负，且影响亦非常微弱。这主要是因为债市行情向好往往意味着经济的疲弱和市场预期的悲观，人民币汇率在该种情况下趋向于走弱，从而债券价格的走高往往跟随着汇率的上升；反过来，当汇率上行人民币贬值时，市场通胀预期强烈，消费者倾向于消费而非购买固定收益产品或储蓄，债券价格下跌，因此汇率上升会带来债券价格的下行。从影响的时间段可以看出，滞后 4 个月期的溢出效应相对较为显著，而滞后 8 个月和 12 个月的溢出效应几乎与零无差，也即短期内各子市场间存在溢出效应，长期内该效应可忽略不计。

总体而言，美联储货币政策冲击对中国股市影响相对较大，债市次之，对汇市的影响最小。中国股市对其他两市的溢出效应相对最强，而债市对其他两市的溢出效应相对最弱，反映了中国对各市场管制程度的不同以及各市场发展程度的差异。

图 7－6 进一步比较了 2008 年 11 月、2014 年 10 月和 2015 年 12 月 3 个时间点的脉冲响应图。由图可见，美联储货币政策冲击对中国金融市场存在时变的影响。美联储于 2008 年 11 月首次启动量化宽松货币政策，一

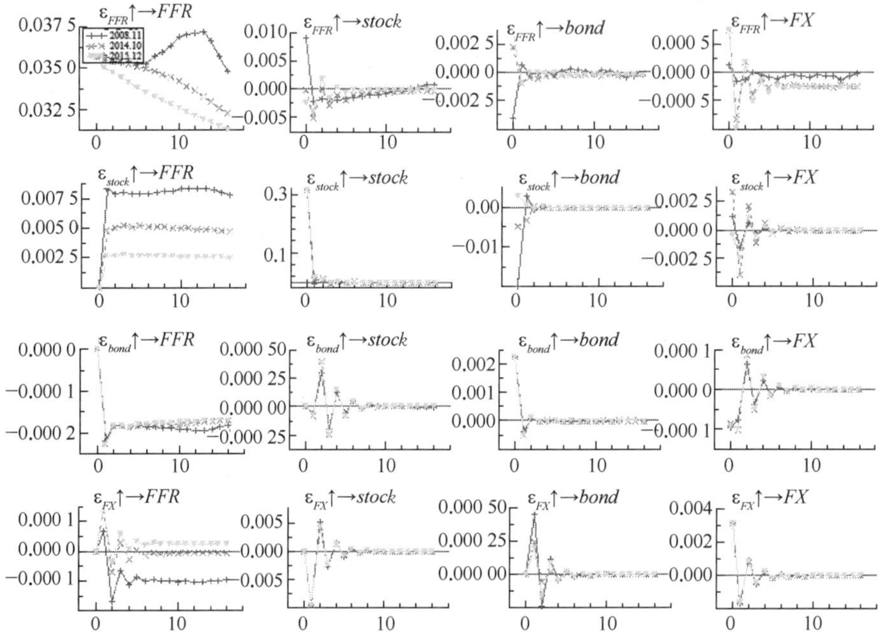

图 7－6　联邦基金利率对中国股债汇市场的时点脉冲响应函数

注：十字线为 2008 年 11 月，×线代表 2014 年 10 月，淡色粗线代表 2015 年 12 月。

单位正向联邦基金利率冲击于 1 个月内对中国股市和债市均造成较大的负向影响，意味着在联邦基金利率下降的情况下，国际游资进入国内金融市场，国内股市和债市在短期内走高，但该冲击的影响随后逐步衰减为零。以上结果表明，量化宽松货币政策短期内向市场释放了大量流动性，促使股票和债券价格上涨，但该影响持续时间较短；联邦基金利率对中国外汇市场的冲击非常微弱，与零无显著差别，这与人民币兑美元汇率在那一特殊时期维持在相对固定水平的实际情况一致；2014 年 10 月和 2015 年 12 月的脉冲响应图表明，在美联储退出量化宽松货币政策和开启加息通道的背景下，一单位正向联邦基金利率冲击对中国股债汇市场均产生了短时期的负向冲击，意味着在联邦基金利率上升的情况下，国内股债汇三市在短期内均走低。国际资本回流美国，国内市场流动性的降低外加人民币贬值预期均使得国内金融市场交易量下跌，资产价格及价格变动率在短期内呈下跌趋势。

在3个特定的时间点内，中国股市对债市和汇市在短期内(2个月内)的影响方向不确定，长期内(3个月向上)该影响几乎为零。债市对股市及汇市，汇市对股市及债市的溢出效应皆呈现出类似的特征。这表明美联储货币政策重大调整所带来的资本在国际的流动使得中国金融市场间的溢出效应方向变得不甚明确。且该溢出效应短期内存在，长期内逐渐消失。

由以上分析我们可以得出结论，美联储加息对中国金融市场的影响受中国制度变迁、对外开放度、经济景气度等多因素影响，并因时而异。美联储货币政策冲击对中国金融市场有影响，但溢出效应时间较短，长期内该影响可忽略不计。

图7－7进一步给出了使用常系数VAR模型估计得出的脉冲响应图。由图7－7可知，中国股债汇市场对美联储货币政策的变动反应较为有限，

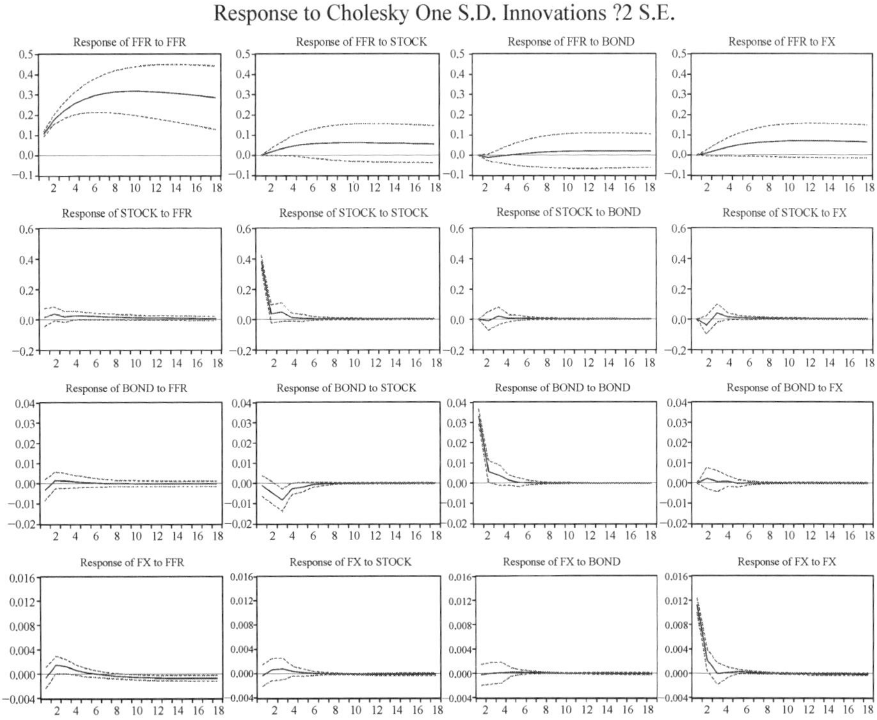

图7－7　常系数VAR模型下联邦基金利率对中国股债汇市场的脉冲响应函数

股市的反应相对最强，债市次之，汇市最弱。联邦基金利率对股市冲击的持续期也相对较长，冲击在 10 个月内衰减为零，对债市和汇市的冲击则在 6 个月内衰减为零。与前文使用 TVP - VAR 模型进行估计得出的结论一致。同时，从图中也可看出，尽管联邦基金利率对中国金融市场的冲击较为有限，但冲击所造成的影响具有时变性，表明本书使用 TVP - VAR 模型进行相关研究具有合理性。

四、总结

本部分运用 TVP - VAR 模型考察了中国金融市场间时变溢出以及美联储货币政策对中国金融市场的动态溢出效应，以期全面考察中国金融市场的动态特征以及美联储货币政策变动对中国金融市场的影响。实证结果表明，美联储货币政策冲击对中国股市影响相对较大，债市次之，对汇市的影响最小。中国股市对其他两市的溢出效应相对最强，而债市对其他两市的溢出效应相对最弱，反映了中国对各市场管制程度的不同以及各市场发展程度的差异。

从影响持续时间来看，美国货币政策溢出效应的持续时间较短，长期内可忽略不计。具体到特定时点上，美联储于 2008 年 11 月首次启动量化宽松货币政策，一单位正向联邦基金利率冲击于 1 个月内对中国股市和债市均造成较大的负向影响，意味着在联邦基金利率下降的情况下，国内股市和债市在短期内走高，随后股市逐步回归原水平，债市短暂下降后也逐步回归原水平。这表明量化宽松货币政策短期内向市场释放了大量流动性，促使中国股票和债券价格上涨，但该影响持续时间较短；联邦基金利率对中国外汇市场的冲击非常微弱，与零无显著差别，这与人民币兑美元汇率在那一特殊时期维持在相对固定水平的实际情况一致；2014 年 10 月和 2015 年 12 月的脉冲响应图表明，在美联储退出量化宽松货币政策和开启加息通道的背景下，一单位正向联邦基金利率冲击对中国股债汇市场均产生了短时期的负向冲击，意味着在联邦基金利率上升的情况下，国内股债汇三市在短期内均走低。这主要是因为美联储退出量化宽松货币政策以及加息，均从全球收回流动性并引发人民币贬值预期，投资者倾向于减持人民币资产，中国金融市场的交易量和流动性因此而降低，金融资产价格及变动率呈下跌趋势。

第二节　外溢性指标考察

已有文献多集中于使用动态相关系数考察市场间的联动性，该方法主要在统计上而非经济意义上考察联动的强弱，且无法指明联动的方向和溢出主导方。本节借鉴 Diebold and Yilmaz(2009，2012)提出的外溢指数的思想，将美联储货币政策和中国金融市场作为整体来考察，既考察了美国货币政策和中国股债汇市场间的同期溢出，也考虑了滞后信息传导的影响，综合测度了各市场变量间溢出的强度、规模、方向以及溢出影响在经济意义上的显著性。

一、数据选取及初步统计分析

从 Parkinson(1980)起，相关文献均通过以下公式计算金融资产的每日波动率：

$$\tilde{\sigma}_{it}^{2}=0.361\left[\ln(P_{it}^{\max})-\ln(P_{it}^{\min})\right]^{2} \tag{7.13}$$

$P_{it}^{\max}$ 为市场 i 第 t 天的最高价，$P_{it}^{\min}$ 为市场 i 第 t 天的最低价，相应的年化百分比日度标准差(波动率)则为 $\hat{\sigma}=100\sqrt{365\cdot\tilde{\sigma}_{it}^{2}}$。由于数据可得性的限制，计算波动率的样本区间为 2009 年 11 月 2 日至 2016 年 9 月 30 日。图 7 - 8 绘制了中国股债汇市场的波动率，表 7 - 4 给出了中国上证综指、上证国债指数和人民币兑美元汇率日收益率、日波动率和美国联邦基金利率的描述性统计结果①。

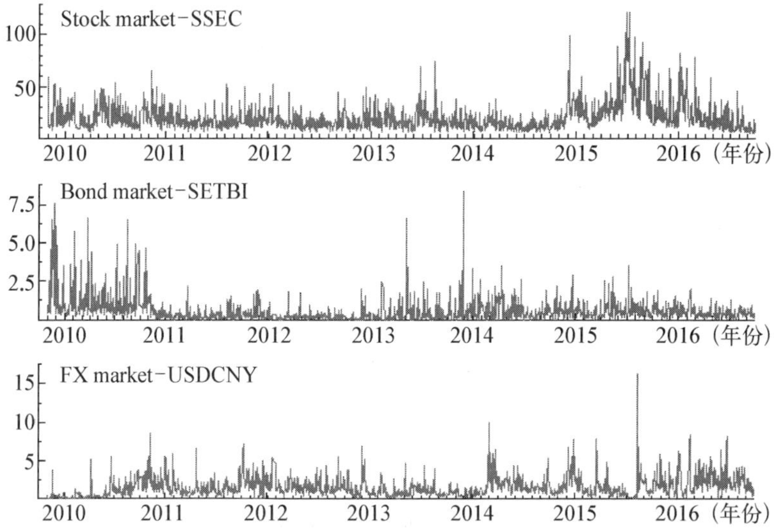

图 7-8　中国金融市场日度波动率(年化标准差,百分比)

从图 7-8 中可以观察到几个比较有意思的现象:(1) 股票市场是 3 个市场中波动程度最大的,债券市场和外汇市场的波动程度相对较小。(2) 和Andersen, Bollerslev, Christoffersen and Diebold(2007)等文献一致,金融资产波动的持续性较强。(3) 2015 年下半年至 2016 年上半年,中国股市经历了剧烈波动,与中国人民银行"新汇改"以及美联储加息的时间点有所重合;2009 年年底至 2010 年年底,2013 年 5 月和 2013 年 11 月,中国债市的波动均展现出跳跃的特征;2010 年 11 月,2014 年 3 月,2015 年 8 月,2016 年 2 月份以及 2016 年 6 月底,人民币兑美元汇率均经历了较大幅度的波动。

① 受金融资产每日交易最高价和最低价数据可得性的限制,金融资产日波动率的计算样本区间从 2009 年 11 月 2 日至 2016 年 9 月 30 日,研究标的为上证综指、上证国债和人民币兑美元汇率。

表 7 - 4　中国金融市场及美国联邦基金利率描述性统计结果

Panel A：中国金融资产收益率和美国联邦基金利率(2003/1/2—2016/9/30)

	上证综指	上证国债指数	人民币兑美元汇率	联邦基金利率
均　值	0.022 9	0.013 1	−0.006 0	1.367 2
中位数	0.075 7	0.013 2	0.000 0	0.210 0
最大值	9.034 3	1.014 1	1.816 1	5.410 0
最小值	−9.256 2	−1.382 3	−2.018 7	0.040 0
标准差	1.606 5	0.095 7	0.115 6	1.776 5
偏　度	−0.494 1	−2.093 6	−0.179 9	1.220 3
峰　度	7.491 7	42.450 4	56.933 5	2.960 5
JB 统计量	3 160.434***	235 162***	434 646***	890***
ADF 检验	−58.538 2***	−17.229 5***	−33.707 2***	−0.493 3

Panel B：中国金融资产日波动率(2009/11/2—2016/9/30)

均　值	19.880 6	0.582 5	1.589 4
中位数	15.902 0	0.346 1	1.225 3
最大值	122.162 6	8.366 4	16.248 8
最小值	4.535 6	0.000 0	0.000 0
标准差	13.581 3	0.781 8	1.383 9
偏　度	2.709 9	4.171 5	2.650 8
峰　度	13.579 4	27.738 2	17.224 5
JB 统计量	10 627***	51 261***	17 331***
ADF 检验	−6.445 5***	−10.144 2***	−10.892 4****

注："JB 检验"代表 Jarque-Bera 检验，用于测定时间序列的分布特征，原假设为该时间序列遵循正态分布。"ADF 检验"代表 ADF 单位根检验，用于测定时间序列的平稳性，原假设为时间序列含有单位根。$***$，$**$，$*$ 分别表示在 1%，5%，10% 的显著性水平下显著。

由表 7 - 4 的描述性统计结果可知，在 Panel A 中，4 个变量偏度均不为零，股债汇日度收益率的峰度均大于 3，JB 统计量表明 4 个序列均不服从正态分布，ADF 统计量显示除联邦基金利率外，其余各序列均为平稳序列。

由 Panel A 和 Panel B 均可知，股票市场是股债汇 3 个市场中波动程度最大的，这与图 7-8 的观测结果一致。股债汇 3 个市场的日波动率偏度均不为零，峰度皆大于 3，JB 统计量显示三序列都不服从正态分布，ADF 统计量表明三个序列均为平稳序列。

二、外溢指标构建

考虑协方差平稳的 N 变量 VAR(p)模型：

$$x_t = \sum_{i=1}^{p} \varphi_i x_{t-i} + \varepsilon_t,\ \varepsilon_t \sim i.i.d.(0,\ \sum) \tag{7.14}$$

其移动平均表达式为 $x_t = \sum_{i=0}^{\infty} A_i \varepsilon_{t-i}$，$N \times N$ 参数矩阵 A_i 符合以下递归形式：

$$A_i = \varphi_1 A_{i-1} + \varphi_2 A_{i-2} + \cdots + \varphi_p A_{i-p} \tag{7.15}$$

A_0 为 $N \times N$ 单位矩阵，当 $i < 0$ 时，$A_i = 0$。

在阐述外溢指数前，本书首先定义自方差比例：变量 x_i 的 H 步预测误差方差中由变量 x_i 的冲击引致的比例（$i = 1,\ 2,\ \cdots,\ N$）。交叉方差比例，或者称为外溢，则为变量 x_i 的 H 步预测误差方差中由变量 x_j 的冲击引致的比例（$i, j = 1,\ 2,\ \cdots,\ N,\ i \neq j$）。

方差分解的计算需要正交的新息冲击，但普通 VAR 模型的新息通常是同期相关的。Cholesky 因子化可以使新息正交，但该方法下的方差分解对变量的排序有要求和限制。参考 Diebold and Yilmaz（2012），我们使用 Koop，Pesaran，and Potter（1996）以及 Pesaran and Shin（1998）（下文皆简称 KPPS）的广义 VAR 架构进行方差分解。该架构对变量的排序没有要求和限制，通过可观测的误差历史分布处理新息的同期相关性问题。由于每个变量的新息并非正交，新息对各变量预测误差方差的贡献之和（方差分解表格的每行元素之和）并不一定等于 1。

定义 $\theta_{ij}^{g}(H)$ 为 KPPS 的 H 步预测误差方差分解，则有：

$$\theta_{ij}^{g}(H)=\frac{\sigma_{jj}^{-1}\sum_{h=0}^{H-1}\left(e'_{i}A_{h}\sum e_{j}\right)^{2}}{\sum_{h=0}^{H-1}\left(e'_{i}A_{h}\sum A'_{h}e_{i}\right)}\quad H=1,\ 2,\ \cdots \tag{7.16}$$

$\sum$ 为误差向量 ε 的方差矩阵，σ_{jj} 为第 j 个变量误差项的标准差，e_i 为第 i 个元素为 1，其余元素为 0 的向量。由上文可知，$\sum_{j=1}^{N}\theta_{ij}(H)\neq 1$，为充分利用方差分解矩阵内含的有用信息以计算外溢指数，需对其按行进行标准化：

$$\tilde{\theta}_{ij}^{g}(H)=\frac{\theta_{ij}^{g}(H)}{\sum_{j=1}^{N}\theta_{ij}^{g}(H)} \tag{7.17}$$

因此有 $\sum_{j=1}^{N}\tilde{\theta}_{ij}^{g}(H)=1$ 以及 $\sum_{i,\ j=1}^{N}\tilde{\theta}_{ij}^{g}(H)=N$。

使用 KPPS 方差分解的波动溢出，我们可构建如下总外溢指数：

$$s^{g}(H)=\frac{\sum_{i,\ j=1,\ i\neq j}^{N}\tilde{\theta}_{ij}^{g}(H)}{\sum_{i,\ j=1}^{N}\tilde{\theta}_{ij}^{g}(H)}\times 100=\frac{\sum_{i,\ j=1,\ i\neq j}^{N}\tilde{\theta}_{ij}^{g}(H)}{N}\times 100 \tag{7.18}$$

上式即为 Diebold and Yilmaz(2009)所使用的 Cholesky 因子法的 KPPS 形式。

广义 VAR 模型使我们可以在研究不同资产间总外溢程度大小之外探究不同资产间外溢的方向，即我们可运用广义方差分解矩阵的标准化元素得到定向外溢指数。市场 i 接收到的来自其他市场的定向外溢指数为：

$$s_{i\cdot}^{g}(H)=\frac{\sum_{j=1,\ j\neq i}^{N}\tilde{\theta}_{ij}^{g}(H)}{\sum_{i,\ j=1}^{N}\tilde{\theta}_{ij}^{g}(H)}\times 100=\frac{\sum_{j=1,\ j\neq i}^{N}\tilde{\theta}_{ij}^{g}(H)}{N}\times 100 \tag{7.19}$$

市场 i 对其他市场的定向外溢指数为：

$$s_{\cdot i}^{g}(H)=\frac{\sum_{j=1,\ j\neq i}^{N}\tilde{\theta}_{ji}^{g}(H)}{\sum_{i,\ j=1}^{N}\tilde{\theta}_{ji}^{g}(H)}\times 100=\frac{\sum_{j=1,\ j\neq i}^{N}\tilde{\theta}_{ji}^{g}(H)}{N}\times 100 \qquad (7.20)$$

三、实证结果及解读

参照 Diebold and Yilmaz(2009)，本研究分别计算了美国货币政策和中国金融市场间总均值外溢指数和总波动外溢指数，定向均值外溢指数和定向波动外溢指数，其中预测误差的时间跨度 H 取 10。具体结果见表 7-5。

表 7-5　中国金融资产收益率和美联储货币政策溢出表

	上证综指	上证国债	人民币兑美元	联邦基金利率	其他市场对本市场的溢出
Panel A：Choleski factorization 法溢出效应测定(联邦基金利率水平)					
上证综指	99.6	0.1	0.0	0.3	0
上证国债	0.0	99.9	0.0	0.1	0
人民币兑美元	0.3	0.0	99.6	0.0	0
联邦基金利率	0.2	0.9	0.3	98.6	1
对其他市场的溢出	1	1	0	0	2
包括本市场的溢出	100	101	100	99	总外溢指数：0.6%
Panel B：广义溢出效应测定(联邦基金利率水平)					
上证综指	99.4	0.1	0.2	0.3	1
上证国债	0.0	99.9	0.0	0.1	0
人民币兑美元	0.3	0.0	99.6	0.0	0
联邦基金利率	0.2	0.9	0.2	98.6	1
对其他市场的溢出	1	1	1	0	2
包括本市场的溢出	100	101	100	99	总外溢指数：0.6%

续　表

	上证综指	上证国债	人民币兑美元	联邦基金利率	其他市场对本市场的溢出
Panel C：Choleski factorization 法溢出效应测定(联邦基金利率一阶差分)					
上证综指	99.6	0.1	0.0	0.3	0
上证债券	0.0	99.7	0.0	0.3	0
人民币兑美元	0.3	0.0	99.6	0.0	0
联邦基金利率	0.1	0.3	0.8	98.8	1
对其他市场的溢出	0	0	1	1	2
包括本市场的溢出	100	100	100	99	总外溢指数：0.6%
Panel D：广义溢出效应测定(联邦基金利率一阶差分)					
上证综指	99.4	0.1	0.3	0.3	1
上证债券	0.0	99.7	0.0	0.3	0
人民币兑美元	0.3	0.0	99.6	0.0	0
联邦基金利率	0.1	0.3	0.8	98.9	1
对其他市场的溢出	0	0	1	1	3
包括本市场的溢出	100	100	101	99	总外溢指数：0.6%

注：Panel A 和 Panel C 中的结果为参照 Diebold and Yilmaz(2009)使用 Choleski factorization 法测定的溢出效应，方差分解基于滞后两阶的 VAR 模型运用 Cholesky factorisation 得出。变量的顺序即为表中列向量的顺序，第 ij 个向量表示市场 j 收益率冲击对市场 i 收益率预测误差方差的解释力度；Panel B 和 Panel D 为参照 Diebold and Yilmaz(2012)进行广义溢出效应测定所得的结果，第 ij 个向量表示市场 j 收益率冲击对市场 i 收益率预测误差方差的解释力度；Panel A 和 Panel B 基于联邦基金利率水平进行估计，Panel C 和 Panel D 基于联邦基金利率变动率(一阶差分)进行估计。

溢出效应表实际为对溢出效应指数的分解，其中列代表溢出的来源，行代表溢出的方向。从表 7－5 Panel A 中可以看到，上证综指收益率一个单位的波动有 0.3%来自美国联邦基金利率的冲击，美国联邦基金利率的冲击对上证国债指数收益率波动的影响为 0.1%，美国货币政策变动对人民币兑美元外汇收益率预测误差方差没有解释力度。这表明美联储货币政策冲击对中国金融资产收益率的溢出效应较为有限，以对股市的溢出效应最大，债市次之，对汇市则无显著影响。从“对其他市场的溢出”这一行可以看出，上证综指和上证国债收益率对其他变量波动的影响为1%，人民币兑美元汇率对其他变量无溢出。从“其他市场对本市场的溢出”这一列可以看出，联邦基金利率预测误差方差的1%可由其他市场的冲击来解释，这说明美联储货币政策一定程度上会受中国金融市场运行状况的影响。Panel A 右下角外溢指数仅为0.6%，表明4个变量间的溢出效应较弱，反映出中国金融市场发展尚未完全成熟，市场仍处于较为严格的管制之下。

根据 Diebold and Yilmaz(2012)，表7-5 Panel B 进一步作出对变量顺序无要求的广义溢出效应表。从 Panel B 中可以看到，和 Panel A 一样，美国联邦基金利率冲击可以解释中国上证综指收益率预测误差方差的0.3%，解释中国上证国债指数收益率预测误差方差的0.1%，对人民币兑美元外汇收益率预测误差方差没有解释力度。这表明美联储货币政策冲击对中国金融资产收益率的溢出效应较为有限，以对股市的溢出效应最大，债市次之，汇市无显著影响。这表明股市投资者对外来冲击的反应相对较为敏感，汇市受管制程度最高。从“对其他市场的溢出”这一行可以看出，中国股债汇市场对其他市场波动的影响仅各为1%，从“其他市场对本市场的溢出”这一列可以看出，上证综指收益率预测误差方差的1%可由其他市场的冲击来解释，而债市和汇市则不受其他市场的影响。这可能与中国的资本和金融账户并未完全开放有关，市场本身受外部影响较小，对其他市场的影响也不明显。表格右下角外溢指数为0.6%，意味着4个变量间的溢出效应较弱，与前述结论一致。

若将美国货币政策代理变量替换为联邦基金利率变动率(一阶差分)，则使用 Choleski factorization 法进行类似的估计，可得 Panel C 中的结果。与 Panel A 类似，中国上证综指收益率和国债指数收益率预测误差方差的0.3%均可由美国联邦基金利率冲击解释，人民币兑美元外汇收益率的波动不受联邦基金利率变动的影响。这表明美联储货币政策的变动(联邦基金利率一阶差分)对中国债市收益率的溢出效应相较货币政策本身(联邦基金利率水平)更为显著,从“对其他市场的溢出”这一行也可以看出,联邦基金利率变动对其他市场预测误差方差的解释力度上升为1%。从“其他市场对本市场的溢出”这一列可以看出,联邦基金利率变动预测误差方差的1%可由其他市场的冲击来解释,这意味着美国货币政策调整在一定程度上受中国经济金融市场运行状况的影响。该列右下角的总外溢指数仍仅为0.6%,表明仅有0.6%的因素是由于跨市场不同变量波动溢出所导致的。

同样的,若使用美国联邦基金利率变动率(一阶差分)进行广义溢出效应的测定,则可得 Panel D 中的结果。与 Panel C 类似,美国联邦基金利率冲击对上证综指和上证国债指数收益率波动的影响为0.3%,对人民币兑美元外汇收益率波动没有影响。这表明美联储货币政策变动(联邦基金利率一阶差分)对中国债市收益率的溢出效应相较货币政策本身(联邦基金利率

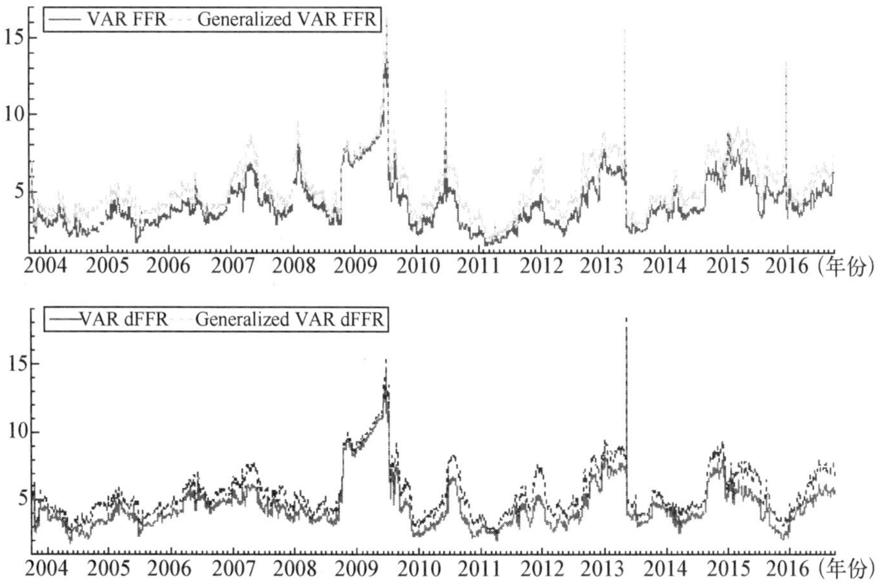

图7-9 金融资产收益率和联邦基金利率的溢出效应变动

注:本图以200天为滑动窗口,根据表7-5“对其他市场的溢出”一行的方差分解之和所做的收益率溢出效应图,时间区间为2003年10月13日至2016年9月30日。

水平)更为显著,政策变动比政策本身对债市的冲击更强。“对其他市场的溢出”表明,联邦基金利率变动对其他市场预测误差方差的解释力度上升为1%。“其他市场对本市场的溢出”同样表明联邦基金利率变动预测误差方差的1%可由其他市场的冲击来解释,这再次说明美联储在调整其货币政策时,政策力度的大小在一定程度上受中国经济金融市场运行状况的影响。上证综指预测误差方差的1%可由其他市场的冲击来解释,表明广义溢出效应测定更易描绘其他市场对上证综指收益率的影响,与Panel B的实证结果一致。下表格右下角的总外溢指数仍仅为0.6%,同样说明4个变量间的均值溢出效应较弱。

本书接下来使用200天的观测区间作为滑动窗口,对中国金融市场与美国联邦基金利率间的信息溢出程度和动态特征给予全景式图形展示。

从图7-9可知,使用联邦基金利率作为美联储货币政策代理变量时,中国金融市场间资产收益率的溢出效应从2007年年初开始上升,在2007年4月和2008年1月超过了8%。2008年10月,收益率溢出效应再次上升并于2009年7月超越了16%。可见金融危机的爆发和美联储密集降息使得中国金融资产收益率出现较大幅度的波动,收益率溢出效应也有所增强。此外,2010—2012年欧债危机爆发期间,中国金融资产收益率溢出效应也出现了高于5%的两轮小波峰,表明中国金融市场对外来冲击以及国际金融市场重大事件的迅速反应。

在2010年6月12日,第一轮量化宽松结束(2010年3月31日)后不久,中国金融市场间收益率溢出效应超过10%。2013年5月12日越过15%,在该时间点上,国内货币政策处于宽松时期,美联储正进行第四轮量化宽松货币政策,两国货币政策的调整使得两国间资本流动较为频繁。从2012年开始,热钱逐步撤离中国,2013年热钱撤离的趋势进一步加剧。据估算,仅2013年5月热钱就撤离了190亿美元,对应地减少了1 200亿元基础货币供应量。以5倍货币乘数计算，相当于减少了6 000亿元人民币的流动性。此外，该时点也接近2013年年中出现的流动性危机。种种因素使得中国股债汇市场间的收益率溢出效应大幅增强。2015年“8·11汇改”期间，受人民币大幅贬值，资本加速流出中国的影响，中国各金融市场间的联动性也有所增强。2015年12月17日收益率溢出效应飙升至13%，可见美联储加息确实使中国金融市场投资者预期统一，市场间资金流动加快，溢出效应增强，不过该影响衰减速度较快，市场间收益率溢出效应很快回归至常规水平。

使用联邦基金利率变动率作为美联储货币政策代理变量时，资产收益率溢出效应图与使用联邦基金利率作为美联储货币政策代理变量时大体一致。中国金融市场资产收益率溢出效应同样在2007年年初开始逐步上升，在2008年10月加速上升并于2009年6月19日超越了15%的水平，这同样表明金融危机的爆发使中国金融市场间传染效应增强，中国金融市场对外界冲击的反馈日益加大。溢出效应的另一个波峰同样出现在2013年5月12日，收益率溢出效应越过18%，这可用前一段的阐述进行类似的解释。2014年下半年至2015年8月，中国金融资产收益率溢出效应也处于高位，得到该结果可能的原因在于美联储加息预期升温，中国股市下挫，“8·11汇改”以及国内经济增速下滑均使得大量资本迅速从中国撤离，中国股市一蹶不振，人民币兑美元双边波动加大，国内需求疲弱，因而各子市场投资者预期趋于一致，资产收益率溢出效应大大增强。

为进一步考察中国股债汇市场日波动的溢出效应，本书接下来运用前文所提及的方法，根据金融资产每日交易最高价和最低价计算金融市场间的波动溢出效应。由数据可得性，本部分样本区间从2009年11月2日至2016年9月30日，研究标的为上证综指、上证国债和人民币兑美元汇率的日波动率。

表 7-6 中国各金融子市场间波动溢出表

	上证综指	上证债券	人民币兑美元	其他市场对本市场的溢出
Panel A：Choleski factorization 法溢出效应测定				
上证综指	99.8	0.2	0.1	0
上证债券	0.6	99.2	0.2	1
人民币兑美元	0.5	0.3	99.2	1
对其他市场的溢出	1	0	0	2
包括本市场的溢出	101	100	99	总外溢指数：0.6%
Panel B：广义溢出效应测定				
上证综指	99.1	0.7	0.2	1
上证债券	0.6	99.2	0.2	1
人民币兑美元	0.5	0.3	99.2	1
对其他市场的溢出	1	1	0	2
包括本市场的溢出	100	100	100	总外溢指数：0.8%

注：Panel A 的实证结果为参照 Diebold and Yilmaz(2009)使用 Choleski factorization 法测定的溢出效应，方差分解是基于滞后两阶的 VAR 模型运用 Cholesky factorisation 得出。变量的顺序即为表中列向量的顺序，第 ij 个向量表示市场 j 波动冲击对市场 i 波动预测误差方差的解释力度；Panel B 为参照 Diebold and Yilmaz(2012)进行广义溢出效应测定所得的结果，第 ij 个向量表示市场 j 波动冲击对市场 i 波动预测误差方差的解释力度。

从表 7-6 的波动溢出表可知，在 Panel A 中，使用 Choleski factorization 法测定中国金融市场间溢出效应时，中国股市冲击可解释债市波动的 0.6%，可解释汇市波动的 0.5%；债市冲击可解释股市波动的 0.2%，可解释汇市波动的 0.3%；汇市冲击可解释股市波动的 0.1%，债市波动的 0.2%。与表 7-5 相比，中国金融市场间波动溢出效应强于收益率溢出效应。从“对其他市场的溢出”这一行可以看出，股市冲击对其他市场的波动有一定的解释力，但汇市和债市没有。从“其他市场对本市场的溢出”这一列可以看出，债市和汇市波动的 1%可由其他市场对其的冲击来解释，股市的波动未能由其他市场的冲击来解释。总体而言，股市冲击对其他两市波动的溢出效应相对而言最为强烈，但其波动受其他市场的影响较小。这表明股市相对于其他两市，波动的信号作用较强，且其市场波动状况不随其他两市影响，这与中国股市行情与宏观基本面相关性较弱的现实一致。汇市对其他两市波动的溢出效应最弱，因汇市受央行调控力度较大，因此其与其他两市场联动性较弱。表格右下角的总外溢指数为 0.6%，意味着三市场间波动溢出效应较弱，中国金融市场间关联性仍偏弱。

在 Panel B 中，运用广义溢出效应法测定中国金融市场间波动溢出状况时，中国股市冲击可解释债市波动的 0.6%，可解释汇市波动的 0.5%；债市冲击可解释股市波动的 0.7%，可解释汇市波动的 0.3%；汇市冲击可解释股市波动的 0.2%，债市波动的 0.2%。从以上实证结果可以得出两个结论，第一，与表 7－5 相比，中国金融市场间波动溢出效应强于收益率溢出效应；第二，使用广义溢出效应测定中国金融市场间波动溢出效应时，债市和汇市对其他市场波动溢出效应有所增强。从“对其他市场的溢出”这一行可以看出，不仅股市，债市冲击对其他市场的波动也有一定的解释力。从“其他市场对本市场的溢出”这一列可以看出，每个市场波动的 1%皆可由其他市场对其的冲击来解释。表格末行右下角的总外溢指数也达到了为 0.8%，因此，广义溢出效应法更清晰地描绘出市场间波动溢出状况。总体而言，股市冲击对其他两市波动的溢出效应相对而言仍最为强烈，汇市对其他两市波动溢出效应最弱。

在本部分的样本期（2009—2016 年）内国际金融市场发生了诸多变化，有些变化具有逐渐性和连续性，例如全球金融市场间日益密切的联动性。该变化得益于日益频繁的全球化资本流动，电子交易以及对冲基金的兴起。有些变化则是转瞬消失的，例如 1997—1998 年的亚洲货币危机。因此，在金融市场不断演进和历经风险的大背景下，固定系数模型显然已不再适用，而前文给出的全样本溢出效应表和溢出效应指数忽略了金融市场间潜在且重要的长期和周期性溢出效应。为解决这个问题，我们使用长度为 200 天的滑动窗口，估计随时间变动的外溢指数，并将其绘制在相应的溢出效应图中。

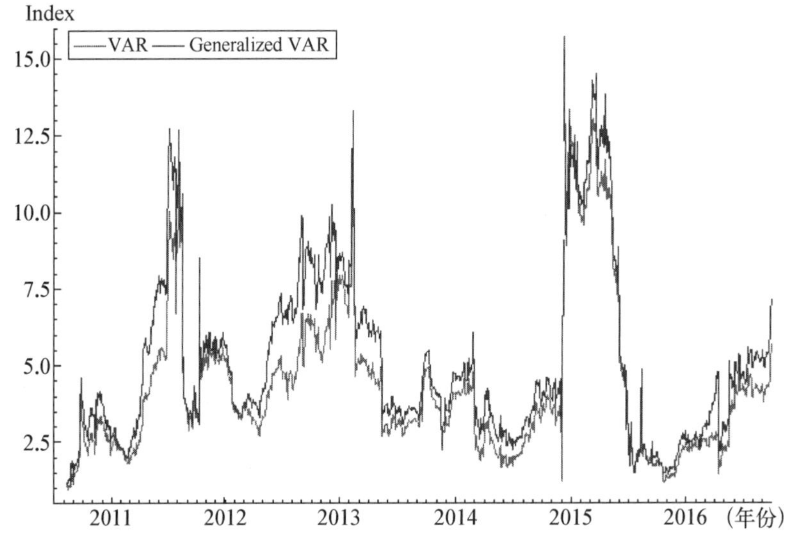

图 7－10　中国各金融子市场间波动溢出效应

注：本图以 200 天为滑动窗口，根据表 7－6“对其他市场的溢出”一行方差分解之和所做的波动溢出图，时间区间为 2010 年 8 月 10 日至 2016 年 9 月 30 日。

从图 7－10 可以看出，无论是使用 Choleski factorization 法的普通 VAR 模型还是使用广义 VAR 模型(Generalized VAR，即前文所述对变量排序无限制的 VAR 模型)，波动溢出曲线的走势大体一致，Generalized VAR 模型下波动溢出效应比普通 VAR 模型总体高一些。样本区间内大致出现了 3 次波动溢出的高峰。第一次大约出现在 2011 年 6 月至 8 月间，金融市场间波动溢出效应大幅上升，突破了 12.5%，此时间段适逢美联储退出第二轮量化宽松货币政策，中国央行频繁上调存款准备金率和存贷款基准利率。该结果表明经济处于上升期时中国金融市场间的联动性增强，波动溢出效应更为显著。第二个小高峰从 2012 年 5 月至 2013

年5月，波动溢出一度突破10%并在2013年2月达到了13%。此时间段内中国处于宽松的货币环境之下，美联储也于2012年12月12日开始执行持续了近2年之久的第四轮量化宽松货币政策，表明中美两国货币政策调整所带来的资本频繁流动使中国金融市场间的波动溢出效应增强。第三个小高潮出现在2014年12月至2015年5月，2014年12月10日，波动溢出值突破了15%的水平。2014年10月美联储退出量化宽松货币政策，其加息预期陡然剧增，美联储在此期间也表达了对经济的乐观预期。国内彼时股市大幅上涨，国债收益率在降息的背景下反而走高，人民币加速贬值，金融杠杆迅速提高。由此可见，在经济形势较为复杂的背景下，中国金融市场间资金流动频繁，市场间趋于有更密切的联动。值得一提的是，2015年8月11日人民币兑美元中间价报价机制改革（“新汇改”）对金融市场间的波动溢出也造成了一定的影响，从图7－10中可见在“新汇改”当天，中国股债汇市场间的波动溢出值迅速上升至5%左右的小高峰水平。

为考察不同的滑动窗口长度是否对本书的结论有影响，我们进一步将滑动窗口长度变更为75天，预测期变更为10天和2天，测度不同市场间的波动溢出效应。

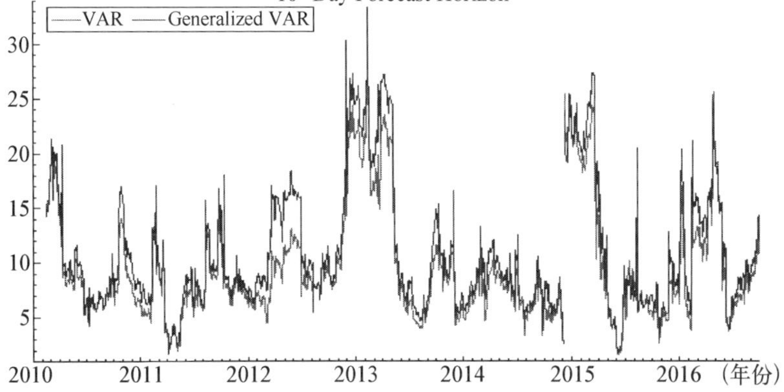

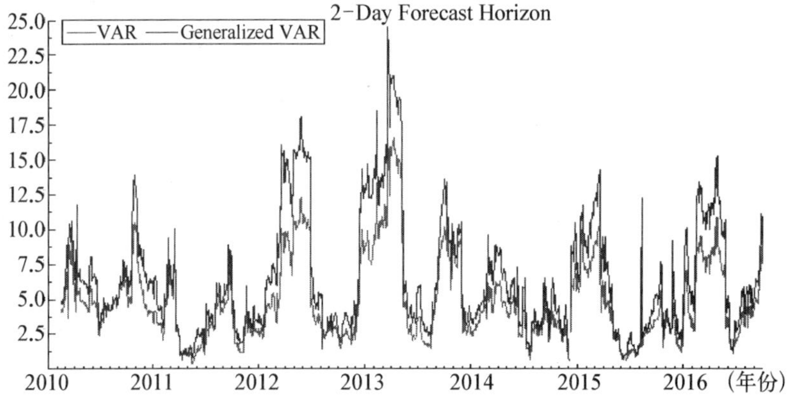

图 7-11　不同预测区间下中国各金融子市场间波动溢出效应

注：本图以 75 天为滑动窗口，根据表 7-6“对其他市场的溢出”一行方差分解之和所做的波动溢出图，预测区间分别为 10 天和 2 天。时间区间为 2010 年 2 月 16 日至 2016 年 9 月 30 日。

由图 7-11 可知，采用长度更短的滑动窗口可增加图形的平滑度，有利于我们更清晰的探测市场间波动溢出效应的变动。此外，相较于图 7-10，中国金融市场间波动程度有所上升，这意味着使用窗口长度更短的滑动窗口法可更精确地描绘中国金融市场间的波动特征。但无论是变换滑动窗口长度还是更改预测区间长短，中国股债汇金融市场间的波动溢出图走势几乎不变，这意味着针对中国金融市场间波动溢出效应的实证结果是稳健的。

根据以往文献(Yang and Hamori, 2014)，美国 3 个月国债收益率是较好的联邦基金利率代理变量，可将其作为美联储货币政策的代理变量。进一步的，我们在前图中加入美国 3 个月国债利率指标。从图 7-12 中可以看出，美联储货币政策走势与中国金融市场间的波动溢出有着一定的相似度。当美联储实行紧缩型货币政策(利率上升)时，中国金融市场间的波动溢出效应也往往呈现出走高的态势，表明美联储货币政策变动与中国金融市场波动溢出效应间确实存在一定的关联度，美联储加息会对中国金融市场的波动溢出产生深远影响。

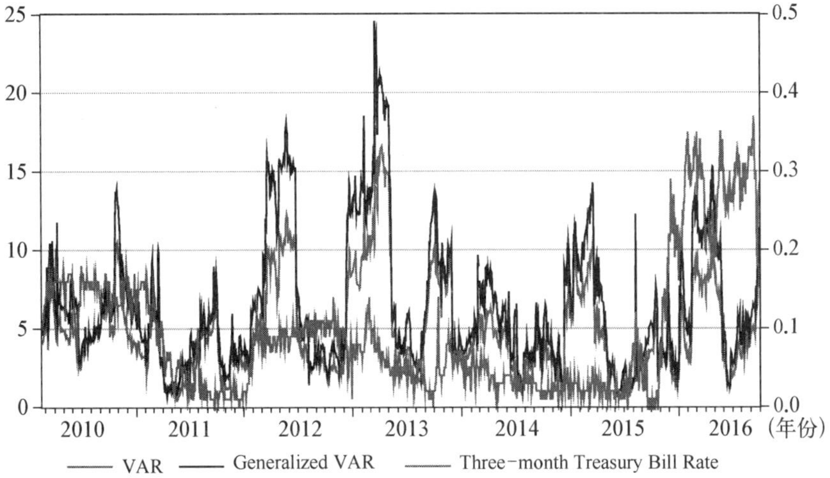

图 7-12　加入美国货币政策变量的中国各金融子市场间波动溢出效应

四、总结

本部分采用 Diebold and Yilmaz(2009, 2012)的思路,构造了美联储货币政策和中国金融市场间的均值和波动外溢指数。实证结果表明,中国各金融子市场间均值溢出和波动溢出效应显著,溢出效应随时间动态变化且对美联储货币政策调整、2008 年金融危机爆发以及 2010 年欧债危机爆发等重大金融事件均作出了快速反应。美联储货币政策调整对中国金融市场存在溢出效应,但该效应力度较弱。在特定时期,如金融危机爆发,美联储退出量化宽松货币政策以及美联储开启加息通道期间,中国金融市场间的均值溢出和波动溢出特征出现较大变化,意味着美联储货币政策调整对中国金融市场确实有着不可忽视的影响。通过将美国 3 个月国债收益率和中国金融市场间波动溢出效应绘制在一张图内,我们发现美联储货币政策走势与中国金融市场间的波动溢出有着一定的相似度。当美联储实行紧缩型货币政策(利率上升)时,中国金融市场间的波动溢出效应也往往呈现出走高的态势,表明美联储货币政策收紧往往会加大中国金融市场间的波动溢出效应。

第三节 机制转换下美联储货币政策溢出效应

过去的 10 多年中,中国资本市场经历了较快发展,市场机制日趋成熟。传统经济学理论认为,资本市场与信息冲击间存在不可忽略的联系(e.g., Fama et al., 1969;Mitchell and Mulherin, 1994)。货币政策作为信息冲击的一种,对资本市场的影响不容忽视。货币政策往往首先通过影响宏观经济运作,进一步影响资本市场。

随着世界经济日趋全球化,全球金融市场加速融合,来自发达国家(诸如美国)的冲击通过多种传导渠道对新兴市场产生影响,如信贷渠道,资产负债表渠道和贸易渠道等。Kim and Nguyen(2009)考察了美联储和欧洲中央银行目标利率变动信息对亚太 12 个国家股市回报率和波动率的影响。研究发现,未预期到的加息使得绝大多数国家的股市收益率下降,且波幅增大。Kim(2003)以及 Kim and Nguyen(2009)的研究表明美国货币政策对东盟国家股市有直接影响。Yang and Hamori(2014)研究了美联储货币政策对东盟三国股市的溢出效应,发现在经济繁荣时期,美国货币政策对东盟三国股市有负向影响,在经济萧条时期,该影响消失。Yang and Hamori (2016)运用 MSIAH - VAR 模型考察了马来西亚、新加坡和泰国投机资本和经济周期间的关系。研究表明,在经济发展平稳时期,热钱涌入对马来西亚经济有短暂的刺激作用,但对新加坡和泰国经济则有着消极影响。在经济动荡时期,热钱涌入不仅加大了三国经济波动,同时也对三国经济发展前景带来负面作用。

从实证方法而言,已有大部分研究主要集中于使用向量自回归(VAR)和结构向量自回归(SVAR)模型研究传导渠道的问题。Bagliano and

Morana(2012)发现金融不稳定因素主要通过美国房地产,股价波动以及过剩流动性传递到其他国家,且贸易渠道是实际冲击传导的主要渠道。与之相对,Brana et al.(2012)认为全球范围内的流动性过剩对新兴市场产出和价格水平有显著影响,但对其房地产、商品和股价没有显著影响。

从以上分析可以看出,已有文献较少同时通过政策和经济金融指标细化美联储货币政策调整对中国资本市场的冲击和传导途径,且从实证方法而言,以往文献多集中于运用 VAR,SVAR 模型考察美联储货币政策对美国或发达国家宏观经济的影响,较少在机制转换的视角下研究美联储货币政策变动对发展中国家金融市场的溢出效应。已有研究表明,时间序列中存在的结构性断点或区制转移使得传统的线性静态分析不再适用于研究金融市场的动态特征,通过可刻画机制转换的模型可以满足该方面的研究需求(潘敏等,2011)。Hamilton(1989)提出了使用马尔科夫区制转换模型考察时间序列动态的新方法。该模型解决了传统线性模型参数恒定和忽略结构突变的问题。Hamilton 考察了战后美国实际 GNP 变化与经济周期间的关系,研究发现实际 GNP 正负增长率的转换可以表征美国经济周期的变动,且可作为经济繁荣和衰退的定义和衡量标准。沿着该思路,考虑到美联储货币政策调整对中国金融市场的影响机制可能会发生变化,而该模型能够较好地反映经济金融变量间非线性的动态关系,本书将马尔科夫机制转换纳入分析框架,考察在不同状态(机制)下美联储货币政策对中国金融市场的溢出效应。我们提出以下研究问题:不同区制下,美联储货币政策对中国金融市场的溢出效应是否存在差异?

一、变量选择

本书选取以下中国金融和宏观经济变量变动率,以期考察美国货币政策对中国金融市场的溢出效应以及溢出效应的传导渠道。本书首先选取美国 3 个月国债月收益率代表美国货币政策,因该指标不仅反映了美国短期利率水平，也在一定程度上反映了市场对未来美联储货币政策的预期。本书其次选取富时 A50 指数月对数收益率代表中国广义上的股市收益率水平。富时 A50 指数为选取 A 股最具代表性，市值最大的 50 家上市公司，以 2003 年 7 月 21 日为基期，以 5 000 点为基点计算得出的指数，为中国内地投资者和 QFII(合格境外机构投资者)提供了另一个实时可交易指数，该指数以美元结算。因此一方面，富时 A50 指数反映了大陆股市的运行状况；另一方面，相对于大陆股市，该指数对外界冲击的反应更为灵敏。此外，本书还选取社会融资规模变动率代表中国银行资产变动或中国货币状况，货币供应量 M2 变动率代表中国的货币政策，PMI 变动率代表中国产业制造业运行状况，中美贸易差额同比变动率代表中国和美国之间的贸易变动状况，房地产开发投资完成额变动率则反映了中国房地产业的发展状况。

表 7-7 给出了本书所选取部分经济金融变量变动率的描述性统计结果。所有序列偏度均不为零，除美国 3 个月国债利差外，各序列峰度均大于 3。JB 检验量表明，除房地产开发投资完成额变动率这一变量外，所有变量均不服从正态分布。社会融资规模，中美贸易差额以及富时 A50 股指变动率均值相对较小，房地产开发投资完成额均值最大，表明前几个变量变动程度相较房地产开发投资完成额变动程度要低。

表 7-7　样本数据描述性统计结果

	美国三个月国债收益率	社会融资规模	货币供应量 M2	PMI	中美贸易差额	房地产开发投资完成额	富时 A50
均　值	2.259 4	0.372 4	16.891 2	16.891 2	0.039 5	23.240 6	0.001 7
中位数	1.630 0	0.069 4	15.850 0	15.850 0	0.020 0	24.100 0	0.000 9
标准差	2.146 6	1.569 6	4.241 1	4.241 1	0.241 9	9.765 0	0.032 7
偏　度	0.333 4	5.053 8	1.326 5	1.326 5	1.141 7	−0.358 8	0.557 4
峰　度	1.424 8	40.503 2	4.347 1	4.347 1	7.260 4	3.015 1	4.424 1

续　表

	美国三个月国债收益率	社会融资规模	货币供应量M2	PMI	中美贸易差额	房地产开发投资完成额	富时A50
JB检验	30***	11 126***	92***	92***	254***	4	21***
观测值	250	177	250	250	261	213	155

注："No.obs"代表观测值，*，** 和 *** 分别代表在 10%，5%和 1%的显著性水平下显著。

图 7－13 和图 7－14 分别绘制了各变量的时间序列走势图。从图 7－13 中可以看出，社会融资规模变动率是几个变动率指标中变化最大的，富时 A50 股指收益率变动幅度最小。从图 7－14 中可以看到，房地产开发投资完成额变动率最大，货币供应量 M2 次之，PMI 是 3 个指标中变动率最小的。

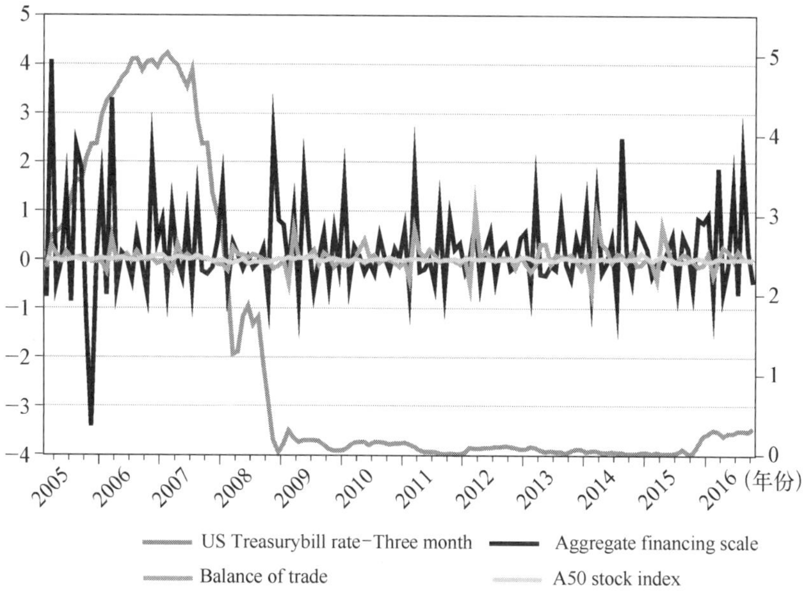

图 7－13　美国 3 个月国债收益率，社会融资规模变动率，中美贸易差额变动率以及富时 A50 股指收益率时间序列走势。其中美国 3 个月国债收益率参考右坐标轴刻度，其余各变量参考左坐标轴刻度

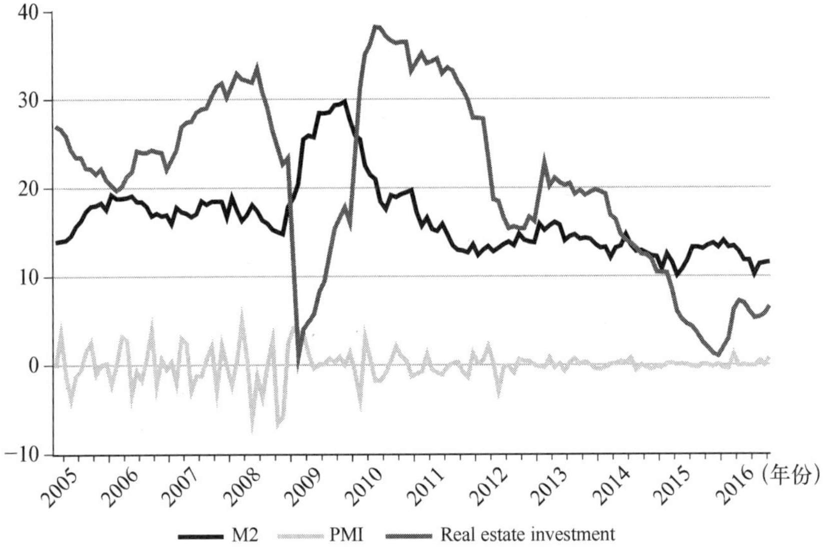

图 7－14　中国货币供应量 M2 变动率，PMI 变动率以及房地产开发投资完成额变动率时间序列走势

二、模型概述

当 VAR 系统含有机制转换效应时，VAR 模型参数便有了时变特征。但处于具体某个不可观测的机制内部时，参数是恒定不随时间改变的。我们使用 s_t 代表不同的区制，N 代表区制数目，因此有 $s_t \in \{1, 2, \cdots, N\}$，时间序列 y_t 的条件概率密度函数可由下式得出：

$$p(y_t | Y_{t-1}, X_t, s_t) = \begin{cases} f(y_t | Y_{t-1}, X_t, \gamma_1) & when\ s_t = 1 \\ \vdots & \vdots \\ f(y_t | Y_{t-1}, X_t, \gamma_n) & when\ s_t = n \end{cases} \tag{7.21}$$

Y_{t-1} 为观测值 $\{y_{t=j}\}_{j=1}^{\infty}$，$X_t$ 表示外生变量，γ_n 是状态 n 下 VAR 系统的参数。通过设定模型均值(M)，截距(I)，自回归项参数(A)或者残差方差(H)是否具有机制转换特征，可得数种模型设定形式，如 MSM，MSIH，

MSIAH(Guidolin and Timmermann，2006;Ang and Timmermann，2011)等。因此，对于给定状态 s_t，MSIAH－VAR(1)模型为如下形式：

$$Y_t = \mu_{s_t} + \beta_{s_t} Y_{s_{t-1}} + \varepsilon_{s_t}，\varepsilon_t \sim NID(0，\sum(S_t)) \tag{7.22}$$

假定不可观测的状态变量 s_t 服从不可约的遍历 N 状态马尔科夫过程。由状态 i 转为状态 j 的概率为：

$$\begin{aligned} p_{i,j} &= Prob(s_t = j \mid s_{t-1} = i) \\ &= Prob(s_t = j \mid s_{t-1} = i，s_{t-2} = k，\cdots) \end{aligned} \tag{7.23}$$

$$\sum_{j=1}^{N} p_{i,j} = 1，\forall i，j \in \{1，2，\cdots，N\}$$

我们有以下转换矩阵：

$$p = \begin{bmatrix} p_{11} & p_{12} & \cdots & p_{1n} \\ p_{21} & p_{22} & \cdots & p_{2n} \\ \vdots & \vdots & \cdots & \vdots \\ p_{n1} & p_{n2} & \cdots & p_{nn} \end{bmatrix} \tag{7.24}$$

若为三元 MSIAH－VAR 系统，则其矩阵形式的表达式为：

$$\begin{pmatrix} FED_t \\ Liquidity_t \\ V_t \end{pmatrix} = \begin{pmatrix} \mu_{1s_t} \\ \mu_{2s_t} \\ \mu_{3s_t} \end{pmatrix} + \begin{pmatrix} \beta_{11s_t} & \beta_{12s_t} & \beta_{13s_t} \\ \beta_{21s_t} & \beta_{22s_t} & \beta_{23s_t} \\ \beta_{31s_t} & \beta_{32s_t} & \beta_{33s_t} \end{pmatrix} \begin{pmatrix} FED_{t-1} \\ Liquidity_{t-1} \\ V_{t-1} \end{pmatrix} + \begin{pmatrix} \varepsilon_{1s_t} \\ \varepsilon_{2s_t} \\ \varepsilon_{3s_t} \end{pmatrix} \tag{7.25}$$

其中 FED_t，$Liquidity_t$ 以及 V_t 分别为我们假定的 VAR 系统中的 3 个变量。式(6.25)中残差项的方差-协方差矩阵为：

$$\sum_{S_t} = \begin{bmatrix} \sigma_{11,s_t} & \sigma_{12,s_t} & \sigma_{13,s_t} \\ \sigma_{21,s_t} & \sigma_{22,s_t} & \sigma_{23,s_t} \\ \sigma_{31,s_t} & \sigma_{32,s_t} & \sigma_{33,s_t} \end{bmatrix} \tag{7.26}$$

基于状态 s_t 和过去信息的 y_t 的条件分布如下：

$$f(y_t \mid y_{t-1}) = \sum_{i=1}^{N} f(y_t \mid s_t, y_{t-1}) Pr(S_t \mid y_1, \cdots, y_{t-1}) \tag{7.27}$$

最大似然函数可写为如下形式：

$$L = \sum_{t=1}^{T} \ln[f(y_t \mid y_{t-1})] \tag{7.28}$$

其中 T 为样本观测数。

三、实证结果及解读

(一) 单元马尔科夫机制转换模型

首先，本书运用信息准则，确定模型滞后阶数为一阶。随后，分别采用 2 状态，3 状态和 4 状态 MSIH 以及 MSIAH 模型分别对美联储货币政策代理变量 3 个月国债收益率和几个中国重要宏观经济金融指标变动率进行拟合，以考察以上序列是否存在机制转换。通过比较不同形式模型的 SBC 值，可以看到对货币供应量 M2，PMI，房地产开发投资完成额和富时 A50 股指变动率，两状态 MSIH 模型最合适。对美国 3 个月国债收益率、社会融资规模和中美贸易差额，三状态 MSIH 模型最适合(最合适的模型设定均以斜体表示)。此外，通过 Davies(1977，1987)线性检验和 LR 线性检验，我们发现各序列均存在非线性现象，使用状态依赖模型对各序列进行估计是合适的。

表 7-8　不同形式的单元马尔科夫转换模型

	美国 3 个月国债收益率	**社会融资规模**	**货币供应量 M2**	**PMI**	**中美贸易差额**	**房地产开发投资完成额**	**富时 A50**
Panel A：SBC values							
2 - State MSIH	−1.485 6	2.871 3	***2.877 9***	***3.435 3***	−0.253 7	***4.410 0***	***−4.151 0***

续　表

	美国3个月国债收益率	社会融资规模	货币供应量M2	PMI	中美贸易差额	房地产开发投资完成额	富时A50
2 - State MSIAH	−1.467 3	2.891 4	2.882 8	3.469 9	−0.284 4	4.428 1	−4.146 4
3 - State MSIH	***−1.728 8***	***2.682 8***	2.974 6	3.560 5	***−0.326 3***	4.433 3	−4.015 0
3 - State MSIAH	−1.727 4	2.891 8	2.998 9	3.642 6	−0.299 2	4.457 7	−3.950 3
4 - State MSIH	−1.640 0	2.756 8	3.144 8	3.780 8	−0.302 7	4.537 5	−3.860 9
4 - State MSIAH	−1.620 2	2.794 8	3.141 6	3.838 2	−0.264 9	4.588 9	−3.762 1
Panel B：Davies and LR linearity test P values							
Davies Test	0.000 0	0.000 0	0.000 0	0.000 0	0.000 0	0.000 0	0.000 0
LR test	0.000 0	0.000 0	0.000 0	0.000 0	0.000 0	0.000 0	0.000 0

注：Panel A 中 SBC 最小(加粗斜体)的模型代表拟合最好的模型形式。Panel B 中为 Davies Test 和 LR Test 的 P 值。社会融资规模，M2，PMI，中美贸易差额，房地产开发投资完成额皆为变动率，其中房地产开发投资完成额为累计同比，其他为同期同比。3 个月国债收益率为美联储货币政策代理变量，样本区间为 1994 年 1 月—2016 年 11 月。社会融资规模为 2002 年 2 月—2016 年 10 月。M2 为 1996 年 1 月—2016 年 10 月，PMI 为 2005 年 1 月—2016 年 10 月，中美贸易差额为 1995 年 2 月—2016 年 10 月，房地产开发投资完成额为 1999 年 2 月—2016 年 10 月。富时 A50 为 2004 年 1 月—2016 年 11 月。

根据表 7 - 8 的判定结果，表 7 - 9 分别给出了在最优模型设定形式下，各变量的拟合结果。对于社会融资规模和货币供应量 M2 序列，均值越高，对应的波动率就越高(PMI，房地产开发投资完成额，富时 A50 序列均值不显著)。对美国 3 个月国债收益率而言，区制二代表经济衰退期，资金多流向债市，国债收益率下降，且经济衰退期利率波动高于经济繁荣期。中美贸易差额均值从区制一至区制三逐步升高，但波动(方差)从区制一至区制二下降，区制二至区制三上升。对社会融资规模，区制一代表经济衰退期，社会融资规模下降。对货币供应量 M2 序列，区制一为经济繁荣期，货币供应量相对较低，区制二为经济衰退期，区制二中，央行明显加大货币供应量以刺激经济发展。表 7-9 同样展示了模型估计的转移矩阵和各区制期望持续期。由于美国 3 个月国债收益率可视作美国货币政策代理变量，我们可得出美国执行扩张性货币政策的时期短于执行紧缩性货币政策的时期。对中国，央行宽松（经济衰退）期同样比紧缩（经济繁荣）期短很多。

表 7-9　单元马尔科夫转换模型估计结果

	美国3个月国债	社会融资规模	货币供应量M2	PMI	中美贸易差额	房地产开发投资完成额	富时A50
模型	MSIH(3)	MSIH(3)	MSIH(2)	MSIH(2)	MSIH(3)	MSIH(2)	MSIH(2)
μ_1	0.002 7 (1.012 1)	−0.436 3 (−6.349 4)	1.423 9 (2.957 2)	−0.067 2 (−0.264 8)	−0.091 6 (−5.578 5)	0.359 3 (1.133 6)	−0.001 5 (−0.671 2)
μ_2	−0.162 0 (−3.231 1)	0.501 8 (5.801 3)	3.359 7 (4.743 8)	0.049 2 (0.883 3)	0.068 3 (6.194 8)	0.827 8 (0.821 7)	0.004 9 (0.930 4)
μ_3	0.162 6 (9.236 6)	2.891 1 (2.944 3)			0.124 3 (2.715 9)		
β	0.978 6 (359.587 0)	−0.138 3 (−4.543 1)	0.903 0 (29.417 1)	0.091 4 (1.139 5)	−0.142 1 (−2.149 2)	0.975 9 (76.177 2)	0.366 1 (4.619 6)
σ_1	0.024 2	0.231 6	0.862 5	2.279 3	0.081 6	1.173 3	0.019 3
σ_2	0.290 0	0.563 6	1.234 8	0.412 4	0.073 4	6.116 4	0.038 9
σ_3	0.125 6	3.780 0			0.372 4		
p_{11}	0.944 2	0.000 0	0.988 9	0.973 1	0.634 3	0.916 1	0.970 6
p_{22}	0.871 8	0.492 6	0.836 1	0.979 2	0.806 3	0.677 4	0.955 8
p_{33}	0.962 8	0.000 0			0.719 5		
持续期 1	17.91	1.00	90.28	37.21	2.73	11.91	34.02
持续期 2	7.80	1.97	6.10	48.01	5.16	3.10	22.61
持续期 3	26.90	1.00			3.57		
SBC	−1.727 4	2.682 8	2.877 9	3.435 5	−0.326 3	4.410 0	−4.151 0

注：参数下方括号内为 t 值。p_{11}（p_{22}）分别代表区制 1(2)下的转换概率，区制 1(2)的时长可通过 $1/(1-p_{11(22)})$ 计算得到。*，** and *** 分别代表在 10%，5%和 1%的显著性水平下显著。

为进一步展示各变量在机制间的转换，我们在图 7－15 中重点绘出美国 3 个月国债收益率、富时 A50 股票指数、货币供应量 M2 变动率的转换概率曲线图。从图 7－15 中可清晰地看出，对于美国 3 个月国债收益率，区制一为危机后期，区制二为危机中期，区制三为危机前期。这里的危机包括 1998 年亚洲金融危机，2001 年互联网泡沫破灭和 2008 年金融危机；对于富时 A50 股指收

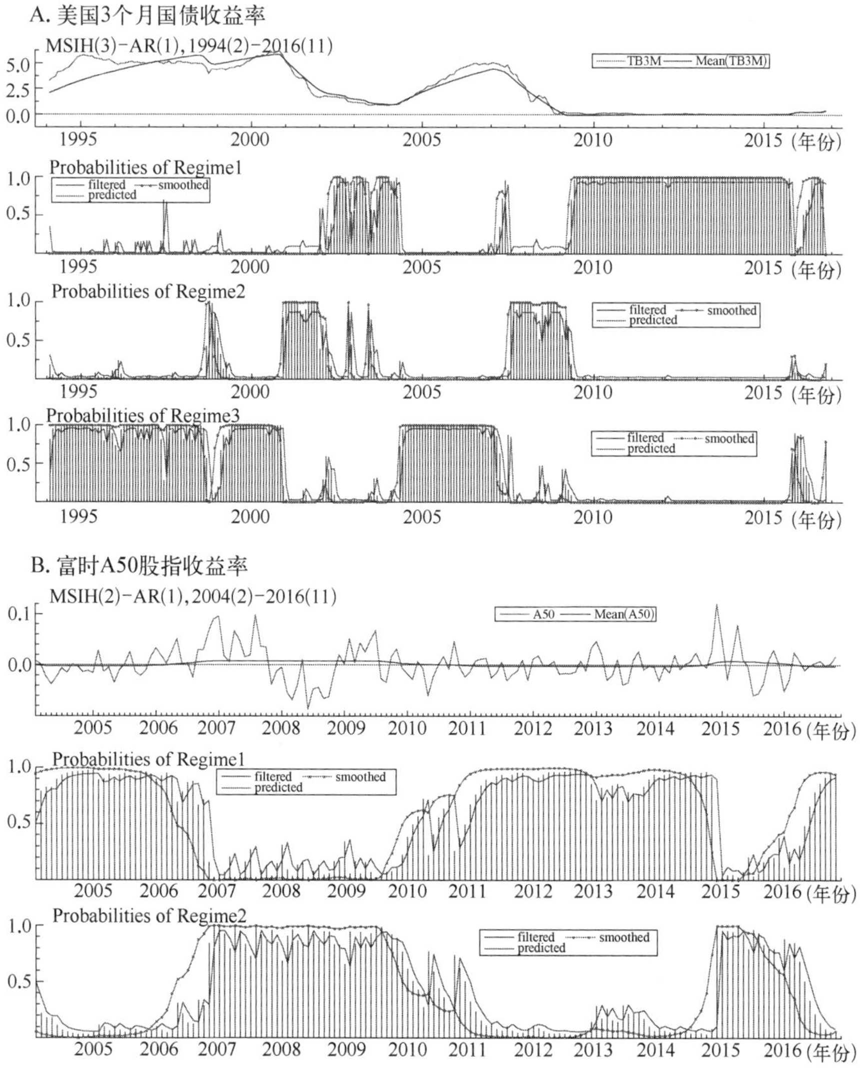

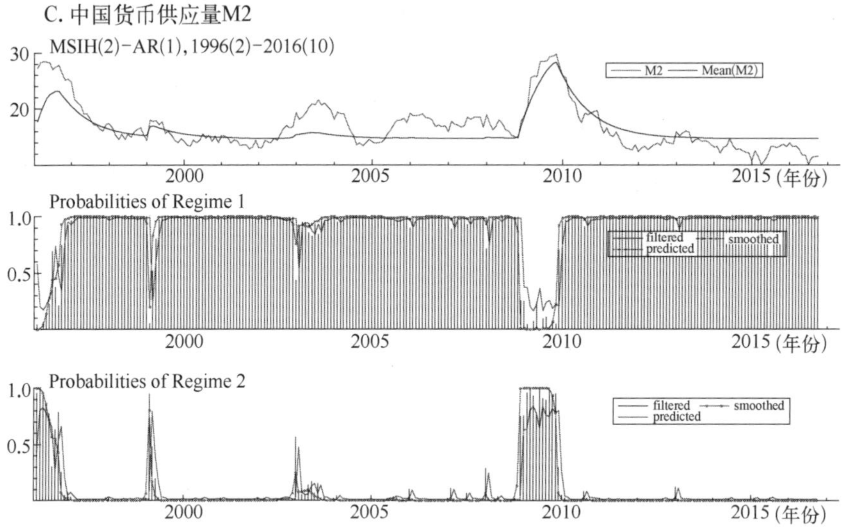

图 7－15　单元马尔科夫区制转换模型转移概率曲线

益率序列，区制一为非危机时期，区制二为危机爆发时期；对于货币供应量M2 序列，区制一大致可看作货币紧缩（收缩）期，区制二大致可看作货币宽松（扩张）期。与表 7－9 相对应，中国货币宽松期明显短于货币紧缩期。

总之，本书所使用的单元马尔科夫转换模型生动刻画了中美两国经济周期，政策周期乃至金融市场运作状况。首先，通过两状态或三状态马尔科夫转换模型，我们将美国经济运作划分为危机前，危机中和危机后三部分，将中国货币政策划分为宽松期和紧缩期两个阶段，对股市运作则划分为非危机时期和危机爆发时期。其次，模型估计结果给出了样本期内每个区制的持续时间。经研究发现，中美两国执行宽松型货币政策的时期比执行紧缩型货币政策的时期要短，亦即经济衰退期比经济繁荣期持续时间短。经济繁荣时期的波动相对于经济衰退时期的波动更小。美联储加息对亚洲股市造成的影响较为深远。

（二）多元马尔科夫机制转换模型

在验证完美联储货币政策及相关经济金融变量存在机制转换效应后，我们将美联储货币政策纳入多元马尔科夫转换分析框架，试图考察美联储货币政策对中国经济金融变量的影响。运用同样的方法，我们首先通过 SBC 准则选择最适合的模型形式，并通过 Davies 线性检验和 LR 线性检验考察非线性模型的适合度，相应结果展示在表 7－10 中。统计量表明，在大多数情况下，两状态或三状态的马尔科夫转换模型拟合效果较好。鉴于本书的研究目的，我们认为自回归系数需要存在机制转换特征，参考 Pagan and Sossounov (2003)以及 Yang and Hamori(2014)，本书在对美联储货币政策以及中国经济金融变量变动率进行两状态和三状态 MSIAH 模型拟合后发现，美联储货币政策对富时 A50 指数收益率和货币供应量 M2 变动率有显著的影响。我们将两状态和三状态 MSIAH 模型的拟合结果均陈列于表 7－11 和表 7－12 中。

表 7－10　不同形式的两元马尔科夫转换模型

	社会融资规模	货币供应量 M2	PMI	中美贸易差额	房地产开发投资完成额	富时 A50
Panel A：SBC values						
2－State MSIH	0.939 0	1.404 3	***1.253 6***	−1.485 9	3.159 4	−5.042 9
2－State MSIAH	1.015 8	1.480 2	1.383 0	−1.410 8	3.222 3	−5.498 5
3－State MSIH	0.725 8	***1.156 4***	1.429 9	***−1.750 3***	***2.772 2***	***−6.411 0***
3－State MSIAH	1.183 1	1.316 7	1.463 9	−1.632 8	2.862 3	−6.070 9
4－State MSIH	***0.723 7***	1.367 6	1.491 5	−1.671 2	2.853 4	−6.137 9
4－State MSIAH	0.901 8	1.557 5	1.788 7	−1.454 5	3.097 5	−5.811 9
Panel B：Davies and LR linearity test P values						
Davies Test	0.000 0	0.000 0	0.000 0	0.000 0	0.000 0	0.000 0
LR test	0.000 0	0.000 0	0.000 0	0.000 0	0.000 0	0.000 0

注：Panel A 中 SBC 用来判定拟合最好的马尔科夫转换模型。取值最低的 SBC(加粗斜体)代表拟合最好的模型形式。Panel B 中给出了 Davies Test 和 LR Test 的 P 值。两元马尔科夫转换模型中的一元为 3 个月国债收益率，另一元为社会融资规模，M2 货币供应量，PMI，中美贸易差额，房地产开发投资完成额之一，皆为变动率，其中房地产开发投资完成额为累计同比，其他为同期同比。社会融资规模样本区间为 2002 年 2 月至 2016 年 10 月，M2 货币供应量样本区间为 1996 年 1 月至 2016 年 10 月，PMI 为 2005 年 1 月至 2016 年 10 月，中美贸易差额为 1995 年 2 月至 2016 年 10 月，房地产开发投资完成额为 1999 年 2 月至 2016 年 10 月。富时 A50 为 2004 年 1 月至 2016 年 11 月。

表 7-11　两状态二元马尔科夫转换模型估计结果

	FED	A50	FED	M2
μ_1	0.029 7 (4.244 0)	0.003 6 (1.218 4)	−0.007 4 (−0.732 5)	1.461 7 (3.658 6)
μ_2	0.169 4 (2.213 5)	−0.028 7 (−2.447 0)	−0.070 7 (−0.774 7)	0.717 9 (1.761 9)
$\beta_{1,US}$	0.683 3 (34.022 4)	−0.023 3 (−3.243 7)	0.984 4 (180.848 2)	0.567 7 (2.753 0)
$\beta_{1,CN}$	0.527 2 (2.467 0)	0.335 7 (3.689 2)	0.000 7 (1.012 0)	0.885 5 (34.005 5)
$\beta_{2,US}$	0.960 8 (41.482 9)	0.010 4 (2.951 2)	1.000 2 (95.372 1)	−0.122 5 (−2.615 7)
$\beta_{2,CN}$	−0.080 4 (−0.087 9)	0.293 9 (2.227 2)	0.002 3 (0.511 3)	0.984 4 (50.156 2)
σ_1	0.061 3	0.026 7	0.022 9	0.876 9
σ_2	0.193 4	0.027 3	0.229 3	1.015 3
p_{11}	0.986 8		0.958 6	
p_{22}	0.962 6		0.966 3	
持续期 1	75.65		24.15	
持续期 2	26.71		29.67	
SBC	−5.498 5		1.480 2	

注：参数下方括号内为 t 值。$p_{11}(p_{22})$ 分别代表区制 1(2)下的转换概率，区制 1(2)的时长可通过 $1/(1-p_{11(22)})$ 计算得到。*，** and ** 分别代表在 10%，5%和 1%的显著性水平下显著。

从表 7-11 中可以看到，区制一主要涵盖了后金融危机时期，美联储货币政策对富时 A50 指数收益率有显著的负向影响，即紧缩型美联储货币政策会导致资本回流，引发 A50 股指收益率下跌，而宽松型货币政策则为新兴市场国家股市注入流动性，导致其收益率上升。区制二主要涵盖了金融危机爆发前和爆发以后的时段，该时期内美联储货币政策对富时 A50 指数收益率的影响为正。可能的原因在于，金融危机爆发前，美联储加息而新兴市场经济飞速发展,股市大涨。金融危机爆发后,美联储密集降息同时伴随着因市场传染效应而大跌的亚太股市。因此美联储货币政策和 A50 股指收益率在该区制内呈现出正向变动关系。两区制的方差无显著差异,区制一的方差略小于区制二。区制一的持续时长为 75.65 个月,而区制二的持续时长为 26.71 个月;对于中国货币供应量 M2 而言,区制一中,美联储货币政策对 M2 变动率有显著的正向影响,但在区制二中,该溢出效应转负,区制一下的正向溢出效应比区制二下的负向溢出效应更强。区制一下模型的方差略小于区制二下模型的方差。区制一的持续时长为 24.15 个月,而区制二的持续时长为 29.67 个月。

图 7－16 给出了两状态 MSIAH 模型下区制一和区制二的转移概率曲线图。由表 7－11 和图 7－16 可以看到,对富时 A50 股指和美国 3 个月国债收益率,区制一所代表的为低波动时期,区制二所代表的为高波动时期。

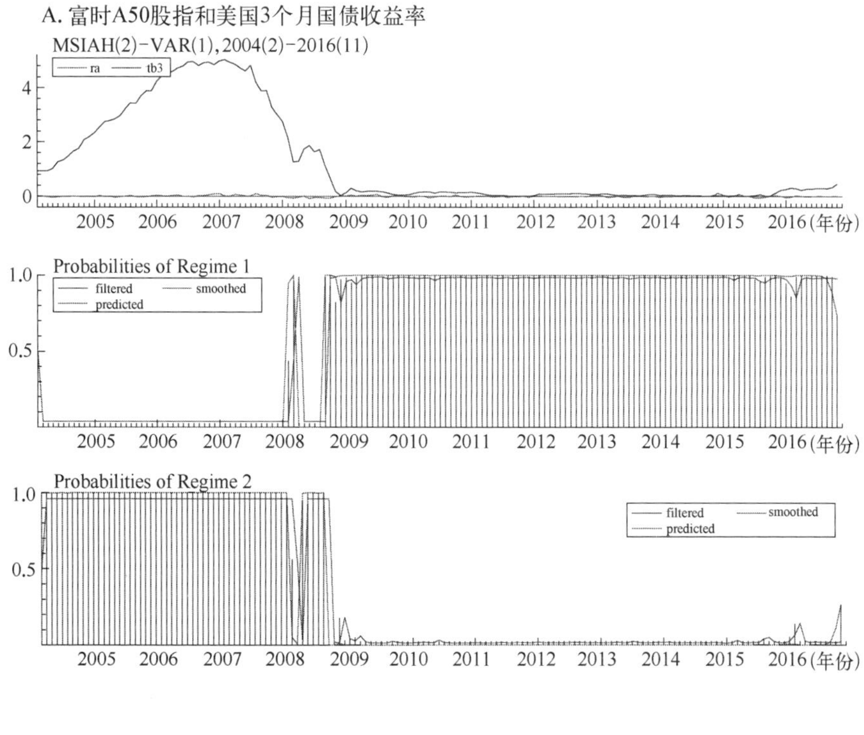

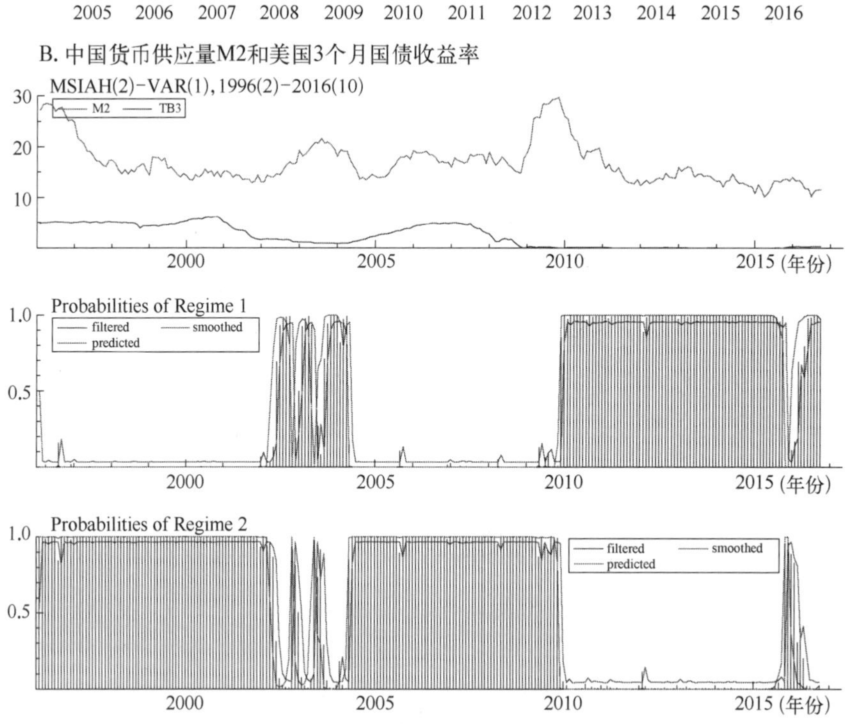

图 7-16　两状态 MSIAH 模型下区制一和区制二的转移概率曲线

2008 年金融危机期间，区制一发生的概率几乎为零，而区制二发生的概率接近于 1。对中国货币供应量 M2 和美国 3 个月国债收益率，2015 年年末 2016 年年初，区制二的概率曲线飙升至接近 1 后又回落，生动刻画了 2015 年年末美联储加息给中国国内货币供应量和市场流动性带来的剧烈影响。

比较表 7-11 和表 7-12 的 SBC 值，可以看到，三状态马尔科夫转换模型比两状态马尔科夫转换模型拟合的更好，所以我们重点分析表 7-12 三状态马尔科夫转换模型的拟合结果。

表 7-12　三状态二元马尔科夫转换模型估计结果

	FED	A50	FED	M2
μ_1	0.052 0 (0.536 9)	0.006 8 (0.609 9)	−0.007 4 (−0.741 1)	1.521 1 (3.881 1)

续 表

	FED	A50	FED	M2
μ_2	−0.002 3 (−0.734 9)	0.000 8 (0.215 7)	−0.290 2 (−0.541 8)	1.602 0 (1.159 0)
μ_3	0.219 6 (2.625 3)	−0.027 4 (−2.145 4)	0.194 5 (3.659 4)	0.926 3 (1.920 3)
$\beta_{1,US}$	0.852 3 (15.780 9)	−0.015 3 (−2.511 2)	0.983 0 (180.930 8)	0.538 5 (2.525 5)
$\beta_{1,CN}$	1.316 9 (0.801 3)	0.310 1 (1.714 6)	0.000 6 (1.006 3)	0.881 3 (34.743 6)
$\beta_{2,US}$	1.017 5 (58.805 7)	−0.005 6 (−0.302 9)	0.971 2 (24.893 9)	0.052 1 (0.525 0)
$\beta_{2,CN}$	0.017 4 (0.201 6)	0.336 4 (3.400 7)	0.007 4 (0.235 5)	0.884 4 (10.679 0)
$\beta_{3,US}$	0.961 1 (40.214 1)	0.010 7 (2.896 6)	0.996 1 (168.741 2)	−0.160 4 (−2.980 7)
$\beta_{3,CN}$	−0.931 2 (−1.036 9)	0.299 8 (2.083 0)	−0.007 1 (−3.063 3)	0.982 9 (45.392 5)
σ_1	0.274 8	0.029 6	0.022 3	0.875 8
σ_2	0.023 0	0.026 8	0.303 6	0.827 1
σ_3	0.153 5	0.024 8	0.110 2	1.042 8
p_{11}	0.892 1		0.957 5	
p_{22}	0.977 1		0.879 3	
p_{33}	0.972 3		0.936 4	
持续期 1	9.27		23.52	
持续期 2	43.73		8.29	
持续期 3	36.13		15.72	
SBC	−6.119 8		1.316 7	

注：参数下方括号内为 t 值。p_{11}（p_{22}）分别代表区制 1(2)下的转换概率，区制 1(2)的时长可通过 $1/(1-p_{11(22)})$ 计算得到。*，** and *** 分别代表在 10%，5%和 1%的显著性水平下显著。

从表 7 - 12 中可以看到，对美联储货币政策和富时 A50 指数收益率，区制一中，美联储货币政策对富时 A50 指数收益率有显著的负向影响，但在区制三中，该影响转正。区制二下美联储货币政策对富时 A50 指数收益率无显著影响。3 个区制的方差无显著差异，从区制一到区制三，方差逐渐下降。区制一的持续时长为 9.27 个月，区制二的持续时长为 43.73 个月，而区制三的持续时长为 36.13 个月。由 SBC 值可知，多元马尔科夫转换模型比单元马尔科夫转换模型拟合的效果更好。根据图 7 - 17 的转移概率曲线，我们可将区制一看作 2008 年金融危机爆发期(涵盖 2015 年末 2016 年初的一波动荡行情)，区制二看作金融危机后期，区制三为金融危机前期。

区制一为危机爆发期，美国政策利率与富时 A50 指数收益率成反比。即美联储若降息，则股市大涨，美联储若升息，则股市大跌。在 2008 年金融危机期间，美联储在数月之内将联邦基金目标利率降至零利率下限，资本纷纷外逃，一定程度上促进了新兴市场国家股市的上扬。2015 年年末至 2016 年年初，美联储开启加息通道，资本从新兴市场陆续回流美国，新兴市场国家股市在流动性锐减和市场大幅动荡中暴跌。

区制二主要涵盖了美联储执行量化宽松货币政策的时期。在这期间，美国货币政策对富时 A50 指数收益率无显著影响，这与实际情形相一致：量化宽松货币政策执行期间，美联储将基准利率维持在零利率下限，主要通过购买长期国债以及向市场注入流动性以刺激经济恢复。在此期间，联邦基金利率变动很小，对市场的信号作用和调节作用非常弱。

区制三代表金融危机爆发前的时段，美联储为抑制资产泡沫和通货膨胀，在 2004—2006 年间密集加息，而在此时间段内，中国经济发展迅速，股市在美国经济繁荣，对中国出口品需求旺盛的背景下，也出现了一波上涨行情。因此，区制三中美联储货币政策和中国股市间存在正向关联。

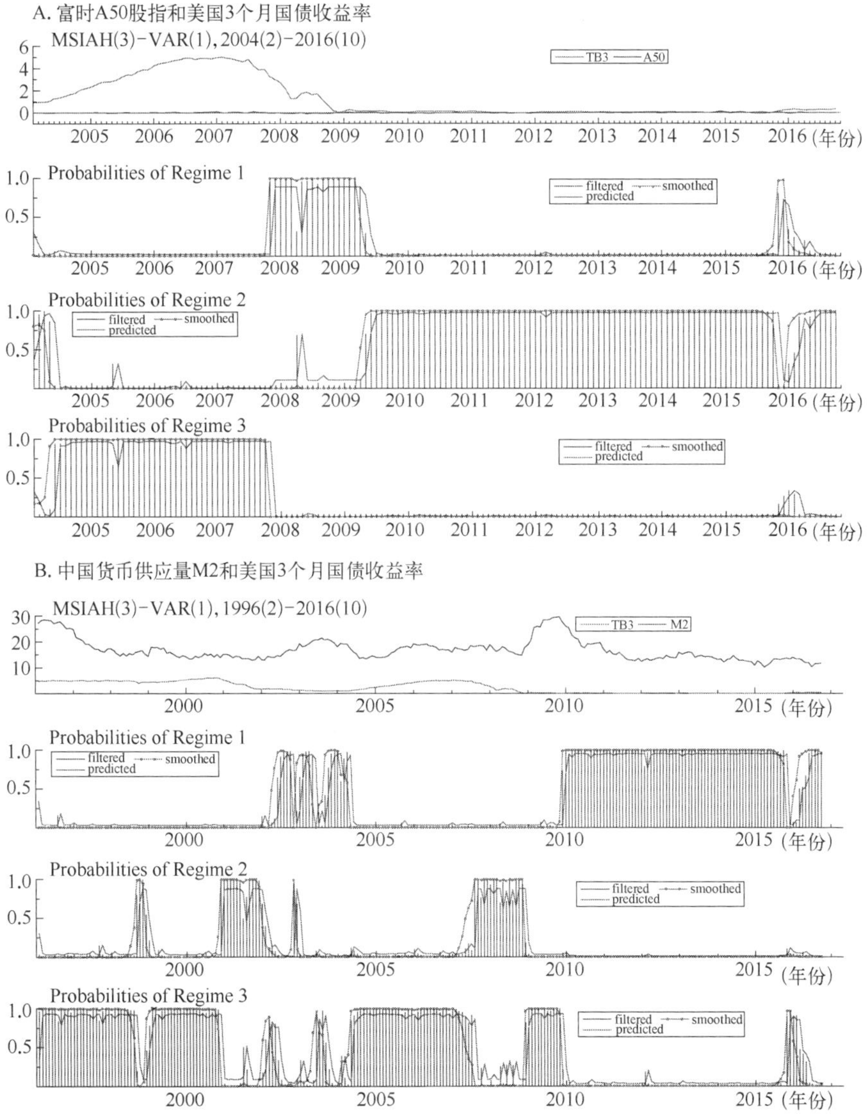

图 7-17　三状态 MSIAH 模型下区制一、区制二和区制三的转移概率曲线

总之,对于美国3个月国债收益率和富时A50股指收益率,区制一代表危机爆发期,市场波动率较高,持续时间也最短。美联储货币政策对A50收益率有负向作用,即美国短期利率下跌会导致次月A50收益率上升,美国短期利率上升会导致次月A50收益率下降。2007年下半年至2008年,美联储密集降息,资金纷纷流向新兴市场,导致亚洲股市短暂上扬。2015年年末,美联储加息,资本回流美国,亚洲股市重挫;区制二为危机后期,或量化宽松货币政策时期,市场波动较低且持续时间最长,美联储货币政策对A50收益率不再有显著影响。该时间段内,美国基准利率处于零下限水平,量化宽松货币政策占主导地位。基准利率对市场调节和影响较弱;区制三代表危机前期,美国债市低迷,债券收益率处于高位,市场波动较小,持续时间在3个区制中属于中等长度。在该区制下,美联储货币政策对A50收益率有正向影响,即美国短期利率的上升会导致下个月A50收益率上升。导致该结果可能的原因在于,该时段内美国经济发展较快,对中国出口产品需求旺盛,带动了中国产出水平和对外贸易,从而提高了相关企业利润水平,中国经济飞速发展的同时也促发了企业的融资需求,从而股市上涨。

对于中国货币供应量M2而言,区制一中,美联储货币政策对M2变动率有显著的正向影响,但在区制三中,该溢出效应转负,区制一中美联储货币政策溢出效应比区制三强。区制二下美联储货币政策对中国货币供应量变动率无显著影响。区制三方差最大,而区制一的方差略大于区制二下模型的方差。区制一的持续时长为23.52个月,区制二的持续时长为8.29个月,而区制三的时长为15.72个月。同样的,根据图7-17,我们可将区制一划分为中国实行稳健(中性)货币政策的时期,区制二为宽松货币政策执行期,货币供应量加大,区制三为紧缩型货币政策执行时期,货币供应量降低。

中国实行稳健货币政策时期(区制一),货币供应量往往较为平稳,国内经济发展稳步前行,该种情况下美联储加息从中国收回的流动性将由国内央行填补，表现形式即为增加货币供应量。

区制二下，中国货币供应量大幅增加，中央银行实行宽松型货币政策往往意味着国内经济处于下滑的态势。根据图 7 - 17，此时美国经济形势也恰处于下行区间，联邦基金利率处于低位，变动微小，与中国货币供应量关联性较低。

区制三时期，国内经济发展态势良好，也可认为是高波动时期。若美联储执行紧缩型货币政策，从中国收回流动性，中国央行仍会降低货币供应量以防止通货膨胀高企，寻求经济的平稳发展。

总体而言，对于美国 3 个月国债收益率和中国货币供应量 M2，区制一代表中国执行中性化货币政策时期，也即国内经济平稳发展时期。货币供应量 M2 波动较低，该区制持续时间最长。美国 3 个月国债收益率和中国货币供应量间正向关联。得到这一结果的可能原因为，美联储加息从中国收回一部分流动性，为维持市场流动性平稳，中国央行向市场注入货币，以补充流动性；区制二代表中国执行宽松货币政策时期，亦即国内经济下滑时期。货币供应量 M2 波动较低，该阶段持续时间最短。美联储货币政策调整对中国货币供应量无显著影响，可能的解释为，该时期中国经济偏弱，央行为提振国内经济，通过多种渠道和手段向市场注入流动性，外界刺激对央行加大货币供给的行为没有显著影响；区制三为中国执行紧缩货币政策时期，也即国内经济上行时期。货币供应量 M2 波动较高，在 3 个区制中该区制持续时间既非最长也非最短。该区制内，美联储货币政策对中国货币供应量有负向影响，尽管该影响与区制一相比弱很多。在该区制内，中国经济发展较快，美联储加息表明美国经济形势较好，中国央行减少货币供应量以抑制通胀的国际传导和经济过热。美联储降息表明美国经济下滑，中国央行加大货币供给以避免美国需求下降对中国经济所造成的不利影响。

表 7 - 13 给出了各变量间的同期相关性。区制一中，美国 3 个月国债收益率和富时 A50 股指收益率间有正向的相关关系，关联度在 0.3 左右，即

金融危机期间，即便美联储降息，A50 股指收益率依然下挫。区制二中和区制三中，该关联性转负，且从区制二至区制三，该负相关系有加强的趋势。这与 MSVAR 模型估计出的美联储货币政策对富时 A50 股指收益率影响系数的符号存在差异。

表 7－13 各变量间同期相关性

	区制一			区制二			区制三		
	FED	A50	M2	FED	A50	M2	FED	A50	M2
FED	1.000 0	0.301 3	0.019 8	1.000 0	−0.073 2	0.344 6	1.000 0	−0.285 7	−0.048 9
A50	0.301 3	1.000 0		−0.073 2	1.000 0		−0.285 7	1.000 0	
M2	0.019 8		1.000 0	0.344 6		1.000 0	−0.048 9		1.000 0

注：美国 3 个月国债收益率与富时 A50 月度收益率，中国货币供应量月变动率之间的同期相关性。对于美国 3 个月国债收益率与富时 A50 月度收益率，样本区间为 2004 年 1 月至 2016 年 11 月；对于美国 3 个月国债收益率与中国货币供应量月变动率，样本区间为 1996 年 1 月至 2016 年 10 月。

区制一下，美国 3 个月国债收益率和中国货币供应量 M2 间存在正相关关系，但该关系非常微弱。区制二下，该正相关关系有所加强，区制三下，美国 3 个月国债收益率和中国货币供应量 M2 间有着负相关关系。与前述 MSVAR 模型估计出的美联储货币政策对 M2 影响系数正负较为一致。

四、总结

本部分使用单元和多元马尔科夫区制转换模型刻画了美联储货币政策在不同时期对中国的溢出效应。实证结果表明，多元马尔科夫转换模型比单元马尔科夫转换模型拟合的效果更好，且多元马尔科夫转换模型能更好地刻画在美联储不同政策周期下，中国股市对其政策调整的反应。此外，多元马尔科夫转换模型也能更细致地描绘中国货币政策周期。

实证结果表明，美联储货币政策在其不同政策、经济周期以及中国不同政策周期下对中国金融市场的溢出影响具有较大差异。综合比较美中两国货币政策可以发现，两国施行宽松型货币政策的时间皆短于施行紧缩型货币政策的时间。美联储执行量化宽松货币政策时期，联邦基金利率变动对中国金融市场无显著影响；在金融危机前，联邦基金利率变动对中国金融市场有正向影响；金融危机中，联邦基金利率变动对中国金融市场有负向影响。中国经济处于加速发展期时，美联储货币政策对中国货币供应量的影响为负；中国经济处于平稳发展时期时，美联储货币政策对中国货币供应量的影响为正；当中国经济处于下行时期时，美联储货币政策变动对中国货币政策制定无显著影响。

由本书的分析我们可以发现，美联储货币政策变动对中国金融市场产生溢出效应可能的传导途径包括影响中国的资产价格以及中国货币政策的制定（货币供应量）。中国应加强货币政策制定的独立性，并对相关风险传递做好提前预警，以防止美国货币政策变动对我金融市场造成较大冲击。

第八章 美联储政策沟通对中国金融市场的溢出效应

中央银行政策沟通(central bank communication),是指中央银行和市场参与者就经济运行现状,货币政策实施状况和货币政策立场进行沟通,并向市场传达其对经济前景的预测以及对货币政策趋势和路径展望的行为。在过去近 30 年时间里,作为中央银行货币政策执行思路和实践的重大革新,中央银行政策沟通正日益成为各国中央银行货币政策工具组合中的重要组成部分。在 20 世纪 90 年代以前,各国中央银行普遍将自己笼罩在神秘的面纱之后,认为货币政策制定者应对货币政策动向不置一词或者展现出模棱两可的态度。前美联储主席 Greenspan(1978)一度以其针对美联储货币政策含糊其词、语无伦次的表达方式为傲,并且告诫市场参与者永远不要以为能正确理解他的讲话。伴随着货币政策理论基础和实践经验的深化以及市场对中央银行独立性和货币政策透明度提高的诉求,各国货币当局逐步认识到中央银行有义务去解释其行为以及行为背后的动因,以此提高中央银行的可信度以及货币政策透明度并实现对市场预期的引导。20 世纪 90 年代以后,各国中央银行渐次放低身段,积极主动与市场主体就现行的货币政策进行沟通、解释与说明,并对未来货币政策走向进行预测与展望,以此引导市场预期,使得市场主体行为向着货币政策目标方向转移。

与此同时,由于全球经济萎靡不振,各国的基准利率近年来逐渐向着零利率的历史低位水平逼近。常规货币政策工具的操作空间也因之被大幅压缩,其政策效力的减退与某种程度的失效进一步彰显了中央银行“预期管理”的重要作用。以引导投资者预期为主要目的的中央银行政策沟通因此成为当下越来越多中央银行进行宏观调控和实现货币政策目标的重要选择之一,中央银行政策沟通也因此成为当今备受关注的非传统新型货币政策工具。前美联储主席 Bernanke(2004, 2007)和欧洲央行前行长 Trichet (2014)都对中央银行政策沟通的重要性进行过详尽的阐述,认为其是货币政策不可缺少的重要组成部分。

鉴于中央银行政策沟通在全球中央银行中使用范围的日益扩大以及其重要性的日益上升(李云峰和李仲飞,2010;曾刚和万志宏,2014),越来越多的学者将目光投向对于中央银行政策沟通理论以及实践的研究(Woodford, 2005;Blinder et al., 2008;谢杰斌, 2009)。

国外的相关研究从中央银行政策沟通的方式(政策公告,公开市场声明,中央银行主席或行长的证词、演讲,货币政策报告等,见 Kohn and Sack, 2003;Connolly and Kohler, 2004;Lu and In, 2006;Reeves and Sawick, 2007),沟通的时机(在货币政策例会前后减少沟通频次,见 Ehrmann and Fratzsher, 2009),沟通的策略与要求(沟通与货币政策实际操作的一致性,沟通的清晰性,沟通时的市场波动状况等,见 Blinder et al., 2008;Berger et al., 2011;Born et al., 2014),沟通的内容(未来货币政策的意图等,见 Rozkrut et al., 2007;Lucca and Trebbi, 2009)等多个维度对中央银行政策沟通的市场效应进行了研究。这些文献又以中央银行政策沟通对资产价格变动影响为主要研究方向(Guthrie and Wright, 2000;Demiralp and Jorda, 2001;Siklos and Bohl, 2007)。这是因为金融市场中的资产价格对于信息异常敏感,任何风吹草动都能以最短的时间反映在资产价格的变动上,而资产价格的大幅波动往往和货币政策宣告息息相关。了解及掌握资产价格和货币政策调整之间的关联有助于投资者调整投资组合策略,规避市场风险,也有助于货币政策制定者衡量货币政策操作的市场有效性以及掌握货币政策传导渠道的多元性。从这个角度来看,研究中央银行政策沟通对资产价格变动的影响有着很强的现实意义。

Ehrmann and Fratzscher(2007)研究分析了欧洲中央银行、美联储、英格兰银行货币政策沟通对金融市场的影响,实证结果表明货币政策委员会成员的讲话和媒体访谈会影响到不同期限债券的利率水平。Rosa(2011)使用有序 probit 模型研究了美联储联邦基金利率决议以及紧随其后的会议声明对美国股市以及波动率指数的影响。研究发现美联储利率决议以及会后声明中未被市场预期到的部分对股票指数有着显著且经济意义明确的影响,并且会后声明比利率决议本身更能解释股市对货币政策的反应。Heinemann and Ullrich(2005)通过构建欧洲中央银行政策沟通指数,发现中央银行政策沟通可以改善但不能替代实际货币政策操作的市场效果。Fratzscher(2006, 2008)运用 EGARCH 模型以及事件研究法考察了 G3 经济体中央银行汇率沟通的市场有效性。研究发现,中央银行汇率沟通对汇率水平有着及时、显著和合意的影响,且能降低汇率市场的波动。汇率沟通与中央银行常规货币政策间相互独立且其政策效果明显优于央行对汇率的实际干预。此外,Kliesen and Schmid(2004), Thornton(2004), Rozkrut et al.(2007), Neuenkirch(2012)等人运用多种指标及模型得出不同国家的中央银行政策沟通均有助于管理市场预期,降低市场不同主体预期的不一致性并提高货币政策的可预测性。

与国外颇为丰硕的研究成果相比,国内有关中央银行政策沟通的研究相对较少。国内学者主要从中央银行政策沟通对利率、汇率和股票市场的影响以及预期管理与引导等角度进行研究。冀志斌和周先平(2011)使用 EGARCH 模型分析了中国中央银行政策沟通对利率市场和股票市场的影响,发现中央银行政策沟通对短期利率和股票收益率均有显著影响。李云峰和李仲飞(2011)研究发现,相较于中央银行对人民币外汇市场的实际干预，汇率沟通具有时滞短，效力明显的优点。潘敏和严春晓（2012）使用VAR模型研究了美联储执行量化宽松货币政策期间利率承诺这一沟通事件对美国实体经济以及金融市场的影响。其实证结果表明，利率承诺对美国实体经济以及金融市场皆有影响且有助于提升市场主体的信心。李云峰（2012）、卞志村和张义（2012）发现中央银行政策沟通有助于引导民众通货膨胀预期并起到稳定通货膨胀的作用和效果。张强和胡荣尚（2013）运用结构VAR模型探讨了中央银行政策沟通对股票市场的影响。吴国培和潘再见（2014）采用EGARCH模型分析了中国中央银行政策沟通对金融资产价格的影响，发现中央银行政策沟通对金融资产价格有一定的影响。张强和胡荣尚（2014）使用EGARCH模型检验了中央银行政策沟通对不同期限利率的影响程度并提出了相应的政策建议。王自锋等（2015）研究发现，中国中央银行对人民币汇率的实际干预可以影响其汇率水平并提高汇率波动程度，汇率沟通未能显著影响汇率水平，但却提高了人民币汇率的波动。谷宇等（2016）通过对中国中央银行汇率沟通有效性的考察发现，中国汇率沟通能够对人民币汇率水平产生与预期一致的影响，该影响在长期和短期内均有效，且该影响主要通过协作渠道得以实现。

总体而言，国外研究主要聚焦于发达国家中央银行的政策沟通对发达国家的影响，较少探讨发达国家中央银行的政策沟通对新兴经济体金融市场的溢出效应。国内研究则主要侧重于中国中央银行政策沟通对通货膨胀的影响，或者对单一市场金融资产价格的影响，几乎没有涉及中央银行政策沟通对多个市场金融资产价格的同期影响。事实上，随着世界各国金融市场的日益融合，一国（尤其是发达国家）货币政策沟通不仅会对本国金融市场产生影响，同时也会对他国金融市场产生溢出效应。美联储政策沟通的主要作用对象是美国本土的金融市场（股、债、汇市场），对中国金融市场没有直接的影响。中国股市和债市主要受宏观基本面及政策等诸多国内因素影响，对美联储政策沟通的反应非常微弱，与此同时，美联储政策沟通的直接关系方是 RMB/USD 汇率，其对美元汇率产生的影响会进一步传导到人民币外汇市场，从这个层面而言，作者选择人民币汇率市场而非股票市场能够使研究结果更直观，可靠和有说服力。基于此，在不同金融市场关联度日益加深的大背景下，在阐明中央银行政策沟通对金融资产价格影响的理论基础之上，在考虑人民币汇率市场间联动的前提下，本书创新性地引入多元 GARCH 扩展模型，综合运用美联储政策沟通冲击、美联储常规货币政策操作冲击、中国宏观经济信息冲击、中美利差以及在岸和离岸人民币兑美元即期与远期汇率的相关数据，分析并试图解决以下三个问题：第一，美联储政策沟通、联邦基金利率调整以及中国宏观经济信息发布三者中未被市场预期到的部分对人民币即期和远期外汇市场是否有影响？如果这三种冲击对人民币外汇市场波动具有明显的影响效应，其影响模式与影响程度是否存在差异？第二，“新汇改”前后未预期到的美联储政策沟通对人民币外汇市场的影响是否有着显著差异？第三，美联储政策沟通对在岸与离岸人民币远期差价，人民币即期汇差与远期汇差有着怎样的影响？通过对以上三个问题的回答，本书试图为中央银行政策沟通的相关研究提供新的研究视角，为相关政策的制定提供更为可靠的研究依据，并为改善中国中央银行政策沟通的有效性提出相关的政策建议。

第一节　理论分析与研究假说

一、中央银行政策沟通对外汇市场的作用机理

中央银行政策沟通之所以能够成为调控外汇市场的重要工具之一，主要基于以下三个原因：第一，经济运行以及货币政策制定准则的非一成不变性。现实世界的经济运行时刻处于变化之中，而货币政策的制定也不会刻板的跟随某一个固定的准则。在这样一个动态的环境中，公众和中央银

行的学习行为永不止息。[①] 在这样的情况下，市场主体需要对中央银行时变的货币政策操作准则和政策动向进行学习，中央银行与市场主体间的沟通因而就显得尤为重要。通过沟通，中央银行将有关货币政策意图的“私有信息”转为公共信息，公众也通过对公共信息的学习知晓了中央银行对汇率等经济变量的调控原因和意图，从而改变自身的投资策略和资产配置，进一步对外汇市场运行产生影响。第二，理性预期。在这里理性预期是指经济活动中的市场参与者会利用现有的各种信息对中央银行未来政策走向作出准确而无系统性错误的判断。但实际情况往往是市场参与者对经济永远都存在着不完全以及有偏差的认知和理解，对中央银行货币（汇率）政策存在反应过度或反应不足的情况。中央银行的主动沟通有助于市场参与者正确理解经济运行状况并形成与汇率政策目标一致的预期，从而提高汇率政策的有效性。第三，信息不对称的存在。在市场经济活动中，掌握信息比较充分的经济主体往往处于比较有利的地位，而信息相对贫乏的经济主体则处于比较不利的地位。信息优势方可通过向信息贫乏方传递可靠信息而获得回报。中央银行天然拥有比市场参与者更多的关于宏观经济运行的信息，也必然比市场参与者更了解自己的思路以及下一步的可能行动。短期内，中央银行的政策沟通有助于公众正确理解中央银行货币政策决议的意图，从而降低货币政策宣告以及实施过程中的“噪声”，降低金融市场的波动。长期而言，中央银行的有效政策沟通则有助于锚定经济变量长期预期，使市场参与者对未来货币政策动向的预期朝着中央银行所期望的方向调整，从而提高货币政策的执行效力。

此外，中央银行政策沟通，尤其是汇率沟通，对外汇市场的作用机理和影响机制，可由以下两个传导渠道进行解释：

---

① 前美联储主席 Bernanke(2004)曾指出：“想找到一个在任何情况下中央银行都会一直遵循的货币政策操作准则是不可能的，中央银行需要应对的各种突发状况永无止境，且不可预测。”

(一) 中央银行政策沟通的信号传导渠道

我们首先以汇率沟通对外汇市场的影响为例，解释中央银行政策沟通的信号传导渠道。

与其他资产类似，汇率水平也可在标准资本资产定价框架下由模型来确定。t 时刻的汇率对数值 s_t 等于市场参与者基于当下信息集对未来汇率水平预期的现值。

$$s_t=(1-\theta)\sum_{j=0}^{\infty}\theta^j E_t(f_{t+j}\mid\Omega_t) \tag{8.1}$$

其中，s_t 为时刻 t 的汇率对数值，θ 为折现率，f_t 为资产价值，Ω_t 为时刻 t 市场参与者可获得的关于宏观基本面以及政策沟通（包括汇率沟通）等的信息集。投资者基于信息集 Ω_t 解读中央银行货币政策意图，并依此调整预期和外汇交易策略，从而对当期汇率水平 s_t 产生影响。因此，中央银行汇率沟通通过改变投资者的信息集 Ω_t，对交易者的预期和交易策略产生影响，从而达到调节汇率的目的。

结合利率平价理论，Fratzscher（2008）提出了基于式（8.1）的汇率水平决定的动态模型：

$$\Delta s_{t+1}=(i_t-i_t^*+\rho)+ (1-\theta)\sum_{j=0}^{\infty}\theta^j\left[E_{t+1}(f_{t+1+j}\mid\Omega_{t+1})-E_t(f_{t+1+j}\mid\Omega_t)\right] \tag{8.2}$$

其中 ρ 为外汇风险溢价，为投资者在无风险收益之外的报酬率，是国内外利差和即期汇率预期变动之和 $E[\Delta s_{t+1}-i_t+i_t^*]$。式（8.2）表明即期汇率变动由两部分组成。第一部分 $i_t-i_t^*+\rho$ 为预期到的部分，市场参与者基于利率平价理论对汇率进行预期；第二部分为未预期到的部分，也即式（8.2）右边的第二项。从信号渠道的角度而言，中央银行政策（汇率）沟通通过向投资者释放新的公共信息，引导投资者的预期来调节即期汇率水平。

(二) 中央银行政策沟通的协作传导渠道

为阐述清楚协作渠道，需从外汇市场微观结构入手（Peiers，1997；Evans and Lyons，2002，2004）。在这里信息不再是无差异的公共信息，而是不同市场参与者有着不同解读的异质化信息，市场参与者间的交易过程实质上是将私有信息公开化的过程。通过将市场参与者划分为做市商和普通交易者，中央银行政策（汇率）沟通主要经由信息异质化和实际交易过程实现对汇率的影响。Fratzscher(2008)对式(8.2)进行调整：

$$\Delta s_{t+1} = (i_t - i_t^* + \rho) + (1-\theta)\sum_{i=0}^{\infty}\theta^j\left[E_{t+1}^m(f_{t+1+i} \mid \Omega_{t+1}) - E_t^m(f_{t+1+i} \mid \Omega_t)\right] \quad (8.3)$$

和式(8.2)不同的是，式(8.3)中影响即期汇率的是做市商的预期 E^m。这一点区别很重要，因为这意味着影响汇率的途径不仅包括向市场提供新的公共信息，还包括对做市商的预期进行引导。做市商通过对市场中已有信息进行分析，形成对未来汇率走势的个性化预期，该预期反映在其外汇报价上，从而引导和改变普通交易者的外汇买卖行为。若中央银行政策（汇率）沟通能统一做市商对汇率的预期，便可间接调整市场参与者的投资行为，从而进一步调控外汇市场。因此，除发布新信息之外，政策（汇率）沟通还可通过统一市场参与者对宏观基本面信息和风险的认知和预期来调整市场交易行为，从而改变资产配置和汇率水平。

综上所述，式(8.2)主要阐述了中央银行政策（汇率）沟通通过信号渠道对汇率产生影响的作用机理，有关未来货币（汇率）政策走向的公共信息会通过改变投资者预期影响汇率水平。如果货币当局的政策（汇率）沟通通过式(8.3)的协作渠道发生作用，那么中央银行主要通过统一市场预期和交易行为对外汇市场进行调控。在投资者预期和理念分歧较大的市场环境下，协作渠道产生作用的机率更高。因此，信号渠道发挥作用主要依赖于三个基本条件：第一，投资者是理性人，会通过对可获取信息（包括汇率沟通信息)进行理性分析从而作出理性判断和投资决定;第二,市场具有完全竞争性,市场信息具有有效性;第三,中央银行政策操作和汇率沟通具有可信度。协调渠道发挥作用的基本条件有:外汇市场具备做市商制度;市场中存在信息不对称,做市商和普通交易者对信息的解读和理解存在显著差异,信息具有异质性。

尽管信号渠道和协作渠道发挥作用的基本条件在现实经济生活中几乎无法完全满足,但是两种渠道展示了即期汇率的决定机制,也为中央银行对外汇市场进行灵活调节提供了思路。此外,根据利率期限结构理论,各国货币当局可以通过建立成熟有效的货币市场,对利率尤其是短期利率进行调控,从而实现对市场长期利率预期的引导。由抛补利率平价理论,通过对利率水平的调节,货币当局可进一步维持即期和远期汇率水平的稳定。例如,当人民币面临升值压力时,中国人民银行可以通过降低存贷款基准利率、与投资者就未来汇率走向进行沟通来缓解人民币升值预期对外汇市场产生的压力,从而实现对汇率水平的调控。

由以上分析可知,一方面,货币政策沟通通过信号渠道和协作渠道纠正市场主体对于货币(汇率)政策目标、货币(汇率)政策意图的有偏认知,消除市场参与者与中央银行之间关于经济前景,货币政策制定依据以及汇率走势等层面的信息不对称,帮助公众形成对未来货币(汇率)政策的合理预期,促使市场主体的消费和投资行为向中央银行所期望的方向调整,以提高货币政策执行效力。另一方面,从利率期限结构和抛补利率平价理论的角度分析,中央银行政策沟通可以通过改变市场对未来利率水平的预期,实现对中长期利率以及即期、远期外汇的调节,并进一步影响国际资本流向、资产价格、国际贸易、国际收支乃至一国的宏观经济运行状况。

二、研究假说

2005 年 7 月 21 日,中国央行开始实行以市场供求为基础、参考一篮子货币进行调节、有管理的浮动汇率制度，宣布人民币不再盯住美元。尽管目前仍处于人民币汇率形成机制改革的关键期，但中国人民银行一直坚持推进利率市场化改革和建立健全以市场供求为基础的、有管理的浮动汇率体制，保持人民币汇率在合理、均衡水平上的基本稳定。“8・11 汇改”后，央行进一步放松了对人民币汇率的管制力度，人民币兑美元双边波幅加大，人民币汇率对外来冲击的反应更加敏感。众所周知，美联储货币政策调整对美元指数存在领先关系，而人民币兑美元汇率在很大程度上又与美元指数息息相关。那么作为非常规货币政策工具，美联储政策沟通是否对中国的汇率市场产生影响？我们借鉴相关的研究思路，通过检验美国联邦公开市场操作委员会议息会议声明（FOMC statement）这一美联储政策沟通事件对人民币外汇市场的影响，考察其作为沟通型货币政策工具与联邦基金目标利率调整对人民币汇率市场影响的差异性。具体而言，本文提出以下三个研究假说。

假说一，美联储政策沟通、联邦基金目标利率调整以及中国宏观经济信息三者中未被市场预期到的部分对人民币外汇市场有影响，且三者对人民币外汇市场的影响存在差异。

由于市场中非理性预期以及信息不对称的存在，美联储政策沟通冲击通过引导市场形成合理预期以及削弱信息不对称来实现对美国经济和金融市场的调控，联邦基金目标利率调整则通过调整实际经济变量（联邦基金目标利率）实现货币政策目标，中国宏观经济信息则可作为当前中国经济运行状况的信号。作为资产价格的一种，汇率对信息有着天然的敏感性。正如 Bernanke and Kuttner（2005），Rosa（2011）以及 Lu（2009，2015）所述，资产价格往往对未预期到的宏观基本面信息（包括货币政策操作及宏观经济信息）产生反应。因此 3 种冲击对人民币汇率的影响会因作用机理和传导方式的不同而有所差别。

假说二，美联储政策沟通在 2015 年 8 月 11 日“新汇改”前后对人民币外汇市场的影响有着显著差异。

2015 年 8 月 11 日人民币兑美元汇率中间价报价机制改革以来，中国人民银行对在岸人民币 CNY 和离岸人民币 CNH 的汇率管理经历了明显不同的几个阶段。在加大限制人民币资本外流的同时，人民银行逐步放松了对离岸人民币 CNH 市场的控制，以及对人民币中间价和人民币即期汇率的控制。人民币兑美元即期汇率波动程度放大，在岸与离岸人民币即期汇差一度飙升至 1 429 个基点，人民币贬值预期空前强烈。但 CFETS 人民币汇率指数[①]的发布，人民银行关于维护人民币汇率稳定、人民币不会大幅贬值的声明都标志着中央银行在更大程度上容忍人民币汇率弹性的加大以及人民币与美元的脱钩。因此在 2015 年 8 月 11 日"新汇改"后，人民币外汇市场会对宏观基本面信息(包括货币政策操作及沟通信息)更为敏感，美联储政策沟通对人民币外汇市场有更显著的影响。

假说三，美联储政策沟通对远期汇差的影响大于对远期差价的影响，对离岸人民币远期汇差的影响大于对在岸人民币远期汇差的影响。

鉴于不同市场主体对人民币未来走势预期的差异性以及货币政策传导渠道的多样性等因素，美联储政策沟通对人民币即期和远期汇率的影响程度会有所不同。远期差价(期汇汇率与现汇汇率的差额)可以从一定程度上体现出货币政策传导渠道的顺畅度以及货币政策效力。此外，中国央行对境内外人民币汇率的管控程度不同，境内外人民币汇率面临的市场环境有差异，美联储政策沟通对即期和远期汇差(在岸与离岸人民币即期汇率间的差额以及远期汇率间的差额)也有着不可忽视的影响。由于在岸市场管制的存在，美联储政策沟通冲击对离岸人民币即期及远期汇率的信号作用更强，对市场参与者预期的引导力度更大。因此美联储政策沟通对远期汇差

① CFETS 人民币汇率指数是指参考中国外汇交易中心挂牌的各种人民币外汇交易币种，采用考虑转口贸易因素的贸易权重法计算得出的人民币汇率指数。其中样本货币的汇价参考的是当天人民币对该外币的中间价和交易参考价。

的影响大于对远期差价的影响，对离岸人民币远期汇差的影响大于对在岸人民币远期汇差的影响。

第二节　数据选取及模型构建

一、变量选择

市场参与者通常会对预料之外的信息做出较强的反应，而对于已预期到货币政策则反应平平（Bernanke and Kuttner，2005）。因此将各类宏观信息恰当的划分为已预期到的和未预期到部分对于研究宏观信息（包括货币政策）对市场的影响显得至关重要。考虑到常规货币政策操作和宏观经济信息冲击对资产价格的重要影响（Basistha and Kurov，2008；Mun，2012），本书在借鉴过往文献的基础上提取了美国联邦公开市场操作委员会议息会议声明、联邦基金目标利率调整、宏观经济信息的冲击部分以及中美利差，并将后三者作为控制变量加入估计模型中，以便更加清晰准确地度量美联储政策沟通对人民币外汇市场的影响。

（一）美联储政策沟通冲击

中央银行与市场主体沟通途径及方式繁多，或通过书面文字，或通过口头宣告传达货币政策的信息与意图，这直接导致了中央银行政策沟通不但范围难以确定而且直接量化难度较大。过往文献多集中于对货币政策执行报告、通货膨胀报告、新闻发布会、中央银行官员公开讲话及媒体采访等沟通事件进行分析和量化。量化主要采用两种方法，第一种是将中央银行政策沟通作为整体，不对其沟通内容进行赋值，采取事件窗口的研究方法，检验沟通事件是否对市场产生影响；第二种是采用解释学和文本分析原理（Holsti，1969），通过两位及以上学者独立的对中央银行政策沟通信息进行解读，然后根据沟通所传达的货币政策紧缩（hawkish）意图和宽松（dovish）意图赋予不同的值。赋值程序结束后将所有学者的结果相互校对，剔除赋值无法统一的沟通事件，以此减少误差。第一种方法忽略了中央银行政策沟通的方向性，不同货币政策沟通方向对市场可能造成不同的影响；第二种方法忽视了沟通事件的范围。沟通事件尤其是口头沟通事件发生的时间具有较大的不确定性，且缺乏具体的官方沟通记录。通过在搜索引擎中输入相关词语进行检索和筛选极易造成相关沟通的遗漏。另外，媒体对此类口头沟通事件的报道重复性较强，针对相同沟通事件有着大量后续解读性报道和分析，部分报道存在时效性不强甚至错误解读的问题，因此该方法也不具备较强的说服力。

综合以上分析可知，一方面，对口头沟通事件的衡量具有很大的个人主观性，且通过网络搜索的方法通常很难穷尽一段时期内所有的口头沟通事件。另一方面，美国联邦公开市场操作委员会发布的议息会议声明作为美联储每次议息会议后的必备环节，具有规范性、系统性、全面性和易获取性，选择该沟通事件进行研究更具备说服力，也更有利于针对中央银行政策沟通提出具体性的建议。此外，美国联邦公开市场操作委员会议息会议声明相较于美联储其他政策沟通形式，受市场关注度最高，通常是市场参与者研究美联储货币政策，根据美联储政策动向调整投资策略的重要参考。因此，本书在考虑数据可得性的基础上，排除 2005 年 7 月 21 日人民币汇率形成机制改革事件的影响，选取了 2007 年 1 月 4 日至 2016 年 12 月 30 日间美国联邦公开市场操作委员会议息会议声明，总计 84 次沟通事件。美国联邦公开市场操作委员会议息会议声明来源于美联储官方网站。

鉴于对沟通事件直接量化的难度较大，本研究采用对沟通事件编码赋值的方法，通过以下三个步骤提取美联储政策沟通的冲击部分，以期获得较为科学可靠的估计结果。第一步，采用 Romer and Romer（1989，2004）的叙事法（Narrative Approach），对美国联邦公开市场操作委员会议息会议声明中关于货币政策未来走向的陈述进行编码赋值；第二步，估计市场主体对于美国联邦公开市场操作委员会议息会议声明的预期；第三步，计算美国联邦公开市场操作委员会议息会议声明中未被市场预期到的部分，也即美联储政策沟通的冲击部分。具体而言，本研究将美联储政策沟通事件中关于货币政策未来走向的陈述转换为有着三个不同取值的措辞指标变量：宽松性货币政策沟通取－1，中性货币政策沟通取 0，紧缩性货币政策沟通取 1。为了更清楚地展示货币政策沟通变量的构造过程，表 8－1 列出了一些针对不同类型货币政策沟通事件进行量化的范例。

假设当前（尚未发生）中央银行政策沟通事件发生的时间点为 t，本研究运用以下回归模型对当前中央银行政策沟通进行预测。

$$Index_t^* = \lambda_1 Index_t^{Old} + \underbrace{\lambda_2 PMI_t + \lambda_3 \pi_t^e}_{\text{宏观基本面}} + \lambda_4 Slope_t + \varepsilon_t \qquad (8.4)$$

其中 $Index_t^*$ 为当前美联储政策沟通事件的（最优）措辞指标，$Index_t^{Old}$ 为前一次美联储政策沟通事件的措辞指标，PMI_t 和 π_t^e 为当前美联储政策沟通事件发生前美国采购经理指数（PMI）和市场对未来 12 个月通货膨胀率的预期。$Slope_t$ 为美国短期利率曲线斜率（本研究使用 30 天联邦基金期货合约（30－Day Federal Funds Futures）的隐含利率和实际联邦基金利率（Effective Federal funds rate）之差作为其代理变量）。其中 PMI_t 和 π_t^e 可视作美国宏观基本面变量，PMI 数据来自美国供应链管理协会（the Institute for Supply Management，ISM），π_t^e 来自密西根大学消费者调查（市场对未来 12 个月通货膨胀预期的中位数 http：//www. sca. isr. umich.edu/tables.html）。λ 为回归系数，残差项 ε_t 假定服从正态分布。

表 8－1　中央银行政策沟通量化示例

沟通日期	沟　通　内　容	编码
2000 年 12 月 19 日	Committee consequently believes the risks are weighted mainly toward conditions that may generate economic weakness in the foreseeable future.委员会因此相信在可预见的未来，风险将朝向使经济走弱的方向演化	－1

续 表

沟通日期	沟　通　内　容	编码
2003 年 8 月 12 日	The Committee believes that policy accommodation can be maintained for a considerable period.委员会认为在较长时期内仍应继续维持适应性货币政策	0
2004 年 5 月 4 日	The Committee believes that policy accommodation can be removed at a pace that is likely to be measured.委员会认为接下来将在合适的节奏下逐步改变适应性货币政策	+1
2016 年 7 月 27 日	The Committee expects that economic conditions will evolve in a manner that will warrant only gradual increases in the federal funds rate; the federal funds rate is likely to remain, for some time, below levels that are expected to prevail in the longer run.委员会认为经济形势的发展将确保联邦基金目标利率逐步提高。但联邦基金目标利率将在一段时间内保持在低于长期目标利率的水平上	0
2016 年 11 月 2 日	The Committee judges that the case for an increase in the federal funds rate has continued to strengthen but decided, for the time being, to wait for some further evidence of continued progress toward its objectives.委员会认为提高联邦基金目标利率的时机就快成熟,但目前仍继续等待经济朝向其目标持续发展的进一步迹象	+1

注:本表展示了针对不同类型货币政策沟通事件进行量化的范例。表中所摘取的沟通内容表明了当前沟通事件中美联储对未来货币政策走向的态度,编码的取值是基于当前货币政策沟通事件做出的整体性归类。

需要注意的是方程(8.4)暗含措辞指标服从连续分布的假定,但实际中市场参与者所观测到的措辞指标却是一个有着 3 个不同取值(−1, 0, 1)的离散型措辞指标变量。从这个角度而言,$Index_t^*$ 应被视为一个不可观测的潜在变量,实际政策沟通措辞指标的取值取决于一系列临界值或门槛值(ζ_1 和 ζ_2)。

$$Index_t = -1 \quad \text{if} \quad Index_t^* \leqslant \zeta_1$$
$$Index_t = 0 \quad \text{if} \quad \zeta_1 < Index_t^* \leqslant \zeta_2$$
$$Index_t = 1 \quad \text{if} \quad \zeta_2 < Index_t^* \tag{8.5}$$

方程(8.4)和方程(8.5)共同构成了一个有序 Probit 模型。方程(8.4)右侧的值越大，$Index_t^*$ 取较大值的概率也就越大，出现紧缩性货币政策沟通的概率也就越大。

接下来，本书构建了市场主体对于美国联邦公开市场操作委员会议息会议声明相关沟通内容的预期指标。

$$E_{t-}[Index_t^{New}]=\sum_{i=-1}^{+1}Pr(Index_t^{New}=i)\cdot i \tag{8.6}$$

其中 $E_{t-}[Index_t^{New}]$ 代表市场参与者基于当前政策沟通发生前的信息集对本次政策沟通的预期。在 $i=-1$，0，1 的情况下 $Pr(Index_t^{New}=i)$ 可通过有序 Probit 模型计算得出。

本书采用方程式(8.4)的设定进行美联储政策沟通事件措辞指标测定的经济学依据可归纳为以下两点：

(1) 诸多研究已经证实，宏观经济基本面的变动相对缓慢，其改变往往需要数月之久。因此，此处假定美联储对经济前景的评估以及美联储政策沟通也存在一定的连贯性。因而模型中采用了前一次美联储政策沟通事件的措辞指标。

(2) 本书使用当前美联储政策沟通事件发生前的 PMI 和市场对通货膨胀率的预期值以及短期利率曲线斜率的原因在于预期值和沟通发生前的经济变量指标可以更好地描绘美联储政策沟通的前瞻性。利率曲线斜率体现了市场对未来利率变动的预期，例如当 30 天联邦基金期货合约的隐含利率低于当前实际联邦基金利率时(利率曲线的斜率向下倾斜)，意味着市场预期美联储将在近期内降息，或者即将发布宽松型的温和信息，进行宽松性货币政策沟通。

因此，由方程式(8.4)，式(8.5)和式(8.6)进行美联储政策沟通预期指标的构建具有一定的科学性和可信度。

接下来即可得到美联储政策沟通的冲击变量 NS_t。

$$NS_t \equiv Index_t^{New} - E_{t-}[Index_t^{New}] \tag{8.7}$$

将该变量进行标准化，在非沟通日该沟通冲击取 0。若沟通发生在非交易日或者发生在交易日闭市以后，则将本次沟通冲击计入下一交易日。

（二）常规货币政策操作冲击

Lu et al.(2015)以及张强和胡荣尚(2014)采用了货币政策调整前后市场相关利率的变动测定常规货币政策操作冲击。参考 Bernanke and Kuttner(2005)以及 Sun et al.(2017)，本文使用联邦基金期货隐含利率[①]作为市场对联邦基金目标利率的预期，美国 3 个月国债收益率作为实际联邦基金利率的代理变量，将两者相减得到市场未预期到的联邦基金目标利率调整，亦即美联储常规货币政策操作冲击。本书使用方程式(8.8)对美国联邦基金目标利率调整冲击进行测算。

$$MPS_t = r_{m,t}^0 - f_{m,t}^0 \tag{8.8}$$

其中 MPS_t 为未预期到的货币政策，t 代表月份 m 的第 t 天。$r_{m,t}^0$ 代表第 t 日的美国 3 个月国债收益率。$f_{m,t}^0$ 为当月 30 天联邦基金期货合约结算价的隐含利率。将该变量标准化后，在没有货币政策调整的时间段，MPS_t 取 0，若货币政策调整宣告发生在非交易日或者在交易日闭市以后，则将此次货币政策操作冲击计入下一交易日。Bernanke and Kuttner(2005)认为，未预期到的货币政策是金融资产收益率对货币政策反应的源头。因此，我们将该变量作为控制变量之一，加入模型之中。

（三）宏观经济信息冲击

本书使用国内生产总值和消费者物价指数增长率未被市场预期到的部分的均值衡量宏观经济信息冲击。考虑到宏观数据的季节效应，此处取数

---

① 30 天联邦基金期货合约是在芝加哥商业交易所交易的合约品种，100 减去合约价格即得到合约的隐含利率，30 天联邦基金期货合约的隐含利率通常用来衡量市场对合约月份平均联邦基金利率的预期。因联邦基金月度平均利率和平均目标利率十分接近。所以，该方法是对联邦基金利率预期较好的衡量。

据发布日宏观经济数据与上年同一时期相比的变化率，也即同比增长率作为宏观经济信息变量。其实际值即为国家统计局发布的实际同比增长率，预期值采用北京大学中国宏观经济研究中心发布的朗润预测数据。宏观经济信息冲击 MS_t 则可记为实际值与预期值之差取标准化后的数值。没有宏观经济信息数据发布的时段，MS_t 等于 0，如果宏观经济信息数据发布日为非交易日或者数据公布发生在闭市以后，则将本次宏观经济信息冲击 MS_t 计入下一个交易日。

(四) 中美利差

作为货币政策操作工具之一，利率必然也是政策沟通的重要内容。由理论分析部分货币政策沟通的信号渠道和协作渠道表达式可知，市场参与者基于利率平价理论对汇率变动作出预期，见式(8.2)和式(8.3)，因此利差也是影响汇率变动的一个重要变量。被诸多文献采用为美国短期利率的代表性变量(如 Asgharian et al.，2015)，美国 3 个月国债收益率在一定程度上可视作美国无风险利率或基准利率。中国 7 天银行间回购定盘利率(R007)既体现了经济基本面以及季节性变化规律，又合理反映了银行体系流动性松紧状况，较好地反映了中国市场化短期利率水平。因此，本书使用美国 3 个月国债收益率作为美国短期利率的替代变量，中国 7 天银行间回购定盘利率作为中国市场化短期利率的代表，将 7 天银行间回购定盘利率和美国 3 个月国债收益率之差作为中美利差 $Spread_t$ 的代理变量，纳入方程控制变量之列。

通过以上 4 个步骤，可以得到美联储政策沟通、联邦基金目标利率调整、宏观经济信息冲击和中美利差的日度数据。由此可见，美联储政策沟通冲击测度的是市场参与者在美联储政策沟通事件发生后对未来货币政策走向和立场预期的修正程度。而联邦基金目标利率调整和宏观经济信息冲击则衡量了市场参与者在多大程度上正确预测了美国货币政策决议以及中国宏观经济信息。

二、数据选取和初步统计分析

考虑 2005 年 7 月 21 日人民币汇率形成机制改革，数据可得性以及内生性问题等因素的影响[①]，为更加全面细致地反映美联储政策沟通对人民币外汇市场的调节作用，本书采用相对高频的日度数据进行实证研究。

在岸外汇数据方面，本研究选取了 2007 年 1 月 4 日至 2016 年 12 月 30 日人民币兑美元即期汇率数据（Spot/USDCNY）以及交易最为活跃的 1 个月，3 个月，6 个月和 12 个月 4 种期限的银行间远期外汇合约买卖报价中值数据(DF - 1M，DF - 3M，DF - 6M，DF - 12M)。即期外汇数据来源于 Pacific Exchange Rate Service Database Retrieval System（V2.15）。由于该数据库由位于加拿大温哥华（UTC－5:00)的不列颠哥伦比亚大学尚德商学院（Sauder School of Business，University of British Columbia)发布，任何在中国（UTC＋8:00)第 t 日发生的政策沟通或政策变动冲击都会影响到从此数据库获得的第 t 日即期外汇数据。远期外汇数据来源于 Wind 数据库。

离岸外汇数据方面，考虑到香港人民币离岸市场业务占据全球人民币离岸市场业务总和近 75％，基于数据可得性，本书选取香港市场 2011 年 6 月 27 日至 2016 年 12 月 30 日人民币兑美元的即期汇率代表离岸人民币即期汇率（USDCNH)。境外远期外汇合约选用的是一般文献中常用的人民币无本金交割远期合约 NDF，其市场行情反映了国际社会对人民币汇率变动的预期。与在岸远期汇率类似，本研究选取交易较为活跃的 1 个月，3 个月，6 个月和 12 个月的远期外汇合约交易数据（NDF - 1M，NDF - 3M，NDF - 6M，NDF - 12M)，样本区间仍为 2011 年 6 月 27 日至 2016 年 12 月 30 日。离岸外汇数据均来源于 Wind 数据库。图 8 - 1 展示了在岸与离岸

① 此处内生性问题表示日度的外汇收益率变化不会立刻对前瞻性的货币政策决议产生影响。

人民币兑美元汇率走势图，表 8 - 2 展示了各汇率每日收益率、冲击变量以及中美利差每日数据的描述性统计结果，其中汇率每日收益率采用 $r_{i,t} = 100 \times (\log(P_{i,t}) - \log(P_{i,t-1}))$ 计算。$P_{i,t}$ 和 $P_{i,t-1}$ 分别为第 t 日和第 $t-1$ 日对应汇率 i 的收盘价(在岸远期汇率为买卖报价中值)。

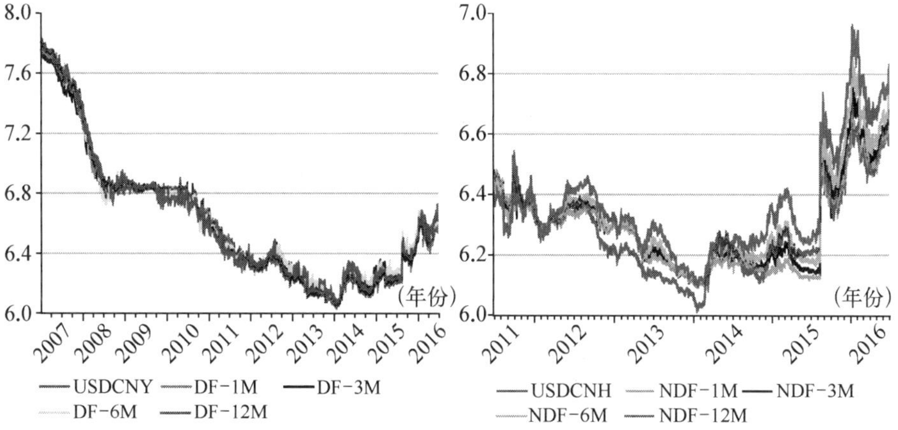

图 8 - 1　人民币兑美元即期和远期汇率

图 8 - 1 显示，在岸人民币即期汇率与远期汇率走势几乎完全一致，离岸人民币即期汇率和各期限远期汇率走势大体一致，但不同汇率间存在一定的差值。由表 8 - 2 可知，不考虑中美利差，所有时间序列均值皆接近于 0，偏度均不为 0，峰度都远远大于 3，且 JB 检验结果也证实所有序列都不服从正态分布，ADF 检验结果表明所有时间序列均在 1%显著性水平下拒绝含有单位根的原假设，即所有序列均为平稳序列。对于中美利差而言，其偏度不为 0，峰度大于 3，不服从正态分布且序列不平稳。总体而言，各人民币汇率收益率序列均呈现出有偏、尖峰、厚尾的非正态分布特征，意味着使用 GARCH 类模型进行估计可能是适合的。

三、模型构建

根据以上数据统计特征，考虑到原始 BEKK - GARCH 模型最大的优

表 8-2　样本数据描述性统计

	均　值	最大值	最小值	方　差	偏　度	峰　度	JB 检验	ADF 检验
A：在岸人民币汇率（2007 年 1 月 4 日至 2016 年 12 月 30 日）								
USDCNY	−0.006 5	1.849 6	−0.698 6	0.121 0	1.760 3	31.505 2	85 072***	−47.451 8***
DF-1M	−0.006 3	1.844 8	−0.649 7	0.119 1	1.767 7	31.937 5	87 643***	−46.991 5***
DF-3M	−0.006 1	1.956 6	−1.492 0	0.157 5	1.290 6	40.609 6	146 555***	−32.141 0***
DF-6M	−0.006 3	1.951 2	−1.550 2	0.211 2	0.440 5	26.959 1	59 278***	−42.133 3***
DF-12M	−0.006 0	1.936 8	−1.680 6	0.266 6	−0.078 0	20.692 4	32 283***	−35.673 2***
B：离岸人民币汇率（2011 年 6 月 27 日至 2016 年 12 月 30 日）								
USDCNH	0.002 1	2.867 7	−1.451 6	0.189 7	3.653 2	58.769 4	172 417***	−23.357 9***
NDF-1M	0.002 2	4.080 6	−1.497 4	0.188 0	10.118 5	213.860 4	2 445 504***	−28.858 6***
NDF-3M	0.002 7	4.211 5	−1.322 3	0.211 5	8.026 9	151.408 8	1 214 418***	−28.506 7***
NDF-6M	0.003 4	4.104 8	−1.354 6	0.214 7	6.661 3	125.675 7	829 862***	−28.035 9***
NDF-12M	0.004 9	3.652 7	−1.498 7	0.224 7	3.668 0	64.534 3	209 296***	−27.261 8***
C：冲击变量和中美利差（2007 年 1 月 4 日至 2016 年 12 月 30 日）								
NS_t	0.000 0	1.856 2	−2.339 8	0.184 2	−1.198 9	67.025 9	423 506***	−49.729 3***
MPS_t	0.000 0	3.910 4	−2.087 5	0.150 4	12.429 5	397.787 2	16 142 998***	−49.729 3***
MS_t	−0.000 0	2.562 5	−2.692 2	0.104 4	−2.259 4	406.001 9	16 757 462***	−49.729 3***
$Spread_t$	2.318 1	10.720 0	−3.620 0	1.936 5	−0.654 2	4.523 0	422.255 5***	−3.427 7**

注："JB 检验"代表 Jarque-Bera 检验，用于测定时间序列的分布特征，原假设为该时间序列遵循正态分布。"ADF 检验"代表 ADF 单位根检验，用于测定时间序列的平稳性，原假设为时间序列含有单位根。***，**，* 分别表示在 1%，5%，10%的显著性水平下显著。

点在于在很弱的条件下保证协方差矩阵 H_t 的正定性，且允许波动率序列之间有动态相依性，该模型被广泛应用于各类研究波动溢出的文献中（李成等，2010；Mun，2012；Pedersen and Rahbek，2014）。因此，本书选用可同时考察汇率间均值溢出效应的二变量 VAR(p)- MVGARCH(1，1)- BEKK 扩展模型，分析在考虑了即期和远期汇率市场间均值溢出和波动溢出的情况下美联储政策沟通对人民币外汇市场的影响。若使用单元 GARCH 模型，会损失市场间可能的均值溢出和波动溢出所包含的有效信息，而多元 GARCH 模型则充分考虑和利用了均值方程残差的条件方差协方差所包含的信息，从而可以得到更为精确的估计结果。为全面反映美联储政策沟通对人民币外汇市场的影响，本研究在均值方程和方差方程中纳入美联储政策沟通冲击，常规货币政策操作冲击，宏观经济信息冲击以及中美利差相关变量，以解决可能的变量遗漏问题并控制非美联储政策沟通冲击变量对外汇市场的影响。此外，本书在方差方程中额外加入日期虚拟变量，以排除可能的周效应影响。

首先通过 VAR(p)形式的均值方程，移除两个市场联动的一阶矩部分，分析即期外汇与远期外汇两个市场之间的均值（收益率）溢出关系，即线性关系。具体模型为：

$$\begin{aligned} R_t = \mu + \sum_{i=1}^{p} \Theta_i R_{t-i} + \Psi NS_t + \Pi MPS_t \\ + \Phi MS_t + \Gamma Spread_t + \varepsilon_t \end{aligned} \tag{8.9}$$

其中 $R_t = (R_{s,t},\ R_{f,t})'$，$\mu = (\mu_s,\ \mu_f)'$；

$$\Theta_i = \begin{pmatrix} \theta_{ss}^{(i)} & \theta_{sf}^{(i)} \\ \theta_{fs}^{(i)} & \theta_{ff}^{(i)} \end{pmatrix},\ \Psi = \begin{pmatrix} \psi_s \\ \psi_f \end{pmatrix},\ \Pi = \begin{pmatrix} \pi_s \\ \pi_f \end{pmatrix},\ \Phi = \begin{pmatrix} \phi_s \\ \phi_f \end{pmatrix},\Gamma = \begin{pmatrix} \gamma_s \\ \gamma_f \end{pmatrix};$$

$\varepsilon_t = (\varepsilon_{s,t},\ \varepsilon_{f,t})'$，$u_t = (u_{s,t},\ u_{f,t})'$，$u_t = H_t^{-1/2}\varepsilon_t$，$\varepsilon_t | I_{t-1} \sim N(0,\ H_t)$。

$R_{s,t}$ 为人民币兑美元即期汇率的日收益率，$R_{f,t}$ 为人民币兑美元远期汇率的日收益率。μ_s 和 μ_f 为常数项，p 为滞后阶数。$\theta_{ab}(a, b=s, f; a \neq b)$ 表明市场 b 对市场 a 的均值溢出，若 θ_{ab} 显著异于0，则意味着市场 b 对市场 a 有着均值溢出效应。ε_t 为两个均值方程残差项 $\varepsilon_{s,t}$ 和 $\varepsilon_{f,t}$ 组成的 2×1 矩阵，u_t 为标准化残差项 $u_{s,t}$ 和 $u_{f,t}$ 组成的 2×1 矩阵，$\varepsilon_{s,t}$ 和 $\varepsilon_{f,t}$ 均服从正态分布。H_t 为 ε_t 在 $t-1$ 期信息集 I_{t-1} 下的条件方差协方差矩阵。多元GARCH 模型的方差方程采用以下形式：

$$\begin{aligned} H_t = & CC' + A'\varepsilon_{t-1}\varepsilon'_{t-1}A + B'H_{t-1}B + D'v_{t-1}v'_{t-1}D \\ & + F \cdot NS_t + G \cdot MPS_t + K \cdot MS_t + L \cdot Spread_t \\ & + M \cdot Mon_t + N \cdot Fri_t \end{aligned} \tag{8.10}$$

方差方程测定的是两市场间的波动溢出关系，即非线性关系。本处使用了 Engle and Kroner(1995)提出的 BEKK - GARCH 模型的拓展形式。C,A 和 B 分别为原始 BEKK 型多元 GARCH 模型(MVGARCH(1, 1)-BEKK)中的常数项，ARCH 项系数和 GARCH 项系数矩阵。其中矩阵 C 为 2×2 下三角矩阵，A 和 B 均为 2×2 矩阵。本研究在原始 BEKK - GARCH 模型方差方程的基础上加入了非对称项 v_t，中央银行政策沟通冲击 NS_t，常规货币政策操作冲击 MPS_t，宏观经济信息冲击 MS_t，中美利差 $Spread_t$ 以及日期虚拟变量 Mon_t 和 Fri_t（前者在周一时取1，其他情况取0；后者在周五取1，其他情况取0）。考虑到外在冲击对市场波动可能存在的非对称效应，此处加入的非对称项 $v_t=\varepsilon_t \circ I(\varepsilon_t<0)$ 的取值方式为：当 $\varepsilon_t<0$ 时，$v_t=\varepsilon_t$，否则 $v_t=0$。需要注意的是，对于 v_t 的非对角线项，只有当 $\varepsilon_{i,t}$ 和 $\varepsilon_{j,t}$ 同时为负时，指示变量 I 才会非零。

对于系数矩阵 A，当其对角项 $\alpha_{i,i}(i=1, 2)$ 取值为0或者非零但不显著，表明市场自身滞后一期残差项平方 $\varepsilon_{t-1}\varepsilon'_{t-1}$ 对当期条件方差 H_t 无影响。对于系数矩阵 B，当其对角项 $\beta_{i,i}(i=1, 2)$ 取值为0或者非零但不显著，表明市场自身滞后一期条件方差 H_{t-1} 对当期条件方差 H_t 无影响。当系数矩阵 A 和 B 的非对角项 $\alpha_{i,j}$，$\beta_{i,j}$ $(i, j = 1, 2; i \neq j)$ 显著不为 0，则表明市场 i 对市场 j 有 ARCH 型和 GARCH 型波动溢出效应。对于下三角系数矩阵 D，F，G，K，L，M 和 N，其对角元素代表各外生变量对相应市场汇率收益率的影响，非对角元素则代表各外生变量对两市场间波动溢出的影响。

第三节　实证结果及解读

一、对假说一的检验

根据 AIC 和 BIC 信息准则判定发现，均值方程中 VAR(p)取不同滞后阶数的差别很小，为简便起见，本研究将 VAR(p)中的 p 设定为 1。由方程(8.9)和方程(8.10)可估计出均值方程和方差方程的各个系数。考虑到假说一只关注美联储政策沟通冲击、常规货币政策操作冲击以及宏观经济信息冲击对人民币外汇市场的影响，表 8－3 仅列出这 3 个冲击变量的系数。对估计结果进行 ARCH－LM 检验，发现残差序列不存在 ARCH 效应，说明估计结果是稳健的，该模型可以接受①。

从均值方程来看，在 Spot－DF－1M 和 Spot－DF－6M 两个二元 VAR(1)方程中，美联储常规货币政策操作冲击分别对远期和即期外汇市场有显著的正向影响，在 Spot－DF－12M 二元 VAR(1)方程中，常规货币政策操作冲击对即期和远期汇率均有着显著的正向影响，表明紧缩类美国联邦基金利率调整将引发人民币即期汇率的贬值和远期汇率的贴水。美联储加息使得资本回流美国，投资者加大对美元资产的持有力度，而减少对人民币资

① 下文的实证结果都已进行了 ARCH－LM 检验，检验结果都表明残差序列不存在 ARCH 效应，也即结果具有稳健性，后文不再赘述。

表 8-3　美联储货币政策沟通、货币政策操作以及宏观经济信息冲击对人民币外汇市场的影响

	均值方程					
	NS_t		MPS_t		MS_t	
	ψ_s	ψ_f	π_s	π_f	ϕ_s	ϕ_f
Spot-DF-1M	−0.009 6 (0.009 0)	0.005 0 (0.006 5)	0.013 3 (0.012 2)	0.035 0*** (0.011 2)	−0.000 2 (0.007 4)	0.007 3 (0.006 2)
Spot-DF-3M	−0.007 5 (0.015 1)	0.000 3 (0.015 8)	0.010 1 (0.011 5)	0.014 3 (0.013 8)	0.000 6 (0.008 4)	0.007 1 (0.007 1)
Spot-DF-6M	−0.006 7 (0.012 7)	0.000 9 (0.016 4)	0.023 3* (0.012 3)	0.020 3 (0.014 2)	0.006 3 (0.013 5)	0.003 8 (0.017 4)
Spot-DF-12M	−0.024 7 (0.017 5)	−0.030 2 (0.042 2)	0.041 8*** (0.015 9)	0.113 2*** (0.031 1)	0.008 6 (0.011 4)	−0.014 3 (0.020 0)

	方差方程								
	NS_t			MPS_t			MS_t		
	f_{11}	f_{21}	f_{22}	g_{11}	g_{21}	g_{22}	k_{11}	k_{21}	k_{22}
Spot-DF-1M	0.008 3 (0.007 2)	0.000 6 (0.004 6)	0.001 4 (0.004 8)	0.027 1 (0.041 9)	−0.056 6** (0.025 1)	−0.000 6 (0.004 9)	0.004 5 (0.003 7)	0.001 3 (0.005 1)	0.000 7 (0.001 2)
Spot-DF-3M	−0.041 2*** (0.012 5)	−0.025 0 (0.015 2)	−0.067 3** (0.030 1)	−0.121 8*** (0.029 7)	−0.164 3*** (0.031 2)	−0.143 3*** (0.038 6)	0.004 7 (0.009 6)	0.002 0 (0.005 7)	−0.001 0 (0.003 9)
Spot-DF-6M	−0.013 3 (0.011 7)	0.025 5 (0.023 0)	0.068 2*** (0.023 4)	−0.048 7** (0.019 5)	−0.048 0 (0.034 4)	0.051 2* (0.026 6)	0.019 4 (0.021 9)	0.001 6 (0.026 2)	−0.003 3 (0.013 8)
Spot-DF-12M	0.012 0 (0.010 4)	−0.002 8 (0.033 9)	−0.034 1 (0.021 4)	−0.041 9*** (0.011 4)	0.003 2 (0.062 6)	−0.079 4 (0.052 7)	0.012 0 (0.009 3)	0.022 5 (0.056 1)	0.105 8** (0.048 8)

注：表中括号内为标准差，***，**，* 分别表示在 1%，5%，10%的显著性水平下显著。

产的持有力度，市场对人民币的需求降低，人民币贬值。宏观经济信息冲击对即期和远期汇率水平没有显著影响，这和 Mun(2012)的结论一致，即宏观经济变量冲击对汇率水平影响有限，这也在一定程度上反映了宏观经济信息冲击传导机制的相对非有效性。

由以上分析可知，相对于美联储政策沟通冲击，美联储常规货币政策操作冲击对人民币即期和远期汇率水平均有显著的影响。这意味着通过与市场针对货币政策意图和货币政策未来走向进行沟通，美联储议息会议声明对人民币汇率水平无显著影响，但联邦基金目标利率的提高造成了人民币即期汇率的贬值和远期汇率的贴水，当人民币面临升值压力时，若恰逢美联储升息，则人民币汇率升值的压力将有所缓解。

从波动方程来看，除了在 Spot - DF - 12M 二元波动方程中宏观经济信息冲击加强了远期汇率的波动，在其余各情况下，宏观经济信息冲击对即期和远期汇率波动的影响均不显著；在 Spot - DF - 3M 二元波动方程中，美联储政策沟通冲击显著降低了即期和 3 个月远期汇率的波动，但在 Spot - DF - 6M 二元波动方程中，却加大了 6 个月远期汇率的波动。常规货币政策操作冲击显著降低了即期汇率以及即期汇率和 1 个月、3 个月远期汇率间的波动溢出效应。同政策沟通一样，常规货币政策冲击降低了 3 个月远期汇率的波动，但加大了 6 个月远期汇率的波动。可见，美联储政策沟通冲击对即期汇率波动的影响方向较远期汇率更为明确，其对即期汇率波动的抑制作用和 Ederington and Lee(1996)的不确定假说有出入，Ederington and Lee 认为未预期到的信息发布增强了投资者的信息不确定性，从而导致市场更大的波动。在这里美联储政策沟通冲击和常规货币政策操作冲击统一了市场参与者在信息发布前的不确定预期，熨平了即期汇率和 3 个月远期汇率的波动。

总之，美联储政策沟通、常规货币政策操作以及宏观经济信息冲击对不同市场有着程度不同的影响。常规货币政策操作冲击和人民币远期和即期汇率变动正向相关，美联储政策沟通冲击和常规货币政策冲击均降低了人民币即期汇率的波动，宏观经济信息冲击对人民币汇率水平及波动的影响十分有限。由此，表 8-3 的实证结果验证了假说一的预想。中国中央银行可尝试通过政策操作与美联储政策沟通有机结合的方式实现对人民币汇率市场的有效调控。

二、对假说二的检验

2015 年 8 月 11 日人民币兑美元汇率中间价报价机制改革以来，中国中央银行逐步放松对人民币汇率市场的控制，并容忍人民币汇率更大的弹性，人民币兑美元日波动幅度加大。考察此次“新汇改”前后美联储政策沟通对人民币汇率市场影响的异同具有较大的理论和实际意义。为排除“新汇改”当日以及随后几天外汇市场大幅波动可能造成的实证结果偏误，“新汇改”后样本从 2015 年 8 月 14 日开始。为节省空间，此处仅给出变量 NS_t 的系数。实证结果报告如下表 8.4。

“新汇改”前，由均值方程展示结果可以看出，在 Spot - DF - 1M 二元 VAR(1)方程中，美联储政策沟通冲击对即期外汇市场有着显著的负向影响。这意味着预料之外的美联储紧缩类货币政策沟通会引起人民币即期汇率下行。在 Spot - DF - 12M 二元 VAR(1)方程中，美联储政策沟通冲击对相应期限的远期汇率有着显著的正向影响，即预料之外的美联储紧缩类货币政策沟通会引起 12 个月人民币远期汇率的贴水。方差方程中，美联储政策沟通冲击降低了人民币即期和 3 个月远期汇率的波动，但却加大了 6 个月远期汇率的波动，这和表 8-3 的全样本估计中美联储常规货币政策冲击对人民币汇率波动的影响有一定的类似性。总体而言，在“新汇改”前，美联储政策沟通对人民币汇率水平和波动均有着较为显著的影响。

“新汇改”后，美联储政策沟通对人民币即期和远期汇率水平的影响大大增强，但对远期汇率波动的影响却明显减弱。由均值方程系数的绝对值

表 8-4　人民币兑美元汇率中间价报价机制改革前后美联储政策沟通冲击对人民币外汇市场的影响

	"新汇改"前：2007 年 1 月 4 日至 2015 年 8 月 10 日					"新汇改"后：2015 年 8 月 14 日至 2016 年 12 月 30 日				
	均值方程		方差方程			均值方程		方差方程		
	ψ_s	ψ_f	k_{11}	k_{21}	k_{22}	ψ_s	ψ_f	k_{11}	k_{21}	k_{22}
Spot-DF-1M	−0.015 5* (0.009 3)	0.006 4 (0.005 5)	−0.044 8** (0.022 0)	−0.008 2 (0.005 5)	0.000 5 (0.002 3)	−0.109 2*** (0.006 6)	−0.113 1*** (0.006 8)	−0.073 4*** (0.023 7)	−0.071 4*** (0.022 4)	0.001 2 (0.001 6)
Spot-DF-3M	−0.009 7 (0.014 2)	0.004 0 (0.014 7)	−0.046 0*** (0.013 3)	−0.011 4 (0.016 0)	−0.043 5** (0.018 3)	−0.122 9** (0.050 2)	−0.127 1** (0.057 5)	−0.067 5 (0.051 1)	−0.063 9 (0.047 6)	−0.002 5 (0.004 7)
Spot-DF-6M	−0.006 3 (0.009 3)	0.007 3 (0.020 2)	−0.030 9* (0.016 9)	0.001 8 (0.036 1)	0.092 9*** (0.024 5)	−0.103 8** (0.049 2)	−0.099 6** (0.045 7)	−0.076 8 (0.064 1)	−0.071 8 (0.063 9)	0.003 6 (0.115 8)
Spot-DF-12M	0.017 8 (0.011 4)	0.032 5** (0.016 2)	0.034 3 (0.022 0)	0.018 7 (0.021 6)	0.012 8 (0.014 1)	−1.481 6** (0.635 1)	−1.258 0** (0.591 1)	−1.595 9** (0.632 7)	−1.311 8** (0.595 7)	0.015 2 (0.018 4)

注：表中括号内为标准差，***，**，* 分别表示在 1%，5%，10%的显著性水平下显著。

可知,人民币汇率对美联储政策沟通冲击反应的强度大大高于新汇改前,意味着“新汇改”后人民币对美联储政策沟通的反应更为敏感。与此同时,方差方程中 k_{11} 和 k_{21} 两个系数的显著性表明美联储政策沟通冲击降低了人民币即期汇率以及即期汇率和 1 个月、12 个月远期市场间的波动溢出效应,表明“新汇改”后,人民币即期和远期汇率联动性降低。由系数的绝对值可见,货币政策沟通冲击对即期汇率波动的抑制作用相较“新汇改”前更为明显,这和“新汇改”后人民币汇率市场化程度提高的现实情况是一致的。正向的美联储政策沟通冲击在一定程度上消除了美元以及人民币外汇市场投资者的信息不对称,通过信号渠道和协作渠道统一了市场预期,从而降低了人民币即期汇率的波动程度。总体而言,“新汇改”后,美联储政策冲击对人民币汇率市场的影响更为显著,且降低了人民币外汇市场的波动。该部分实证结果与研究假设二的预想一致。

三、对假说三的检验

鉴于不同市场主体对人民币未来走势预期的差异性以及货币政策传导渠道的多样性等因素,中央银行政策沟通对即期和远期汇率的影响程度会有所不同。远期差价(期汇汇率与现汇汇率的差额)可以从一定程度上体现货币政策传导的流畅程度以及货币政策沟通的有效性。此外,鉴于境内外宏观监管环境的差异以及中美利差变动等因素,美联储政策沟通对即期和远期汇差(在岸与离岸人民币即期汇率间的差额以及远期汇率间的差额)也应该有显著性影响。经初步统计分析,在岸远期差价,离岸远期差价,即期汇差和远期汇差 4 个指标(由对应汇率对数差计算所得)均有着尖峰厚尾的非正态分布特征,因此本部分通过在 EGARCH 模型的均值方程和方差方程中加入美联储政策沟通、常规货币政策操作、宏观经济信息冲击以及中美利差来拟合美联储政策沟通对远期差价和远期汇差的影响。为节省空间,此处仅给出 3 个冲击变量的系数。

表 8-5 美联储政策沟通冲击对在岸、离岸人民币远期差价和即期、远期汇差的影响

<table>
<tr><th rowspan="3"></th><th colspan="6">远期差价</th><th colspan="6">汇差</th></tr>
<tr><th colspan="3">均值方程</th><th colspan="3">方差方程</th><th colspan="3">均值方程</th><th colspan="3">方差方程</th></tr>
<tr><th>NS_t</th><th>MPS_t</th><th>MS_t</th><th>NS_t</th><th>MPS_t</th><th>MS_t</th><th>NS_t</th><th>MPS_t</th><th>MS_t</th><th>NS_t</th><th>MPS_t</th><th>MS_t</th></tr>
<tr><td></td><td colspan="6">在岸人民币远期差价：2011 年 6 月 27 日至 2016 年 12 月 30 日</td><td colspan="6">人民币即期汇差：2011 年 6 月 27 日至 2016 年 12 月 30 日</td></tr>
<tr><td>1M</td><td>0.000 1
(0.000 0)</td><td>−0.000 1***
(0.000 0)</td><td>−0.000 0
(0.000 01)</td><td>0.067 8*
(0.040 6)</td><td>0.016 3*
(0.009 2)</td><td>0.144 5**
(0.072 3)</td><td rowspan="4">0.000 1
(0.000 3)</td><td rowspan="4">−0.000 3***
(0.000 1)</td><td rowspan="4">−0.000 2
(0.000 2)</td><td rowspan="4">0.222 0
(0.245 7)</td><td rowspan="4">−0.219 5***
(0.073 5)</td><td rowspan="4">0.147 9
(0.828 3)</td></tr>
<tr><td>3M</td><td>−0.000 1***
(0.000 0)</td><td>0.000 1*
(0.000 0)</td><td>0.000 0
(0.000 0)</td><td>−0.509 9***
(0.026 3)</td><td>−0.772 2***
(0.047 4)</td><td>0.859 2***
(0.272 0)</td></tr>
<tr><td>6M</td><td>0.000 1
(0.000 0)</td><td>−0.000 3***
(0.000 0)</td><td>−0.000 0
(0.000 01)</td><td>0.061 4***
(0.023 2)</td><td>0.011 7
(0.009 5)</td><td>0.195 2**
(0.093 7)</td></tr>
<tr><td>12M</td><td>−0.000 1***
(0.000 0)</td><td>−0.000 3***
(0.000 1)</td><td>0.000 0
(0.000 0)</td><td>−0.392 9***
(0.065 9)</td><td>0.108 4***
(0.018 6)</td><td>1.109 5***
(0.104 2)</td></tr>
</table>

续　表

	均值方程			方差方程			均值方程			方差方程		
	NS_t	MPS_t	MS_t	NS_t	MPS_t	MS_t	NS_t	MPS_t	MS_t	NS_t	MPS_t	MS_t
	离岸人民币远期差价：2011 年 6 月 27 日至 2016 年 12 月 30 日						人民币远期汇差：2011 年 6 月 27 日至 2016 年 12 月 30 日					
1M	0.000 1 (0.000 1)	0.000 2 ** (0.000 1)	0.000 2 * (0.000 1)	0.011 5 (0.204 2)	−0.097 2 (0.065 7)	0.243 0 (0.558 6)	0.000 2 (0.000 4)	0.000 3 (0.000 4)	−0.000 1 (0.001 1)	−0.727 3 (0.512 4)	−0.956 7 *** (0.147 9)	0.299 1 (1.362 6)
3M	0.000 1 (0.000 1)	0.000 2 (0.000 1)	0.000 3 (0.000 2)	0.125 0 (0.125 6)	−0.066 8 (0.043 5)	0.418 9 (0.432 0)	0.000 1 (0.000 1)	0.000 3 (0.000 3)	0.000 0 (0.000 9)	−1.329 0 (1.020 4)	−1.271 3 *** (0.191 3)	0.764 1 (1.413 9)
6M	0.000 1 (0.000 1)	−0.000 6 *** (0.000 2)	0.000 2 (0.000 3)	0.372 5 *** (0.090 5)	−0.052 6 (0.043 2)	0.772 1 ** (0.357 6)	0.000 9 (0.001 4)	0.000 2 (0.000 4)	0.000 4 (0.001 7)	1.100 4 *** (0.146 2)	−0.118 5 ** (0.057 5)	0.661 6 (0.436 5)
12M	0.000 1 (0.000 2)	−0.000 1 (0.000 1)	0.000 2 (0.000 2)	0.167 6 (0.203 8)	−0.108 3 (0.073 4)	0.127 0 (0.613 2)	−0.000 1 (0.000 5)	0.000 6 (0.000 4)	−0.000 4 (0.000 2)	−0.023 5 (0.167 7)	0.222 1 *** (0.054 4)	−2.044 9 *** (0.450 2)

注：该表使用如下拓展 EGARCH 模型：

$$R_t = b_0 + b_1 R_{t-1} + b_2 NS_t + b_3 MPS_t + b_4 MS_t + b_5 Spread_t + \varepsilon_t \tag{8.11}$$

$$\ln h_t = \omega + \alpha_1 \ln h_{t-1} + \alpha_2 \left(\frac{|\varepsilon_{t-1}|}{\sqrt{h_{t-1}}} - \sqrt{\frac{2}{\pi}} \right) + \alpha_3 \left(\frac{\varepsilon_{t-1}}{\sqrt{h_{t-1}}} \right) + \beta_1 NS_t + \beta_2 MPS_t + \beta_3 MS_t + \beta_4 Spread_t + \beta_5 Mon_t + \beta_6 Fri_t \tag{8.12}$$

其中 R_t 为外汇市场相关指标日数据，通过计算相关汇率对数之差得到，其余符号与前文含义相同。表格中"1M""3M""6M"和"12M"代表期限分别为 1 个月，3 个月，6 个月和 12 个月的远期外汇合约所对应的实证结果，括号内为标准差。样本区间为 2011 年 6 月 27 日—2016 年 12 月 30 日，***，**，* 分别表示在 1%，5%，10%的显著性水平下显著。

对在岸人民币远期差价而言，均值方程中，美联储政策沟通冲击和常规货币政策操作冲击降低了相关远期差价（常规货币政策操作冲击加大了3个月远期汇差水平），表明在岸即期和远期外汇市场的投资者在两大冲击的作用下预期逐步统一，两汇率间的差价随之缩小。方差方程中，货币政策沟通冲击和常规货币政策操作冲击对远期差价波动的影响方向不明确，但宏观经济信息冲击则加大了各期限远期外汇与即期外汇间差价的波动，可见面对宏观经济信息冲击，人民币即期市场和遵循实需交易原则的远期市场投资者的解读和反应存在差异。

对于离岸人民币远期差价而言，均值方程中，货币政策沟通冲击对各期限远期差价无显著影响，常规货币政策操作冲击对1个月远期汇率和即期汇率间的远期差价有正向影响，但对6个月远期汇率和即期汇率间的远期差价有负向影响。宏观经济信息冲击则对1个月远期汇率和即期汇率间的远期差价有正向影响，这意味着紧缩型的货币政策操作和向好的宏观经济形势引导市场投资者形成人民币升值预期，投资者因此加大对人民币资产的持有力度，投机性资金也从1个月远期汇率市场转移到即期市场，从而拉大了即期汇率和1个月远期汇率间差价。紧缩型常规货币政策操作冲击对离岸人民币即期汇率以及6个月远期汇率的影响趋同，从而使得远期差价缩小。方差方程中，货币政策沟通冲击和宏观经济信息冲击皆加大了即期汇率和6个月远期汇率间远期差价的波动，表明离岸人民币即期和远期汇率市场对该两种冲击有着不尽相同的反应。人民币NDF市场的投资者为境外机构和个人，是目前监管最少的人民币汇率市场。而USDCNH市场在一定程度上仍受人民银行政策调控的影响，因此两市场对外来冲击的反应呈现出差异性。

对于人民币即期汇差而言，只有常规货币政策操作冲击对汇差水平和波动有显著影响。这可能是由于相对繁杂的信息来源以及相对宽松的监管环境使得离岸人民币即期汇率乃至于即期汇差对特定的宏观信息冲击变得不甚敏感。美联储常规货币政策操作冲击的负向取值表明其在一定程度上降低了两岸关于人民币汇率走向的信息不对称,稳定了在岸与离岸人民币外汇市场对人民币未来走势的预期,从而降低了即期汇差,削弱了即期汇差的波动。

对于远期汇差而言,三大冲击对各远期汇差水平均无显著的影响,意味着三大冲击对人民币远期汇率市场的影响较弱。货币政策沟通冲击加大了6个月远期汇差的波动,常规货币政策操作冲击降低了离岸人民币即期汇率和1个月,3个月以及6个月远期汇率间汇差的波动,加强了12个月远期汇差的波动,宏观经济信息冲击则只降低了12个月远期汇差的波动,表明相对于美联储政策沟通冲击和宏观经济信息冲击,常规货币政策操作冲击对人民币远期汇差影响的方向尚不明确,美联储政策沟通冲击对在岸和离岸远期市场的影响大不相同。

综上所述,总体而言,3种冲击对各外汇指标波动率的影响比对外汇指标水平的影响更为显著。货币政策沟通冲击对在岸远期差价的影响范围最广,该结论与实证假说三的预想有出入。

第四节 小　　结

长久以来,各国中央银行奉行金口紧闭,对货币政策操作及走向不置一词的行事风格。随着各国货币政策在理论与实践层面改革的逐步深入,中央银行政策沟通已俨然成为各国货币当局货币政策工具箱中不可或缺的宏观调控工具。通过对市场预期的调节,货币政策沟通不仅增强了货币政策本身对于市场参与者的可预测性,也增强了市场行为和反应对中央银行的可预见性,使得市场行为和反应向着中央银行所希望的方向移动,从而实现中央银行货币政策调节宏观经济的目标。

本研究采用2007年1月4日至2016年12月30日间在岸人民币兑美元即期和远期汇率日度数据，运用多元BEKK扩展模型，综合考察了美联储货币政策沟通、常规货币政策操作以及宏观经济信息冲击对中国在岸人民币即期和远期汇率市场的影响。研究结果表明未预期到的美联储加息会导致人民币即期和远期汇率贬值，美联储政策沟通冲击和常规货币政策操作冲击均降低了人民币即期汇率的波动，稳定了人民币汇率市场。

以人民币兑美元汇率中间价报价机制改革为分界点，通过将样本划分为“新汇改”前和“新汇改”后两个部分，我们发现“新汇改”前后，美联储政策沟通均降低了人民币即期汇率的波动，但“新汇改”后美联储政策沟通对在岸人民币汇率水平和波动的影响远大于“新汇改”前。这表明人民币兑美元汇率中间价报价机制改革后在岸人民币外汇市场对美国货币政策的变动比改革前更为敏感，同时也说明人民币汇率正朝向市场化的方向发展。

此外，考虑到在岸、离岸人民币远期差价和即期、远期汇差可以体现货币政策传导渠道的顺畅程度以及货币政策的有效性，本研究使用EGARCH扩展模型测度了2011年6月27日至2016年12月30日间在岸以及离岸人民币兑美元远期差价以及人民币兑美元即期和远期汇差对美联储政策沟通的市场反应。实证结果表明，美联储政策沟通冲击主要作用于相关外汇指标的波动，且与研究假说三的预想有出入，美联储政策沟通冲击对在岸远期差价波动的影响最为明确且显著。

总体而言，本章从整体效应分析、汇率改革前后差异化影响分析以及相关外汇指标对比分析三个角度对美联储政策沟通对人民币汇率市场的影响进行了研究。我们得出的结论是，美联储政策沟通冲击和常规货币政策操作冲击对人民币即期、远期汇率水平和波动的调节着力点有所差别，“新汇改”后美联储政策沟通冲击对人民币汇率的影响更为显著，各类外汇指标中，美联储政策沟通冲击对在岸人民币远期差价的影响最为明确和显著。

对中国中央银行政策制定者而言，鉴于美联储政策沟通确实能够对人民币汇率产生一定的影响，因此若能通过美联储政策沟通和中国中央银行常规政策操作有机结合的方式实现对人民币汇率的有效调整，则可增强中国常规货币政策操作的执行效力，并抑制市场上的投机行为和非理性交易。因为在这种情况下，有悖于央行目标的交易行为会面临较高的损失概率。此外，鉴于清晰可靠的央行汇率政策目标和操作可稳定市场预期，降低投机资本比例，提高央行对外汇的调控效力并降低政策操作成本，中国中央银行需加强对中央银行政策沟通这一新型货币政策工具的研究，注重前瞻性引导，减少市场误读空间，引导市场预期，降低市场与中央银行间的信息不对称，提升沟通的有效性。与此同时，中国中央银行还应继续在货币政策的稳定性、连续性和科学性方面做足功课，在定性沟通的同时搭配有数据支持的定量沟通，将政策沟通手段与常规货币政策操作有效配合以实现引导市场预期、减少汇率市场波动的目标。

第九章
结　论

本书以中国金融市场为研究对象，考察了美联储货币政策对中国金融市场以及金融子市场间均值溢出、波动溢出、非对称效应和均衡汇率水平调整的影响和传导渠道。同时本书还使用 GARCH－MIDAS 模型对美国政策和经济变量对中国金融期货市场长期波动的影响和预测能力进行了量化分析。现总结如下：

一、运用各种模型工具，分析金融市场

第一，通过选用二变量 VECM－GJR－MVGARCH(1，1)－BEKK 扩展模型，本书分析了在美联储货币政策中性化背景下在岸人民币即期和远期汇率，在岸远期和离岸远期汇率间长期均衡汇率水平调整、均值溢出、波动溢出以及非对称效应。实证结果表明，(1) 在岸即期汇率对远期汇率有引导作用，主要由在岸远期汇率进行调整以实现即期、远期汇率间的长期均衡汇率水平，意料之外的美联储加息会导致人民币即期汇率的贬值和远期汇率的贴水，并减小即期汇率的波动；(2) 在岸远期汇率引导离岸远期汇率，离岸远期市场处于信息波动的中心位置。意料之外的美联储加息会导致在岸、离岸人民币远期汇率的贴水；(3) 各外汇市场具有较强的波动集聚性，在岸即期汇率对远期汇率有较强的波动溢出效应和非对称效应，离岸远期汇率对相应期限的在岸远期汇率有显著的波动溢出和非对称效应，美国

货币政策冲击对在岸、离岸远期外汇市场的波动率和波动溢出效应有显著影响。因此，对政策制定者而言，首先，政府可以进一步发挥在岸即期市场的引导作用，调控在岸即期和远期市场间的长期均衡汇率水平，引导汇率自动回归到与最优货币政策相一致的水平。在设定人民币汇率波动区间时，不仅要充分考虑离岸人民币汇率波动通过波动溢出效应以及非对称效应对在岸人民币汇率产生的影响，还应考虑外来冲击，例如美联储货币政策冲击，对人民币汇率波动可能的放大作用。其次，中央银行应对人民币外汇市场的流动性进行审慎监测，以合理控制人民币外汇市场的走势和波动。在推进资本账户开放的进程中，应注意开放的节奏和步调，防止离岸人民币汇率较大幅度的波动向在岸市场传递和蔓延，以及美国货币政策变动所引致的资本大规模流动对人民币汇率造成的冲击。再次，中央银行应充分考虑美联储货币政策变动对人民币外汇市场的溢出效应。在美联储货币政策中性化的背景下，中国中央银行应审慎采取宽松型货币政策，合理运用外汇储备的汇率调节功能，加强使用汇率沟通等非传统货币政策工具引导市场对人民币汇率的预期，以减少美国货币政策冲击对人民币汇率市场的影响，维持人民币汇率的稳定。

第二，本书采用永久-短暂分解法，信息份额分析法，外加美联储政策周期虚拟变量的扩展 TGARCH，EGARCH 模型，考察美联储货币政策调整对我国债券市场的溢出效应研究。实证结果显示，在美联储不同的政策周期之下，中美两国国债收益率的永久成分和短暂成分对利率的影响程度有所不同。美联储不同货币政策周期对我国债券市场的市场深度，流动性和波动率均有着不可忽视的影响。这样的影响主要是通过市场间的联动以及投资者情绪和市场预期的转换实现的。

第三，本书运用 DCC－GARCH 族模型以及 GO－GARCH 族模型考察了中国上证综指，恒生指数以及美国标普 500 指数间的动态相关关系。研究发现，不同的模型得出的结论存在一定的差异性，且不同股市因所处市场环境,运作机制等的不同,对外来冲击的反应各有差别。总体而言,1998 年亚洲金融危机,2008 年金融危机以及 2010 年欧债危机期间,各市场间的联动性有所上升。美联储退出量化宽松货币政策以及每次进入加息通道都会使中美股市间的相关系数大幅下降。以上结果一方面表明,金融危机的爆发会使得市场间的风险传递和传染大为增强,市场联动性上升;另一方面也说明,美联储紧缩性货币政策使资本大幅流回美国,中国金融市场资金量和流动性大幅下降,导致了中美股市和中美资产价格走势的背离。本书利用滑动窗口分析法得到最优套期保值比率序列,并为市场投资者建言:当美联储着手加息,中美股市相关性转负,中美资产价格走势背离时期,是取得最优套期保值比率,获取收益的良机。对于中国政策制定者来说,危机爆发期间应严密监控跨境资金流动,及时收紧跨境资金流动数额,降低境外风险因子对中国金融市场的冲击。在美联储加息的大背景下,一方面,中国央行应审慎采取宽松型货币政策,合理运用货币供应量的流动性调节功能,加强使用政策沟通等非传统货币政策工具引导市场资金流动,稳定市场情绪。当资产价格出现非理性波动时,应及时运用资金适当干预或进行口头指导;另一方面,中国政府应大力发展股指和债券期货、期权市场,增加市场投资途径和交易活跃度,实现中国资本市场的健全发展,以抵御美国货币政策调整对中国金融市场的冲击。

第四,本书运用金融物理学领域较为前沿的分形理论和多重分型去趋势交叉相关分析法(MF-DCCA),通过选取 2010 年 4 月 16 日至 2016 年 10 月 31 日间沪深 300 股指期货日收益率数据,2013 年 9 月 6 日至 2016 年 10 月 31 日间 5 年期国债期货日收益率数据以及相应时间区间内中美利差和美国长短期国债收益率利差数据,考察了中国金融期货日收益率和两大利差间的交叉相关关系。实证结果表明,(1) 金融期货日收益率和两大利差间存在交叉相关关系,且该交叉相关关系具有多重分型特征和持续性,即一个变量的上升会导致另一个变量的增加,变量间的交叉相关关系具有长期记忆性。(2) 对于金融期货日收益率序列本身而言，小型波动可持续而大型波动反持续。当市场波动较小时，波动主要由市场自身引起，当市场波动较大时，波动则主要由两大利差引致，这意味着中国金融期货市场对利差冲击的反应较强。(3) 中国金融期货市场与中美利差交叉相关关系的多重分型程度强于与美国长短期国债收益率利差交叉相关关系的多重分型程度；除股指期货日收益率和美国长短期国债利差这对序列外，短期内各对序列间交叉相关关系的多重分型程度强于长期内各对序列间交叉相关关系的多重分型程度；各序列自身以及各对时间序列间的多重分型特性主要由序列的长程相依性引起的，与序列的分布无关。(4) 运用滑动窗口分析法，本研究发现中国金融期货日收益率和两大利差间的交叉相关关系受美联储货币政策变动的影响，在美联储退出量化宽松货币政策以及开启加息通道期间，各对时间序列间的交叉相关系数均低于样本期的平均水平，在 0.5 以上低位徘徊，表明各对时间序列间的交叉相关关系仍具有持续性，但市场效率有所增强。因此，美联储货币政策调整对中国金融期货市场的波动、相关性以及市场效率均有着不可忽视的影响。中国政府一方面应继续支持和鼓励外贸出口和加工行业的发展；另一方面应重点鼓励国内企业长期资产投资，促进国内的生产消费热情，从而降低中国对他国(尤其是美国)的依赖度，削弱他国经济动态对中国的影响。与此同时，中国货币当局应逐步推进资本金融账户的开放和资本市场的发展，合理引导市场预期，稳定市场情绪，以增强中国金融市场对跨境资金流动所带来的风险的抵御能力。

第五，本书运用新发展的 GARCH - MIDAS 模型，通过将多个美国政策和经济金融指标作为外生变量加入模型的长期波动方程中，测度美国政策和经济变量对中国金融期货市场长期波动的影响和预测效果。实证结果表明，多个美国政策和金融变量对中国金融期货市场并无显著影响，也不能有效预测中国金融市场的波动状况，但中美利差和美国长短期国债利差会强化中国金融期货市场的波动，并可预测中国金融期货市场的长期波动。

由此我们得出结论：美国货币政策变动对中国金融市场的溢出效应并非直接通过联邦基金利率的变动而实现，而是经由对其他宏观变量的调节，如中美间资本流动，汇率变动（中美利差引致），以及对美国本土宏观经济动态的调整（美国长短期国债利差引致），进一步影响中美贸易，中国外汇占款以及市场流动性而实现的。此外，从信号传递的角度而言，美联储货币政策调整和美国国内经济形势变动均影响着中国投资者的情绪和预期，从而影响中国金融期货市场波动状况。中国投资者根据美联储货币政策调整和美国国内经济形势的变动调整个人资产配置和组合，因此中国市场的调整相较之下存在滞后，这也是美联储货币政策调整和美国国内经济形势变动对中国金融期货市场波动有预测作用的原因。中国相关部门应在合理控制风险的前提下积极发展金融工具，鼓励和支持金融产品基于供需基本面的价格发现功能，实现投资的多渠道和风险的有效分散。此外，市场参与者和相关宏观经济管理部门应重视美国金融市场和宏观经济运作对中国金融期货的影响。虽然中国金融期货市场的金融化程度不及国际市场，但对美国货币政策重大调整的快速反应与国际市场相当。在国际金融市场日益融合的趋势下，在风险、不确定性日益加剧的大背景下，来自美国货币政策的冲击和美国国内的经济金融风险因子使中国金融期货市场波动加剧，因此中国政策制定者需要加强风险意识，加快相关金融体制建设和金融产品的发展，以加强中国金融市场对跨境风险因子的监控和抵御能力。

第六，本研究运用 TVP - VAR 模型和 Diebold and Yilmaz（2009，2012）提出的外溢指数，从市场间收益和波动溢出，静态外溢冲击和动态溢出影响 3 个角度研究美联储货币政策对中国金融市场的溢出效应。实证结果表明，短期内，美联储货币政策调整对中国金融市场的影响较为显著，方向性也比较明确，但长期内，该效应消失。美国货币政策变动对中国股市影响相对较大，债市次之，对汇市的影响最小。同时，中国各金融子市场间收益率和波动溢出效应显著，溢出效应随时间动态变化且对美联储货币政策调整、2008 年金融危机爆发以及 2010 年欧债危机爆发等重大金融事件均作出了快速反应。美联储货币政策变动对中国金融市场的溢出效应在危机期间更为显著。在中国金融市场间均值溢出和波动溢出方向上，股市对其他两市溢出效应较强，汇市次之，债市对其他市场的影响最为微弱，反映了中国对各市场管制程度的不同以及各市场发展程度的差异，同时也表明中国市场金融化程度仍较低。由此可见，一方面，当金融市场出现非预期波动时，宏观政策制定者应进行适当的价格干预或窗口指导，以行政手段应对市场的非理性波动；另一方面，中国有关政府部门应逐步放开对金融市场的管制，大力发展金融交易品种，增大交易活跃度，实现金融市场依据供需基本面的价格发现功能。此外，无论是投资者还是管理部门，皆应重视国际金融冲击对中国金融市场的影响。尽管中国市场的金融化程度不及国际市场，但其对金融市场重大事件的快速反应与国际市场相当。在风险和不确定性加剧、经济全球化不断深入的背景下，来自国际金融市场的冲击（如美联储货币政策调整）往往使中国金融市场波动加剧，因此市场参与者和监管部门皆需加强风险意识，做好相应的投资策略调整和风险防控措施。

本书同时运用马尔科夫转换 VAR 模型考察了在不同区制下美联储货币政策调整对中国金融市场的影响。研究发现，在不同的政策周期和经济周期下，美联储货币政策对中国金融市场的溢出效应差异性明显。金融危机爆发前，美联储货币政策调整对中国金融市场有正向的溢出效应，金融危机期间，该溢出效应转负；量化宽松货币政策时期以及中国经济下行时期，美联储货币政策变动对中国市场的溢出效应不再显著。当中国经济处于平稳发展时期，联邦基金利率与中国货币供应量间存在正向关联，而在中国经济加速发展时期，联邦基金利率与中国货币供应量间存在负向关联。美联储对中国经济金融体系的溢出效应主要通过资产价格和货币供应量的变动得以实现。由此，中国中央银行可根据国内经济发展状况，适当结合美联储政策周期，制定出合理有效的货币政策。一方面，尽量避免中国货币政策的制定和实施过度受到美联储货币政策的影响，中国央行应主要以国内经济发展长远计，在不造成国内经济金融市场剧烈波动的前提下，制定和实施切实符合国内经济现状和发展需求的政策，以促进国内经济平稳向前发展；另一方面，巧妙运用美联储政策周期变动，以低执行成本实现货币政策对经济的调控目标。当前美联储即将再次加息，“热钱”大量流出中国，国内市场资金面和流动性较为紧张。中国央行可通过适度增加货币供应量而维持利率水平基本不变以实现保持国内流动性平稳并温和刺激国内经济发展的目的。

第七，本书采用2007年1月4日至2016年12月30日间人民币兑美元即期和远期外汇数据，运用单元及多元GARCH拓展模型实证检验美联储政策沟通及常规货币政策操作对人民币汇率市场的影响。实证结果显示，(1)美联储常规货币政策调整而非政策沟通冲击显著影响人民币即期和远期汇率水平，但美联储政策沟通与常规货币政策调整均降低了人民币即期汇率的波动；(2)“新汇改”后美联储政策沟通冲击对人民币汇率市场的影响更为显著；(3)美联储政策沟通冲击对在岸人民币远期差价的影响最为深远。对中国央行而言，应加强对央行政策沟通工具的应用，选择与适时调整政策沟通策略，通过政策沟通和传统货币政策操作的密切配合以实现引导市场预期，降低市场波动并保证货币政策实施效力最大化的目标。

二、本研究的创新点及价值

综上所述，本书从不同角度研究了美国货币政策对中国金融市场的溢出效应。本书的创新点和研究价值在于既从宏观金融市场指标的角度分析了美联储货币政策调整对中国金融市场的溢出效应，同时也从信号传递的角度考察了美联储政策沟通对中国汇率水平和波动的影响，并恰当地使用了多重分型交叉相关关系分析和混频数据抽样模型，为研究美联储货币政策对中国金融市场的影响提供了新的分析工具和研究视角。本书结合当前国内外经济金融发展局势给出了相应的政策建议，以期提前化解美联储本轮加息周期及其政策的不确定性对中国金融市场可能带来的冲击和风险。但本书的研究和结论仍未能做到面面俱到。例如，本书未将本轮美联储加息周期对中国金融市场的影响同历史上美联储各轮加息周期对中国金融市场的影响进行对比，未对金融市场作进一步细分，未对美联储货币政策传导渠道进一步细化等。在今后的研究工作中，作者将进一步挖掘相关研究热点，不仅从多维度分解美联储货币政策，而且从宏观架构和微观市场结构的宏微双视角考量中国金融市场对美联储货币政策以及其他国家政策和经济变量的反应，以期形成完整、可靠、准确的研究体系。

参考文献

[1] Albagli, E., Ceballos, L., Claro, S. and Romero, D., 2015. Channels of US monetary policy spillovers into international bond markets. Central Bank of Chile Working Paper (No. 771). Available at https://ssrn.com/abstract=2684921 or http://dx.doi.org/10.2139/ssrn.2684921.

[2] Alizadeh, S., Brandt, M. W., Diebold, F.X., 2002. Range-Based Estimation of Stochastic Volatility Models. Journal of Finance, 57(3): 1047 - 1091.

[3] Alom, F., Ward, B.D. and Hu, B., 2011. Spillover effects of world oil prices on food prices: Evidence for Asia and Pacific countries. New Zealand Association of Economists. Available at http://www.nzae.org.nz/wp-content/uploads/2011/Session2/23_Alom.pdf.

[4] Amendola, A., Candila, V. and Scognamillo, A., 2014. Does US monetary policy affect crude oil futures price volatility? An empirical investigation. Working Papers-Economics, No. wp2014_17. Available at https://ideas.repec.org/p/frz/wpaper/wp2014_17.rdf.html.

[5] Ang, A., Timmermann, A., 2011. Regime changes and financial markets (No. w17182). National Bureau of Economic Research. Available at http://www.nber.org/papers/w17182.pdf.

[6] Armesto, M.T., Engemann, K.M. and Owyang, M.T., 2010. Forecasting with mixed frequencies. Federal Reserve Bank of St. Louis Review, 92(6), pp.521 - 36.

[7] Asgharian, H., Christiansen, C. and Hou, A. J., 2015. Macro-finance determinants of the long-run stock-bond correlation: The DCC-MIDAS specification. Journal of Financial Econometrics, pp.1 - 26.

[8] Bagliano, F. C., Morana, C., 2012. The Great Recession: US dynamics and spillovers to the world economy. Journal of Banking and Finance, 36 (1), pp.1 - 13.

[9] Baglioni, A., 2007. Monetary Policy Transmission under Different Banking Structures: The role of capital and heterogeneity. International Review of Economics and Finance, 16, pp.78 - 100.

[10] Baillie, R. T., Myers, R. J., 1991. Bivariate GARCH estimation of the optimal commodity futures hedge. Journal of Applied Econometrics, 6(2), pp.109 - 124.

[11] Barakchian, S.M., 2015. Transmission of US monetary policy into the Canadian economy: A structural cointegration analysis. Economic Modelling, 46, pp.11 - 26.

[12] Basher, S.A. and Sadorsky, P., 2016. Hedging emerging market stock prices with oil, gold, VIX, and bonds: A comparison between DCC, ADCC and GO - GARCH. Energy Economics, 54, pp.235 - 247.

[13] Basistha, A., Kurov, A., 2008. Macroeconomic cycles and the stock market's reaction to monetary policy. Journal of Banking and Finance, 32, pp.2606 - 2616.

[14] Berger, H., Ehrmann, M. and Fratzscher, M., 2011. Monetary policy in the media. Journal of Money, Credit and Banking, 43(4), pp.689 - 709.

[15] Bernanke, B., 2007. Federal reserve communications. CUADERNO DE DOCUMENTACION, pp.98. Available at https://www.federalreserve.gov/newsevents/speech/bernanke20071114a.htm? inf_contact_key=5d17c9d1c1ee032d5aacc377ca6c88fd.

[16] Bernanke, B.S., Blinder, A.S., 1992. The federal funds rate and the channels of monetary transmission. The American Economic Review, pp.901 - 921.

[17] Bernanke, B., Gertler, M., 1995. Inside the black box: The credit channel of monetary policy transmission. Journal of Economic Perspectives, 9 (4), pp.27 - 48.

[18] Bernanke, B., Reinhart, V. and Sack, B., 2004. Monetary policy alternatives at the zero bound: An empirical assessment. Brookings papers on economic activity, 2004(2), pp.1 - 100.

[19] Bernanke, B.S., Kuttner, K.N., 2005. What explains the stock market's reaction to Federal Reserve policy? The Journal of Finance, 60(3), pp.1221 - 1257.

[20] Blinder, A.S., Ehrmann, M., Fratzscher, M., De Haan, J. and Jansen, D.J., 2008. Central bank communication and monetary policy: A survey of theory and

evidence. Journal of Economic Literature, 46(4), pp.910 - 945.

[21] Bollerslev, T., 1986. Generalized autoregressive conditional heteroskedasticity. Journal of econometrics, 31(3), pp.307 - 327.

[22] Born, B., Ehrmann, M. and Fratzscher, M., 2014. Central bank communication on financial stability. The Economic Journal, 124(577), pp.701 - 734.

[23] Boswijk, H.P., Van der Weide, R., 2011. Method of moments estimation of go-garch models. Journal of Econometrics, 163(1), pp.118 - 126.

[24] Brana, S., Djigbenou, M.L. and Prat, S., 2012. Global excess liquidity and asset prices in emerging countries: A PVAR approach. Emerging Markets Review, 13(3), pp.256 - 267.

[25] Broda, S. A., Paolella, M. S., 2009. Chicago: A fast and accurate method for portfolio risk calculation. Journal of Financial Econometrics, pp.1 - 11.

[26] Cajueiro, D.O., Tabak, B.M., 2004. Evidence of long range dependence in Asian equity markets: The role of liquidity and market restrictions. Physica A: Statistical Mechanics and its Applications, 342(3), pp.656 - 664.

[27] Canova, F., 2005. The transmission of US shocks to Latin America. Journal of Applied econometrics, 20(2), pp.229 - 251.

[28] Cappiello, L., Engle, R.F. and Sheppard, K., 2006. Asymmetric dynamics in the correlations of global equity and bond returns. Journal of Financial econometrics, 4(4), pp.537 - 572.

[29] Cheung, Y. W., Rime, D., 2014. The offshore Renminbi exchange rate: Microstructure and links to the onshore market. Journal of International Money and Finance, 49, pp.170 - 189.

[30] Connolly, E., Kohler, M., 2004. News and Interest Rate Expectations: A Study of Six Central Banks. Reserve Bank of Australia. Available at http://www.rba.gov.au/publications/rdp/2004/pdf/rdp2004 - 10.pdf.

[31] Conrad, C., Loch, K. and Rittler, D., 2014. On the macroeconomic determinants of long-term volatilities and correlations in US stock and crude oil markets. Journal of Empirical Finance, 29, pp.26 - 40.

[32] Corradi, V., Distaso, W. and Mele, A., 2013. Macroeconomic determinants of stock volatility and volatility premiums. Journal of Monetary Economics, 60(2), pp.203 - 220.

[33] Corsetti, G. New open economy macroeconomics. (November 2007). CEPR Discussion Paper NO.DP6578. Available at https://ssrn.com/abstract=1140105.

[34] Corsetti, G. and Pesenti, P., 1997. Welfare and macroeconomic interdependence (No. w6307). The Quarterly Journal of Economics. 2001, 116 (2): 421 - 445. Available at https://watermark. silverchair. com/116 - 2 - 421. pdf? token = AQECAHi208BE49Ooan9kkhW_Ercy7Dm3ZL_9Cf3qfKAc485ysgAAAbwwggG4BgkqhkiG9w0BBwagggGpMIIBpQIBADCCAZ4GCSqGSIb3DQEHATAeBglghkgBZQMEAS4wEQQMOep4h10E4nMjMJx3AgEQgIIBb0mGahsHk2YizoBs9WGcWbi0Ap9djL_3-63HVPfJdFA6CFGlzz3oUT86J2KS8QqKpcIBnaoY-uYw_VyGq2_5gOygya4kHhxUCW3zU2yIYcV_CdZO6g2ymrQCCcAdEPdEtmBjH5_57PrD6aFtvoWFN8_Hnkfpa7KNaMvMegY_dI_MTJfSl5dHZ_NUsG6WyT6RnNF8AjVMbbBTMw85znjIDMLiGNhZnVWHo8o5Up0SqHDivsYn-WjSBCY9RFrJvHxvxJXvXCQlz3pV8OoBomaackNq9LgexgmzI2d0sblN5wHEZ704nFwA66ivJUQUOyWlgEbzhfxTe3cuyBtlx9BCGc3hILwz8gRkaX9gMv4yjhuqvzo44JAR8duvmnra8wwGsAIdf2khwuxqE9FVPqi0r35LlXdNrXYGNui5L1jcA8BEdfkNgWqpjpr7lX8pLXBOseH_MtQqsS-bmvFAJS6L9CjcwWLdytZTnhwE_eWgNxo.

[35] Cooper, R. N., 1969. Macroeconomic policy adjustment in interdependent economies. Quarterly Journal of Economics, 83(1), pp.1 - 24.

[36] Craine, R., Martin, V. L., 2008. International monetary policy surprise spillovers. Journal of International Economics, 75, pp.180 - 196.

[37] D'Agostino, A., Gambetti, L. and Giannone, D., 2013. Macroeconomic forecasting and structural change. Journal of Applied Econometrics, 28(1), pp.82 - 101.

[38] Davies, R.B., 1977. Hypothesis testing when a nuisance parameter is present only under the alternative. Biometrika, 64 (2), pp.247 - 254.

[39] Davies, R.B., 1987. Hypothesis testing when a nuisance parameter is present only under the alternative. Biometrika, 74(1), pp.33 - 43.

[40] Demiralp, S., Jorda, O., 2001. The announcement effect: Evidence from open market desk data. SSRN Electronic Journal, 14, pp.29 - 48.

[41] Diebold, F.X., Yilmaz, K., 2009. Measuring financial asset return and volatility spillovers, with application to global equity markets. The Economic Journal, 119 (534), pp.158 - 171.

[42] Diebold, F. X., Yilmaz, K., 2012. Better to give than to receive: Predictive

directional measurement of volatility spillovers. International Journal of Forecasting, 28(1), pp.57 - 66.

[43] Diks, C., Panchenko, V., 2006. A new statistic and practical guidelines for nonparametric Granger causality testing. Journal of Economic Dynamics and Control, 30(9), pp.1647 - 1669.

[44] Ding, D.K., Tse, Y. and Williams, M.R., 2014. The price discovery puzzle in offshore Yuan trading: Different contributions for different contracts. Journal of Futures Markets, 34(2), pp.103 - 123.

[45] Dornbusch, R., Whitman, M.V.N., 1976. Flexible exchange rates in the short run. Brookings Papers on Economic Activity, 7(3), pp.537 - 584.

[46] Dornbusch, R., 1976. Exchange rate expectations and monetary policy. Journal of International Economics, 6(3), pp.231 - 244.

[47] Dornbusch, R., 1976. Expectations and exchange rate dynamics. Journal of Political Economy, 84(6), pp.1161 - 76.

[48] Ebrahim, S.K., 2000. Volatility transmission between foreign exchange and money markets. Bank of Canada.

[49] Ederington, L. H., Lee, J. H., 1996. The creation and resolution of market uncertainty: The impact of information releases on implied volatility. Journal of Financial and Quantitative Analysis, 31(04), pp.513 - 539.

[50] Ehrmann, M., Fratzscher, M., 2004. Taking stock: Monetary policy transmission to equity markets. Journal of Money, Credit and Banking, 36(4), pp.719 - 737.

[51] Ehrmann, M., Fratzscher, M., 2007. Communication by central bank committee members: Different strategies, same effectiveness? Journal of Money, Credit and Banking, 39(2 - 3), pp.509 - 541.

[52] Ehrmann, M., Fratzscher, M., 2009. Purdah—On the rationale for central bank silence around policy meetings. Journal of Money, Credit and Banking, 41(2 - 3), pp.517 - 528.

[53] Engle, R.F., 1982. Autoregressive conditional heteroscedasticity with estimates of the variance of United Kingdom inflation. Econometrica: Journal of the Econometric Society, 50(4), pp.987 - 1007.

[54] Engle, R.F., 2002. Dynamic conditional correlation: A simple class of multivariate generalized autoregressive conditional heteroskedasticity models. Journal of

Business and Economic Statistics, 20(3), pp.339 - 350.

[55] Engle, R. F., Ghysels, E. and Sohn, B., 2013. Stock market volatility and macroeconomic fundamentals. Review of Economics and Statistics, 95 (3), pp.776 - 797.

[56] Engle, R. F., Kroner, K. F., 1995. Multivariate simultaneous generalized ARCH. Econometric theory, 11(01), pp.122 - 150.

[57] Engle, R.F., Lee, G., 1999. A long-run and short-run component model of stock return volatility. Cointegration, Causality, and Forecasting: A Festschrift in Honour of Clive WJ Granger, pp. 475 - 497. Available at https://www.researchgate.net/publication/238160227_A_Long-Run_and_Short-Run_Component_Model_of_Stock_Return_Volatility.

[58] Evans M., Lyons, R., 2004, A new micro model of exchange rate dynamics. NBER Working Paper, No. 10379. Available at http://www.nber.org/papers/w10379.

[59] Evans, M., Lyons, R., 2002. Order flow and exchange rate dynamics. Journal of Political Economy, 110(1), pp.170 - 180.

[60] Fama, E.F., Fisher, L., Jensen, M.C. and Roll, R., 1969. The adjustment of stock prices to new information. International economic review, 10(1), pp.1 - 21.

[61] Ferson, W.E., Harvey, C.R., 1999. Conditioning variables and the cross section of stock returns. The Journal of Finance, 54(4), pp.1325 - 1360.

[62] Ferson, W.E., Korajczyk, R.A., 1995. Do arbitrage pricing models explain the predictability of stock returns? Journal of Business, pp.309 - 349.

[63] Fleming, J.M., 1962. Domestic financial policies under fixed and under floating exchange rates. IMF Staff Papers, 9(3), pp.369 - 380.

[64] Forbes, K.J., Rigobon, R., 2002. No contagion, only interdependence: Measuring stock market comovements. The journal of Finance, 57(5), pp.2223 - 2261.

[65] Foroni, C., Marcellino, M. and Schumacher, C., 2015. Unrestricted mixed data sampling (MIDAS): MIDAS regressions with unrestricted lag polynomials. Journal of the Royal Statistical Society: Series A (Statistics in Society), 178(1), pp.57 - 82.

[66] Frankel, J. A., 1983. Estimation of portfolio-balance functions that are mean-variance optimizing: The mark and the dollar. European Economic Review, 23(3),

pp.315 - 327.

[67] Fratzscher, M., 2006. On the long-term effectiveness of exchange rate communication and interventions. Journal of International Money and Finance, 25(1), pp.146 - 167.

[68] Fratzscher, M., 2008. Communication and exchange rate policy. Journal of Macroeconomics, 30(4), pp.1651 - 1672.

[69] Fratzscher, M., 2008. Oral interventions versus actual interventions in FX markets-An event study approach. The Economic Journal, 118(530), pp.1079 - 1106.

[70] Funke, M., Shu, C., Cheng, X. and Eraslan, S., 2015. Assessing the CNH-CNY pricing differential: Role of fundamentals, contagion and policy. Journal of International Money and Finance, 59, pp.245 - 262.

[71] Gnabo, J. Y., Moccero, D. N., 2015. Risk management, nonlinearity and aggressiveness in monetary policy: The case of the US Fed. Journal of Banking and Finance, 55, pp.281 - 294.

[72] Ghalanos, A., 2014. Rmgarch: multivariate GARCH models. R package version 1.2 - 8. Available at https://mirrors.tuna.tsinghua.edu.cn/CRAN/.

[73] Ghysels, E., Santa-Clara, P. and Valkanov, R., 2004. The MIDAS touch: Mixed data sampling regression models. Finance. Available at https://rady.ucsd.edu/faculty/directory/valkanov/pub/docs/midas-touch.pdf.

[74] Glosten, L.R., Jagannathan, R. and Runkle, D.E., 1993. On the relation between the expected value and the volatility of the nominal excess return on stocks. The journal of finance, 48(5), pp.1779 - 1801.

[75] Gonzalo, J., and Granger, C. 1995. "Estimation of Common Long-Memory Components in Cointegrated Systems". Journal of Business and Economic Statistics, 13(1): 27 - 35.

[76] Granger, C.W., 1969. Investigating causal relations by econometric models and cross-spectral methods. Econometrica: Journal of the Econometric Society, pp.424 - 438.

[77] Grech, D., Mazur, Z., 2004. Can one make any crash prediction in finance using the local Hurst exponent idea? Physica A: Statistical Mechanics and its Applications, 336(1), pp.133 - 145.

[78] Greenspan A., 1978. Inflation and economic activity. Business Economics, 13(3), pp.11 - 14.

[79] Guidolin, M., Timmermann, A., 2006. An econometric model of nonlinear dynamics in the joint distribution of stock and bond returns. Journal of Applied Econometrics, 21(1), pp.1 - 22.

[80] Guthrie G., Wright, J., 2000. Open mouth operations. Journal of Monetary Economics, 46(2), pp. 489 - 516.

[81] Hamilton, J.D., 1989. A new approach to the economic analysis of nonstationary time series and the business cycle. Econometrica: Journal of the Econometric Society, 57(2), pp.357 - 384.

[82] Hausman, J., Wongswan, J., 2011. Global asset prices and FOMC announcements. Journal of International Money and Finance, 30(3), pp.547 - 571.

[83] Hauzenberger, K., 2011. A time-varying structural VAR model to estimate the effects of changes in fiscal policy. Deutsche Bundesbank Working Paper. Available at https://www.mendeley.com/research-papers/timevarying-structural-var-model-estimate-effects-changes-fiscal-policy/.

[84] Hayek, F. A., 1932. Prices and production (Vol. 107). Ludwig von Mises Institute. He, D., McCauley, R. N., 2010. Offshore markets for the domestic currency: Monetary and financial stability issues [J]. BIS Working Papers, 2010, 53(1002): 301 - 337. Available at SSRN: https://ssrn.com/abstract=1699740 or http://dx.doi.org/10.2139/ssrn.1699740.

[85] Heinemann, F., Ullrich, K., 2005. Does it pay to watch central bankers' lips? The information content of ECB wording. ZEW-Centre for European Economic Research, Discussion Paper, No. 05 - 070., pp.5 - 70.

[86] Hiemstra, C., Jones, J. D., 1994. Testing for linear and nonlinear Granger causality in the stock price-volume relation. The Journal of Finance, 49(5), pp.1639 - 1664.

[87] Holsti, O. R., 1969. Content analysis for the social sciences and humanities. Addison-Wesley Pub. Co. 1969: 137 - 141.

[88] Jebabli, I., Arouri, M. and Teulon, F., 2014. On the effects of world stock market and oil price shocks on food prices: An empirical investigation based on TVP-VAR models with stochastic volatility. Energy Economics, 45, pp.66 - 98.

[89] Jiang, J., Konstantinidi, E., Skiadopoulos, G., 2012. Volatility spillovers and the effect of news announcements. Journal of Banking and Finance, 36, pp.2260 - 2272.

[90] Kazi, I. A., Wagan, H. and Akbar, F., 2013. The changing international transmission of US monetary policy shocks: Is there evidence of contagion effect on OECD countries. Economic Modelling, 30, pp.90 - 116.

[91] Khan, H.H., Ahmed, R.B., Gee, C.S., 2016. Bank competition and monetary policy transmission through the bank lending channel: Evidence from ASEAN. International Review of Economics and Finance, 44, pp.19 - 39.

[92] Kim, S.J., Nguyen, D.Q.T., 2009. The spillover effects of target interest rate news from the U.S. Fed and the European Central Bank on the Asia-Pacific stock markets. Journal of International Financial Market Institutions and Money, 19 (3), pp.415 - 431.

[93] Kim, S.J., 2003. The spillover effects of US and Japanese public information news in advanced Asia-Pacific stock markets. Pacific Basin Finance Journal, 11(5), pp.611 - 630.

[94] Kliesen, K.L., Schmid, F.A. 2004. Monetary policy actions, macroeconomic data releases, and inflation expectations. Review, 86(3), pp.9 - 22.

[95] Kohn, D.L., Sack, B.P. 2003. Central bank talk: Does it matter and why? FEDS Working Paper, No. 2003 - 55. https://www.federalreserve.gov/Pubs/feds/2003/200355/200355pap.pdf.

[96] Koop, G., Korobilis, D., 2010. Bayesian multivariate time series methods for empirical macroeconomics. Foundations and Trends® in Econometrics, 3(4), pp.267 - 358.

[97] Koop, G., Leon-Gonzalez, R. and Strachan, R.W., 2009. On the evolution of the monetary policy transmission mechanism. Journal of Economic Dynamics and Control, 33(4), pp.997 - 1017.

[98] Koop, G., Pesaran, M.H. and Potter, S.M., 1996. Impulse response analysis in nonlinear multivariate models. Journal of econometrics, 74(1), pp.119 - 147.

[99] Kroner, K.F., Sultan, J., 1993. Time dynamic varying distributions and dynamic hedging with foreign currency futures. Journal of Finance and Quantitative Analysis, 28, pp.535 - 551.

[100] Kyle, A.S., 1985. Continuous Auctions and Insider Trading. Econometrica 53, 1315 - 1335.

[101] Lagana, G., Sgro, P., 2013. North American trade and US monetary policy. Economic Modeling, 30(1), pp.698 - 705.

[102] Landry, A. E., 2005. The Mundell-Fleming-Dornbusch model in a new bottle. Boston University.

[103] Laubach, T., Williams, J. C., 2003. Measuring the natural rate of interest. Review of Economics and Statistics, 85(4), pp.1063 - 1070.

[104] Li, J., Wu, C., 2006. Daily Return Volatility, Bid-Ask Spreads, and Information Flow: Analyzing the Information Content of Volume. Journal of Business, 79(5): 2697 - 2739.

[105] Lin, W. L., Engle, R. F. and Ito, T., 1994. Do bulls and bears move across borders? International transmission of stock returns and volatility. Review of Financial Studies, 7(3), pp.507 - 538.

[106] Liu, L., Wan, J., 2011. A study of correlations between crude oil spot and futures markets: A rolling sample test. Physica A: Statistical Mechanics and its Applications, 390, pp.3754 - 3766.

[107] Liu, L., Wan, J., 2012. The relationships between Shanghai stock market and CNY/USD exchange rate: New evidence based on cross-correlation analysis, structural cointegration and nonlinear causality test. Physica A: Statistical Mechanics and its Applications, 391, pp.6051 - 6059.

[108] Ljung, G. M., Box, G. E., 1978. On a measure of lack of fit in time series models. Biometrika, 65(2), pp.297 - 303.

[109] Lu, X. S., F. In, 2006. Monetary policy, open market operations and New Zealand interest-rate and exchange-rate markets. Journal of the Asia Pacific Economy, 11(4), pp. 462 - 481.

[110] Lu X. S., L. Qu, and Y. Zhou, 2015. The impact of monetary surprises on Australian financial futures markets: An insight into cash rate target announcements. Australian Economic Papers, 54(3), pp.151 - 166.

[111] Lucca, D. O., Trebbi, F., 2009. Measuring central bank communication: An automated approach with application to FOMC statements. Ssrn Electronic Journal, 38(5), pp. 1211 - 1262. Available at: https://ssrn.com/abstract=

1470443 or http://dx.doi.org/10.2139/ssrn.1470443.
[112] Ma, F., Wei, Y., Huang, D. and Zhao, L., 2013. Cross-correlations between West Texas Intermediate crude oil and the stock markets of the BRIC. Physica A: Statistical Mechanics and its Applications, 392(21), pp.5356 - 5368.
[113] Maćkowiak, B., 2007. External shocks, U.S. monetary policy and macroeconomic fluctuations in emerging markets. Journal of Monetary Economics, 54 (8), pp.2512 - 2520.
[114] Malkiel, B.G., Fama, E.F., 1970. Efficient capital markets: A review of theory and empirical Work. Journal of Finance, 25(2), pp.383 - 417.
[115] Maziad, S., Kang, J. S., 2012. RMB internationalization: Onshore /Offshore links. IMF Working Paper, No. WP /12 /133. Available at http://www.imf.org/en/Publications/WP/Issues/2016/12/31/RMB-Internationalization-OL5022nshore-Offshore-Links-25941.
[116] Mitchell, M.L., Mulherin, J.H., 1994. The impact of public information on the stock market. The Journal of Finance, 49(3), pp.923 - 950.
[117] Mun, K.C., 2012. The joint response of stock and foreign exchange markets to macroeconomic surprises: Using US and Japanese data. Journal of Banking and Finance, 36, pp.383 - 394.
[118] Mundell, R.A., 1960. The monetary dynamics of international adjustment under fixed and flexible exchange rates. Quarterly Journal of Economics, 74 (2), pp.227 - 257.
[119] Nakajima, J., Kasuya, M. and Watanabe, T., 2011. Bayesian analysis of time-varying parameter vector autoregressive model for the Japanese economy and monetary policy. Journal of the Japanese and International Economies, 25(3), pp.225 - 245.
[120] Nakajima, J., 2011. Time-varying parameter VAR model with stochastic volatility: An overview of methodology and empirical applications. Discussion Paper No.2011 - E - 9. IMES Discussion Paper Series.
[121] Nelson, D. B., 1991. Conditional heteroskedasticity in asset returns: A new approach. Econometrica: Journal of the Econometric Society, pp.347 - 370.
[122] Neuenkirch, M., 2012. Managing financial market expectations: The role of central bank transparency and central bank communication. European Journal of

Political Economy, 28, pp.1 - 13.

[123] Obstfeld, M., Rogoff, K., 1995. Exchange rate dynamics redux. Journal of Political Economy, 103(3), pp.624 - 660.

[124] Obstfeld, M., Rogoff, K., 2000. New directions for stochastic open economy models. Journal of international economics, 50(1), pp.117 - 153.

[125] Obstfeld, M., Rogoff, K., 2002. Risk and exchange rates [J]. General Information, 1998, 16, pp.39 - 50.

[126] Omori, Y., Chib, S., Shephard, N., Nakajima, J., 2007. Stochastic volatility with leverage: fast likelihood inference. Journal of Econometrics, 140, pp.425 - 449.

[127] Pagan, A.R., Sossounov, K.A., 2003. A simple framework for analysing bull and bear markets. Journal of Applied Econometrics, 18(1), pp.23 - 46.

[128] Park, K.Y., Um, J.Y., 2016. Spillover effects of United States' unconventional monetary policy on Korean bond markets: Evidence from high-frequency data. The Developing Economies, 54(1), pp.27 - 58.

[129] Pal, M., Rao, P.M., and Manimaran, P., 2014. Multifractal detrended cross-correlation analysis on gold, crude oil and foreign exchange rate time series, Physica A: Statistical Mechanics and its Applications, 416, pp.452 - 460.

[130] Papadamou, S., Sidiropoulos, M. and Spyromitros. E., 2015. Central bank transparency and the interest rate channel: Evidence from emerging economies. Economic Modelling, 48, pp.167 - 174.

[131] Parkinson, M., 1980. The extreme value method for estimating the variance of the rate of return. Journal of Business, 53, pp.61 - 65.

[132] Paye, B.S., 2012. 'Déjà vol': Predictive regressions for aggregate stock market volatility using macroeconomic variables. Journal of Financial Economics, 106 (3), pp.527 - 546.

[133] Pedersen, R.S., Rahbek, A., 2014. Multivariate variance targeting in the BEKK-GARCH Model. Econometrics Journal, 17(1), pp. 24 - 55.

[134] Peiers, B., 1997. Informed traders, intervention, and price leadership: A deeper view of the microstructure of the foreign exchange market. The Journal of Finance, 52(4), pp.1589 - 1614.

[135] Pesaran, H.H., Shin, Y., 1998. Generalized impulse response analysis in linear

multivariate models. Economics letters, 58(1), pp.17 - 29.

[136] Podobnik, B., Grosse, I., Horvatić, D., Ilic, S., Ivanov, P.C. and Stanley, H.E., 2009. Quantifying cross-correlations using local and global detrending approaches. The European Physical Journal B, 71(2), pp.243 - 250.

[137] Primiceri, G. E., 2005. Time varying structural vector autoregressions and monetary policy. Review of Economic Studies, 72, pp.821 - 852.

[138] Rapach, D.E., Strauss, J.K. and Zhou, G., 2013. International stock return predictability: What is the role of the United States? The Journal of Finance, 68(4), pp.1633 - 1662.

[139] Reinhart, C.M., Rogoff, K.S., 2004. The modern history of exchange rate arrangements: A reinterpretation. Journal of Economics, 119(1), pp.1 - 48.

[140] Reeves, R., Sawicki, M., 2007. Do financial markets react to Bank of England communication? European Journal of Political Economy, 23(1), pp.207 - 227.

[141] Rogoff, K., 1984. On the effects of sterilized intervention: An analysis of weekly data. Journal of Monetary Economics, 14(2), pp.133 - 150.

[142] Romer, C., Romer, D., 1989. Does monetary policy matter? A new test in the spirit of Friedman and Schwartz. NBER Macroeconomics Annual, 4, pp.121 - 170.

[143] Romer, C., Romer, D., 2004. A new measure of monetary shocks: Derivation and implications. American Economic Review, 94(4), pp. 1055 - 1084.

[144] Rosa, C., 2011. Words that shake traders: The stock market's reaction to central bank communication in real time. Journal of Empirical Finance, 18(5), pp.915 - 934.

[145] Ross, S. A, 1989. Information and volatility: The no-arbitrage martingale approach to timing and resolution irrelevancy. The Journal of Finance, 44(1), pp.1 - 17.

[146] Rozkrut, M., Rybiński, K., Sztaba, L. and Szwaja, R., 2007. Quest for central bank communication: Does it pay to be "talkative"? European Journal of Political Economy, 23(1), pp.176 - 206.

[147] Ruan, Q., Wang, Y, Lu, X. and Qin, J., 2016. Cross-correlations between Baltic Dry Index and crude oil prices, Physica A: Statistical Mechanics and its Applications, 453, pp.278 - 289.

[148] Sarno, L., Valente, G., 2009. Exchange rates and fundamentals: Footloose or evolving relationship? Journal of the European Economic Association, 7, pp.786 - 830.

[149] Siklos, P.L., Bohl, M.T., 2007. Do actions speak louder than words? Evaluating monetary policy at the Bundesbank. Journal of Macroeconomics, 29(2), pp.368 - 386.

[150] Sousa, J., Zaghini, A., 2008. Monetary policy shocks in the Euro Area and global liquidity spillovers. International Journal of Finance and Economics, 13, pp.205 - 218.

[151] Sun, X., Lu, X., Yue, G. and Li, J., 2017. Cross-correlations between the US monetary policy, US dollar index and crude oil market. Physica A: Statistical Mechanics and its Applications, 467, pp.326 - 344.

[152] Taylor, J.B., 1998. An historical analysis of monetary policy rules. Monetary policy rules, University of Chicago Press.

[153] Thornton, D. L., 2004. The Fed and short-term rates: Is it open market operations, open mouth operations or interest rate smoothing? Journal of Banking and Finance, 28(3), pp.475 - 498.

[154] Tille, C., 2001. The role of consumption substitutability in the international transmission of monetary shocks. Journal of International Economics, 53(2), pp.421 - 444.

[155] Trichet, J.C., 2014. Central banking in the crisis: Conceptual convergence and open questions on unconventional monetary policy. Business Economics, 49(49), pp.74 - 84.

[156] Turhan, M.I., Sensoy, A., Ozturk, K. and Hacihasanoglu, E., 2014. A view to the long-run dynamic relationship between crude oil and the major asset classes. International Review of Economics and Finance, 33, pp.286 - 299.

[157] Turnovsky, S.J., 1983. The determination of spot and futures prices with storable commodities. Econometrica, 51(5), pp.1363 - 1387.

[158] Van der Weide, R., 2002. GO-GARCH: A multivariate generalized orthogonal GARCH model. Journal of Applied Econometrics, 17(5), pp.549 - 564.

[159] Van der Weide, R., 2006. Wake me up before you GO-GARCH. Tinbergen Institute Discussion Paper, 2006/03. Available at SSRN: https://ssrn. com/abstract=932039.

[160] Vrugt, E.B., 2009. U.S. and Japanese macroeconomic news and stock market volatility in Asia-Pacific. Pacific-Basin Finance Journal, 17, pp.611 - 627.

[161] Wang, K.L., Fawson, C., Chen, M.L. and Wu, A.C., 2014. Characterizing information flows among spot, deliverable forward and non-deliverable forward exchange rate markets: A cross-country comparison. Pacific-Basin Finance Journal, 27(1), pp.115 - 137.

[162] Wang, Y., Wei, Y. and Wu, C., 2010. Cross-correlations between Chinese A-share and B-share markets, Physica A: Statistical Mechanics and its Applications, 389, pp.5468 - 5478.

[163] Wang, Y., Wei, Y., and Wu, C., 2011. Analysis of the efficiency and multifractality of gold markets based on multifractal detrended fluctuation analysis, Physica A: Statistical Mechanics and its Applications, 390, pp.817 - 827.

[164] Wicksell, K., 1898. Interest and prices. New York: Sentry Press.

[165] Wongswan, J., 2009. The response of global equity indexes to U.S. monetary policy announcements. Journal of International Money and Finance, 28, pp.344 - 365.

[166] Woodford, M., 2005. Central bank communication and policy effectiveness. NBER Working Paper, No. w11898. Available at http://www.nber.org/papers/w11898.

[167] Yang, L., Hamori, S., 2014. Spillover effect of US monetary policy to ASEAN stock markets: Evidence from Indonesia, Singapore and Thailand. Pacific-Basin Finance Journal, 26, pp.145 - 155.

[168] Yang, L., Hamori, S., 2016. Hot money and business cycle volatility: Evidence from selected ASEAN countries. Emerging Markets Finance and Trade, 52(2), pp.351 - 363.

[169] Yuan, Y., Zhuang, X.T. and Jin, X., 2009. Measuring multifractality of stock price fluctuation using multifractal detrended fluctuation analysis. Physica A: Statistical Mechanics and its Applications, 388(11), pp.2189 - 2197.

[170] Yuan, Y., Zhuang, X.T. and Liu, Z.Y., 2012. Price-volume multifractal analysis and its application in Chinese stock markets. Physica A: Statistical Mechanics and its Applications, 391(12), pp.3484 - 3495.

[171] Zakoian, J.M., 1994. Threshold heteroskedastic models. Journal of Economic Dynamics and control, 18(5), pp.931 - 955.

[172] Zebende, G.F., 2011. DCCA cross-correlation coefficient: Quantifying level of

cross-correlation. Physica A: Statistical Mechanics and its Applications, 390(4), pp.614 - 618.

[173] Zhang, K., Chan, L., 2009. Efficient factor GARCH models and factor-DCC models. Quantitative Finance, 9(1), pp.71 - 91.

[174] Zhou, W. X., 2008. Multifractal detrended cross-correlation analysis for two nonstationary signals. Physical Review E, 77(6), p.066211.

[175] 卞志村,张义. 央行信息披露、实际干预与通胀预期管理[J]. 经济研究,2012(12):15 - 28.

[176] 曾刚,万志宏. 中央银行沟通与货币政策:最新实践与启示[J]. 国际金融研究,2014(2):11 - 18.

[177] 陈国进,许德学,陈娟. 中国股票市场和外汇市场波动溢出效应分析[J]. 数量经济技术经济研究,2009(12):109 - 119.

[178] 方意,方明. 中国货币市场基准利率的确立及其动态关系研究[J]. 金融研究,2012(7):84 - 97.

[179] 谷宇,王轶群,翟羽娜. 中国央行汇率沟通的有效性及作用渠道研究[J]. 经济科学,2016(1):66 - 75.

[180] 何国华,彭意. 美、日货币政策对中国产出的溢出效应研究[J]. 国际金融研究,2014(2):19 - 28.

[181] 侯鹏. 量化宽松货币政策的溢出效应研究[D]. 天津:南开大学,2013.

[182] 黄玮强,庄新田. 中国证券交易所国债和银行间国债指数的关联性分析[J]. 系统工程,2006, 24(7):62 - 66.

[183] 黄宪,杨子荣. 中国货币政策会冲击到美国货币政策吗——基于效应外溢的视角[J]. 国际金融研究,2016(1):15 - 27.

[184] 黄学军,吴冲锋. 离岸人民币非交割远期与境内即期汇率价格的互动:改革前后[J]. 金融研究,2006(11):86 - 92.

[185] 季勇,廖慧. 全球金融市场的溢出效应、溢出指数与资本管制[J]. 上海金融,2015(1):59 - 64.

[186] 冀志斌,周先平. 中央银行沟通可以作为货币政策工具吗——基于中国数据的分析[J]. 国际金融研究,2011(2):25 - 34.

[187] 克努特·维克塞尔. 利息与价格[M].(刘凤良等译). 北京:中国人民大学出版社,2010(3).

[188] 李成,马文涛,王彬. 中国金融市场间溢出效应研究——基于四元 VAR -

GARCH(1, 1)- BEKK 模型的分析[J]. 数量经济技术经济研究,2010(6):3-19.

[189] 李云峰. 中央银行沟通、实际干预与通货膨胀稳定[J]. 国际金融研究,2012(4):15-23.

[190] 李云峰,李仲飞. 中央银行沟通策略与效果的国际比较研究[J]. 国际金融研究,2010(8):13-20.

[191] 李云峰,李仲飞. 汇率沟通、实际干预与人民币汇率变动——基于结构向量自回归模型的实证分析[J]. 国际金融研究,2011(4):30-37.

[192] 李云峰,李仲飞. 中央银行沟通、宏观经济信息与货币政策有效性[J]. 财贸经济,2011(1):56-63.

[193] 郦金梁,雷曜,李树憬. 市场深度、流动性和波动率——沪深 300 股票指数期货启动对现货市场的影响[J]. 金融研究,2012(6):124-138.

[194] 卢新生,孙欣欣. 中央银行政策沟通的市场效应:基于人民币汇率的实证研究[J]. 金融研究,2017(1):22-34.

[195] 马杰,张灿. DCC-GARCH-CVaR 模型与中国外汇储备结构动态优化[J]. 世界经济,2012(7):67-82.

[196] 马理,余慧娟. 美国量化宽松货币政策对金砖国家的溢出效应研究[J]. 国际金融研究,2015(3):13-22.

[197] 马宇,杜萌. 新兴市场国际资本流动影响因素——基于美元因素和 GMM 方法的实证分析[J]. 财贸经济,2013, 34(1):46-55.

[198] 潘敏,严春晓. 美联储利率承诺的宏观经济效应[J]. 国际金融研究,2012(4):4-14.

[199] 潘敏,夏庆,刘小燕,张华华. 汇率制度改革、货币政策与国债利率期限结构[J]. 金融研究,2011(11):18-31.

[200] 庞贞燕,刘磊. 期货市场能够稳定农产品价格波动吗——基于离散小波变换和 GARCH 模型的实证研究[J]. 金融研究,2013(11):126-139.

[201] 阙澄宇,马斌. 人民币在岸与离岸市场汇率的非对称溢出效应——基于 VAR—GJR—MGARCH—BEKK 模型的经验证据[J]. 国际金融研究,2015(7):21-32.

[202] 李海杰. 美国量化宽松货币政策对中国债券市场的影响——基于 SVAR 模型的实证分析[D]. 北京:北京大学,2014.

[203] 孙欣欣,卢新生. 美联储货币政策中性化背景下人民币外汇市场间均衡关系调整和溢出效应研究[J]. 世界经济研究,2017(1):41-59.

[204] 王艳,张鹏. 美国货币政策对中国信贷市场的溢出效应研究[J]. 投资研究,2012(2):155-160.

[205] 王自锋,白玥明,何翰. 央行汇率沟通与实际干预调节人民币汇率变动的实效与条件改进[J]. 世界经济研究,2015(3):15-25.

[206] 吴国培,潘再见. 中央银行沟通对金融资产价格的影响——基于中国的实证研究[J]. 金融研究,2014(5):34-47.

[207] 吴志明,陈星. 基于 MGARCH-BEKK 模型的境内外人民币汇率动态关联性研究——来自香港离岸人民币市场成立后的经验证据[J]. 世界经济与政治论坛,2013(5):110-123.

[208] 伍戈,裴诚. 境内外人民币汇率价格关系的定量研究[J]. 金融研究,2012(9):62-73.

[209] 肖娱. 美国货币政策冲击的国际传导研究——针对亚洲经济体的实证分析[J]. 国际金融研究,2011(9):18-29.

[210] 谢杰斌. 中央银行沟通:理论与实践[D]. 厦门:厦门大学,2009.

[211] 熊正德,文慧,熊一鹏. 中国外汇市场与股票市场间波动溢出效应实证研究——基于小波多分辨的多元 BEKK-GARCH(1, 1)模型分析[J]. 中国管理科学,2015, 23(4):30-38.

[212] 杨娇辉,王曦. 市场分割下东北亚货币的跨货币溢出效应与汇率预测[J]. 国际金融研究,2013(5):32-48.

[213] 杨雪莱,张宏志. 金融危机、宏观经济因素与中美股市联动[J]. 世界经济研究,2012(8):17-21.

[214] 袁鹏. 美国货币政策对中国股票市场溢出效应的实证研究[J]. 经济经纬,2010(1):46-49.

[215] 张鹏.美国货币政策对中国经济溢出效应的实证研究[D]. 吉林,吉林大学,2013.

[216] 张强,胡荣尚. 中央银行沟通对金融资产价格的影响——以股票市场为例[J]. 财贸经济,2013(8):67-77.

[217] 张强,胡荣尚. 中央银行沟通对利率期限结构的影响研究[J]. 国际金融研究,2014(6):10-20.

[218] 赵文胜,张屹山. 货币政策冲击与人民币汇率动态[J]. 金融研究,2012(8):1-15.

[219] 朱钧钧,刘文财. 境外和境内人民币即期汇率:究竟谁发现了价格?[J]. 上海金融,2012(8):87-92.

图书在版编目(CIP)数据

美联储货币政策的溢出效应：基于中国的视角/孙欣欣著.—上海：上海社会科学院出版社，2018

（上海社会科学院院庆60周年：青年学者丛书）

ISBN 978-7-5520-2392-3

Ⅰ.①美… Ⅱ.①孙… Ⅲ.①美国联邦储备系统—货币政策—影响—金融市场—研究—中国 Ⅳ.①F827.120②F832.5

中国版本图书馆CIP数据核字(2018)第166577号

美联储货币政策的溢出效应

——基于中国的视角

著　　者：孙欣欣
责任编辑：熊　艳
封面设计：广　岛
出版发行：上海社会科学院出版社
　　　　　上海顺昌路622号　邮编200025
　　　　　电话总机021-63315900　销售热线021-53063735
　　　　　http://www.sassp.org.cn　E-mail:sassp@sass.org.cn
排　　版：南京展望文化发展有限公司
印　　刷：上海景条印刷有限公司
开　　本：710×1010毫米　1/16开
印　　张：20.25
字　　数：263千字
版　　次：2018年9月第1版　　2018年9月第1次印刷

ISBN 978-7-5520-2392-3/F·527　　定价：98.00元